ある奉行と秋田藩の戊辰戦争

（江間伊織の日記から）

片岡栄治郎
Eijiro Kataoka

ある奉行と秋田藩の戊辰戦争（江間伊織の日記から）●目次

第三章　維新の動乱と江間伊織 …………………… 69

江間伊織関連年表（嘉永六～明治四年）

年号	全国・東北の動き
嘉永六年	ペリー来航
文久三年	将軍家茂の上洛
	孝明天皇の加茂行幸
慶応三年	大政奉還　↓　王政復古の大号令
慶応四年	戊辰戦争始まる
（一月）	鳥羽伏見の戦い
（三月）	奥羽鎮撫総督軍が仙台に入る
（四月）	江戸城無血開城
	副総督軍が清川口で庄内藩に敗北
（閏四月）	世良修蔵の暗殺　薩長兵を襲撃
（五月）	奥羽越列藩同盟（仙台同盟）
	副総督府が秋田領に入る
	奥羽鎮撫総督府が仙台を出発
（六月）	九条総督が秋田領に入る
（七月）	九条総督・沢副総督らが秋田で合流
	砲術所員らが仙台藩使節を襲撃
	秋田藩等の官軍が庄内藩等を攻撃
（八月）	庄内藩・仙台藩等が秋田領へ侵攻
	盛岡藩軍が秋田領へ侵攻
（九月）	米沢・仙台・会津・庄内藩等が降伏
明治元年	
（九月）	慶応から明治と改元
明治二年	京都から江戸に遷都（首都に定める）
（五月）	函館戦争で旧幕府軍が降伏

年号	秋田藩の動き
嘉永七年	江戸屋敷で佐竹義睦が行軍を閲兵
安政二年	家老佐藤源右衛門を罷免
安政四年	佐竹中務を隠居させる
	佐竹義睦逝去　↓　義堯が藩主に就任
	佐竹中務（東家）を戸村家に御預の処分
文久三年	佐竹義堯上京（参内・加茂行幸に供奉）
元治元年	渋江内膳が家老を罷免される
慶応四年	
（二月）	朝廷から会津・庄内追討命令
	近隣諸藩へ朝旨を承けて使節派遣
（三月）	軍備増強を巡り藩主義堯と家老が対立
（閏四月）	庄内出兵
（五月）	副総督府秋田領入境
	奥羽越列藩同盟調印
（六月）	総督府秋田領入境
（七月）	御三卿（九条・沢・醍醐）秋田で合流
	仙台藩使節襲撃
	列藩同盟脱退
	官軍の一員として同盟軍を攻撃
	同盟軍に侵攻される
（八月）	院内境を破られ、横手城も落城
	御物川を挟んで激戦
（十月）	藩庁の主な部局を明徳館に移す
	三家老（石塚・小鷹狩・真崎）罷免
明治四年	廃藩置県（秋田県誕生）

年号	江間伊織の動き
嘉永七年	江戸屋敷警備のため出府
安政二年	藩主佐竹義睦の御入部に供奉して帰国
安政四年	藩主義睦急逝で江戸屋敷に急派される
安政六年	藩主義堯御入部に供奉して帰国
文久二年	藩主義堯の上京供奉のため江戸に出府
文久三年	藩主義堯の上京に供奉（参内等にも）
	藩主義堯の帰国行列から外れ江戸残留
元治元年	評定奉行を命じられる
慶応四年	
（二月）	軍事係・小荷駄奉行を命じられる
（三月）	家老宇都宮鶴山の願書を東家に取次
（四月）	旗奉行を兼務
（五月）	沢副総督への使者として院内に向かう
	同盟諸藩への使者として仙台へ向かう
（六月）	九条総督への使者として盛岡へ向かう
	九条総督の付添として秋田に向かう
（八月）	藩境取締兼小荷駄奉行として院内へ
	大山若狭の配置を家老に取次
	戸村大学に横手城退去を勧める？
	沢副総督の指令を参謀・隊長に取次
（九月）	庄内に向けて進軍（本荘・塩越へ）
（十月）	戦後の新体制で評定奉行（刑法係）に
	中三日で評定奉行罷免
（十一月）	天皇の意を受けた毛布拝領
明治四年頃	帰農し、開墾と西洋果樹穀菜の試植

ある奉行と秋田藩の戊辰戦争

（江間伊織の日記から）

序　章　江間伊織と戊辰戦争を調べた経緯

今年（二〇一七年）は戊辰戦争から百五十年目。江間伊織《えまいおり》（時庸）の没後百三十年目でもある。この機会に、江間伊織の日記（「秋田藩士江間時庸日記」等）や関係史料を集めて世に出したいと考えた。

江間伊織は家禄百二十石の秋田藩士である。文化九年に生まれ、明治二十年に七十六歳で没している。戊辰戦争の慶応四（明治元）年には五十七歳で、評定奉行の職にあった。また、軍事方・小荷駄奉行・旗奉行・境目取締などを兼務した。各隊長達からの届書きを受理する立場でもあった。

慶応四（明治元）年五月一日から官軍の沢副総督の秋田領入りへの使者として湯沢へ、五月二十二日から仙台藩など奥羽越列藩同盟諸藩への使者として仙台へ、六月十三日から九条総督への使者岡本又太郎の介添えとして盛岡へ派遣されている。その帰り道は九条総督らの世話役として久保田まで同行した。

戦争中は主に軍事方・小荷駄奉行として、横手・神宮寺・角館を中心に活動した。戦後は評定奉行として刑法係の担当を命じられたが、わずか四日で罷免された。その後は帰農して西洋から導入した果物・野菜などの試験栽培に取組み、秋田県で最初にりんご栽培に取組み成功させた。

最近「秋田藩士江間時庸日記」を始め、本人の日記や書状をいくつか読む機会があった。それらも生かして戊辰戦争期の秋田藩と東北諸藩や官軍との交渉経過を見直してみようと考えた。崩《くず》し字で書かれた本人の日記や書状を読んでいくうちに、自分もその中に入り込んでいく感覚を覚えた。無名ではあるが事件を直接体験した人が書いた日記・書状・覚書を読んで過去を見つめ直すのもまた意義のあることと考えた。

ただ、自分は研究者ではないし、戊辰戦争の全体像を描こうとも考えていない。子孫の一人として、江間伊織の日記その他を通して見えてくる情景を描写したいと考えた。

人はそれぞれ環境や経験に応じて、感じ方や物の見方が異なる。同じ出来事についても、どの角度から見るかで見え方も変わってくるだろう。これまでとは少し違った角度から秋田藩の戊辰戦争を描くことができたようには思う。

(二) 本書の概略

① 『宇都宮孟綱日記』と岡百八「公私日記」を基に、側小姓・刀番・評定奉行としての活動の様子
② 秋田藩の戊辰戦争に大きな影響を与えたと思われる文久三年の佐竹義堯の上京への御供
③ 官軍(九条総督・沢副総督)の秋田入りを巡る秋田藩の対応
④ 戊辰戦争時の秋田藩の様子
⑤ 戊辰戦争後、帰農した伊織が荒地の開墾・西洋果樹穀菜の試植に取組み、秋田県で最初にりん

　　ご栽培を成功させたこと

併《あわ》せて、戸村十太夫・金《こん》大之進・平元正（謹斎）・飯塚伝也・秋山直ら、立場の違いから正当な評価を受けたとは言い難《がた》い人々についても違った光を当ててみたいと考えた。

調べるうちに本人の書いた文書を読みたくなった。しかし、江間家の文書がどうなっているか皆目見当がつかなかった。曾祖父の兄が引き継ぎ、彼が亡くなった大正十二年頃に一部の史料が秋田図書館や大日本維新史料編纂会に提供されたことは分かったがあとはよく分からない。

ほとんど手がかりのない状態で出発したが、幸い今日の公文書館や図書館では、古文書・古記録の収集整理が進み、一般にも開放されている。

これらの史料を探して整理してみた。そして、江間伊織が秋田藩（県）でそれなりの役割を果たしたことは確信できた。ごく最近になってようやく分かったのだが、江間伊織の記録は秋田の戊辰戦争史の叙述の中で、重要な位置を占めていた。しかし人名事典等には全く載《の》っていない。採録されるにはそれなりの条件があるようだが、本人の実績よりも後世の意味付けの方が重要なのかもしれない。

そこで一つの試みとして、江間伊織という人物を通して秋田藩の戊辰戦争をまとめてみたら、何かこれまでとは違った姿が見えてくるのではないかと思って、この文章をまとめることにした。

記述にあたっては、できるだけ当事者の記録や書状類・公文書（「一次史料」）に遡《さかのぼ》り、後年の編纂《さん》史料等（「二次史料」）は、一次史料を探す、あるいはその不足を補うために使用するよう心掛けた。

今回の調査は自分の先祖に焦点を当てたので、史料の選択や解釈に偏りがあるかと思う。また、さまざまな場面で「敵対」したそれぞれに「正義」や理由があったことは忘れないようにしたい。さらに、ここで使っている用語は、例えば「秋田藩」は「久保田藩」・「佐竹家」等の意味で、「学問的」というより一般的な用語として使っていることはご了解いただきたい（※さらに吟味して整理する必要がある）。

また、史料の引用に当たっては、すべて現代文に直すことを原則とした。古文書の崩し字の一部でまだ読めていないものがあるが、現在分かる範囲で記述した。今後さらに研鑽《さん》を積んで解明していきたい。文中の（　）内やルビは特にことわらない限り筆者による。

（二）注目した観点

江間伊織の日記や書状などを通して秋田藩の歴史や戊辰戦争について、これまで知っていたことに多くの疑問や新たな考えが生まれてきた。江間伊織との関りで以下にいくつかの観点を示し、それらもふまえて本文を書き進めていこうと思う。

① 江間伊織の任務は奥羽列藩同盟の趣旨にのっとり仙台藩等を説得して撤兵させること
② 戸村十太夫の「白石盟約書」への調印は独断ではなく、藩主の意を受けた家老連名の指示による
③ 飯塚伝也と秋山直は功労者（沢副督入境後、藩境に迫る同盟軍の侵入を防いだ）
④ 金大之進は薩長兵の入境を阻止しようとしたが、また勤王派でもあった
⑤ 仙台藩使節の暗殺に関わって最も危険な立場にいたのは小野岡右衛門

⑥ 仙台藩使節襲撃を阻む、あるいは救出しようとする動きが秋田藩内にあったが失敗した
⑦ 仙台藩が秋田藩を攻撃したのは、使節を襲撃されたからではなく、官軍の攻撃に対する反撃
⑧ 岡内之丞は仙台など奥羽列藩同盟内で「同盟派」と認識されていた
⑨ 真崎兵庫は戦争の指揮、特に神宮寺撤退を巡り、官軍の参謀たちと対立したため罷免された
⑩ 戸村十太夫・金大之進等の再処分は、刑法局の担当者を入れ替えた上で強行された
⑪ 『戊辰秋田勤王記』・『秋田藩事蹟集』における「秋田藩士江間時庸日記」の取扱とその後の展開
⑫ 秋田りんごの草分けは江間伊織

第一章　江間氏の由緒と系譜

(一) 平姓江間氏

茨城県常陸太田市在住の江間氏に残る「平氏江間系図」によれば、常陸の江間氏は桓武平氏の末流で、鎌倉幕府第十四代執権北条高時の末裔《えい》とする。

一方、『関東諸家系図(1)』では「江馬」氏として名越《なごえ》流北条氏としている。

いずれにしても、江間時治を始まりとする北条義時の子孫という点は共通している。

(二) 江間氏の系図

家伝の系図がなく、別の方法で系図を復元した。江間氏の歴史を三つに分け、江戸時代前期より前の部分は、「平氏江間系図」・「佐竹家中総系図」を基に作成した。

江戸時代の中期から後期の分は、各種の分限帳と『国典類抄』を基に作成し、婚姻関係のあった家の系図と照合して補正した。その際には、秋田県公文書館所蔵の「諸士系図」(元禄・宝永版と文化期版)を利用した。幕末から明治・大正期の分は戸籍と墓誌を基に作成した。

最終的にその三つの系図を接続させて完成させた。

この文章の主人公は江間伊織なので、伊織の前後三世代のみを資料として次に示す。

※『国典類抄』は秋田藩と佐竹家の記録集。第九代藩主佐竹義和《よしまさ》の命で、第八代義敦《よしあつ》までの記録が整理編集された。

○江間氏（平氏）略系図（幕末～明治初）

田所氏 ―― 時中（郡兵衛）
弘化二年没（六十三歳）
学館詰役・学監
秋田郡吟味役、副役
評定奉行、町奉行
勘定奉行兼銅山奉行

├ 時庸
└ 駒木根氏

富田氏（ナヲ、直） ―― 時庸（伊織）
明治二十年没（七十六歳）
側小姓・刀番
評定奉行
秋田リンゴの草分

├ 時敏
├ 孝胤
├ 春元
├ いそ（川井氏）
├ 順治
└ 道之助（高橋氏）

神沢氏（ヒサ、久） ―― 時敏（宇平治）
明治二十五年没（六十歳）
学館教授
秋田県権大属心得・学区取締
伝習学校・太平学校教員

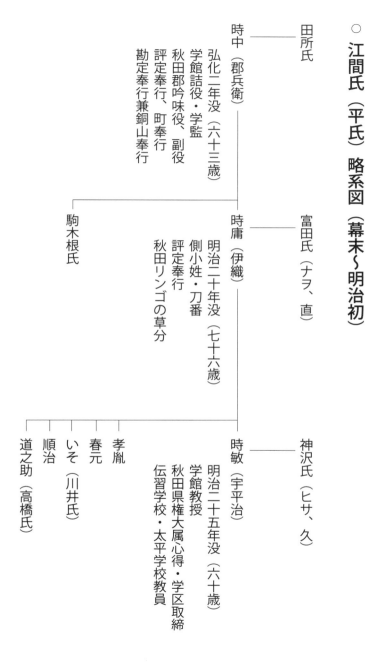

第二章　幕末の混乱と尊王攘夷

幕末期、江間伊織は藩主佐竹義堯《よしたか》の刀番として江戸・京都へ供奉《ぐぶ》した。義堯の参内《さんだい》や孝明天皇の加茂行幸にも義堯の御供として供奉した。

(一) 刀番として

「刀番」の役高は百五十石。（秋田藩では諸士の内、由緒があり禄高百五十石以上を「一騎」とし、騎乗が許されていた。）「諸役順列」（『秋田武鑑全』）によると、奉行や物頭《ものがしら》（足軽頭）に続く役職。

秋田藩の武士は基本的に「番方」に属した。「一役」を担当する藩士は別に、奉行など「表方」、用人・膳番などは「側方《そば》」であった。表方・側方はそれぞれ関係者一同を「一片」（「一方」）と書き、「ひとかた」と称していたようだ。

刀番の主な職務は、藩主の外出時の警護や刀の管理など。「組付《くみつき》」と「無組」があり、江間伊織

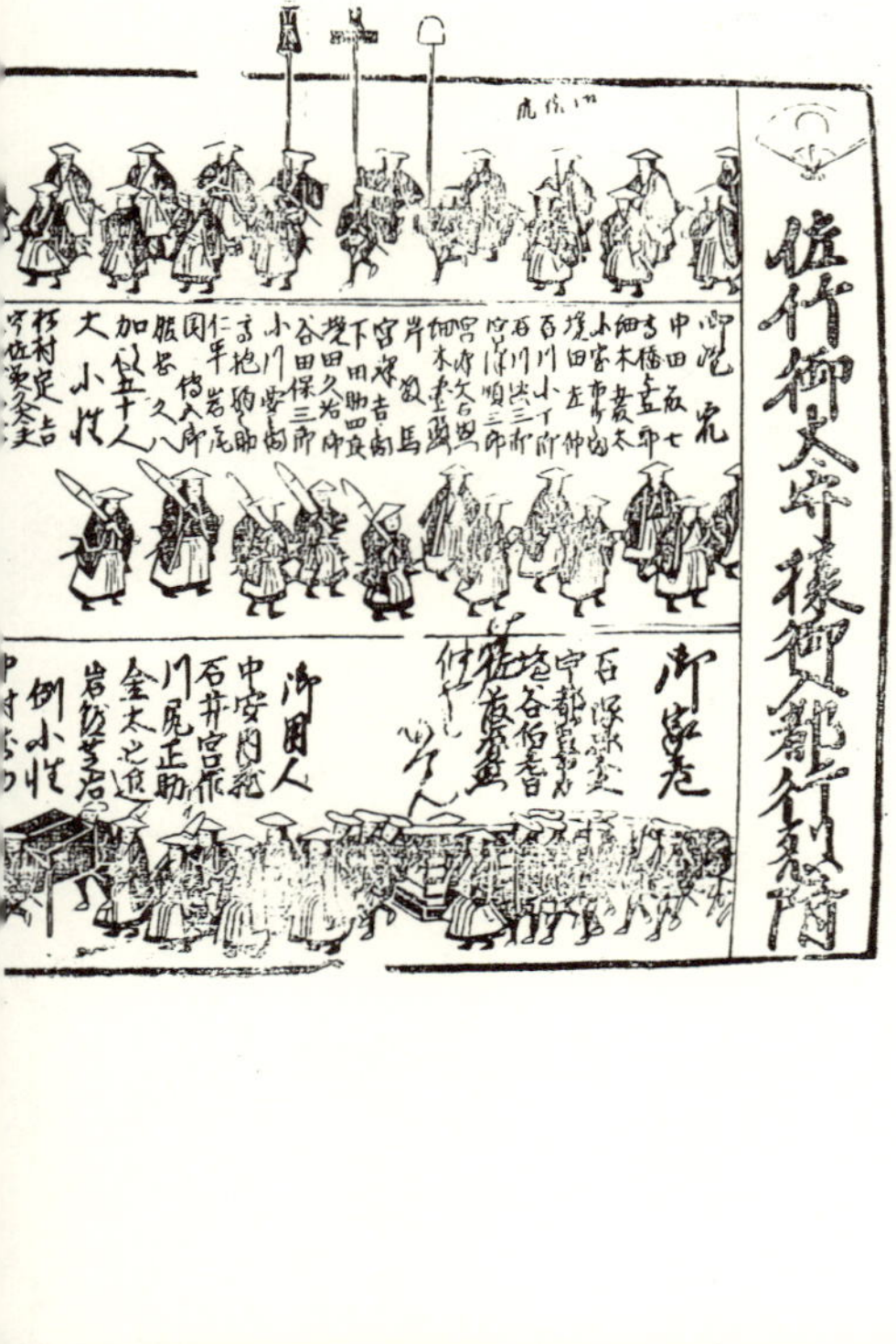

のような「組付御刀番」は徒歩《かち》組を指揮し、江戸城に登城の際は、駕籠《かご》脇の警備、城内では刀を預かって控所で主君の退出を待ち、帰りの行列でも駕籠脇の警護に当たる。外出先では藩主の意向を家老たちへ伝達することもあった。参勤交代では、藩主の駕籠脇と本陣の警備を指揮し、大名行列全体の御用係などを務めた。また、行列の途中に「御機嫌伺《ごきげんうかがい》」に出た人物を藩主に披露したりもした。御鷹方《たかがた》支配の担当もあった。また、久保田では不明だが、参勤交代や江戸屋敷では消防関係者も指揮した。

江間伊織が刀番の時に書いた記録を、四冊見つけた。そのうち、「江戸御留主詰《るすづめ》見聞留書《とめがき》」・「文久二年明春御上洛御供被仰付候ニ付急登日記」は今回翻刻《ほんこく》して利用した。残り二冊は佐竹義睦《よしちか》・佐竹義堯《よしたか》がそれぞれ藩主の地位を継いだ際の「御入部《ごにゅうぶ》」（御国入り）に関わる日記である。今回のテーマに直接関らないので別に機会があれ

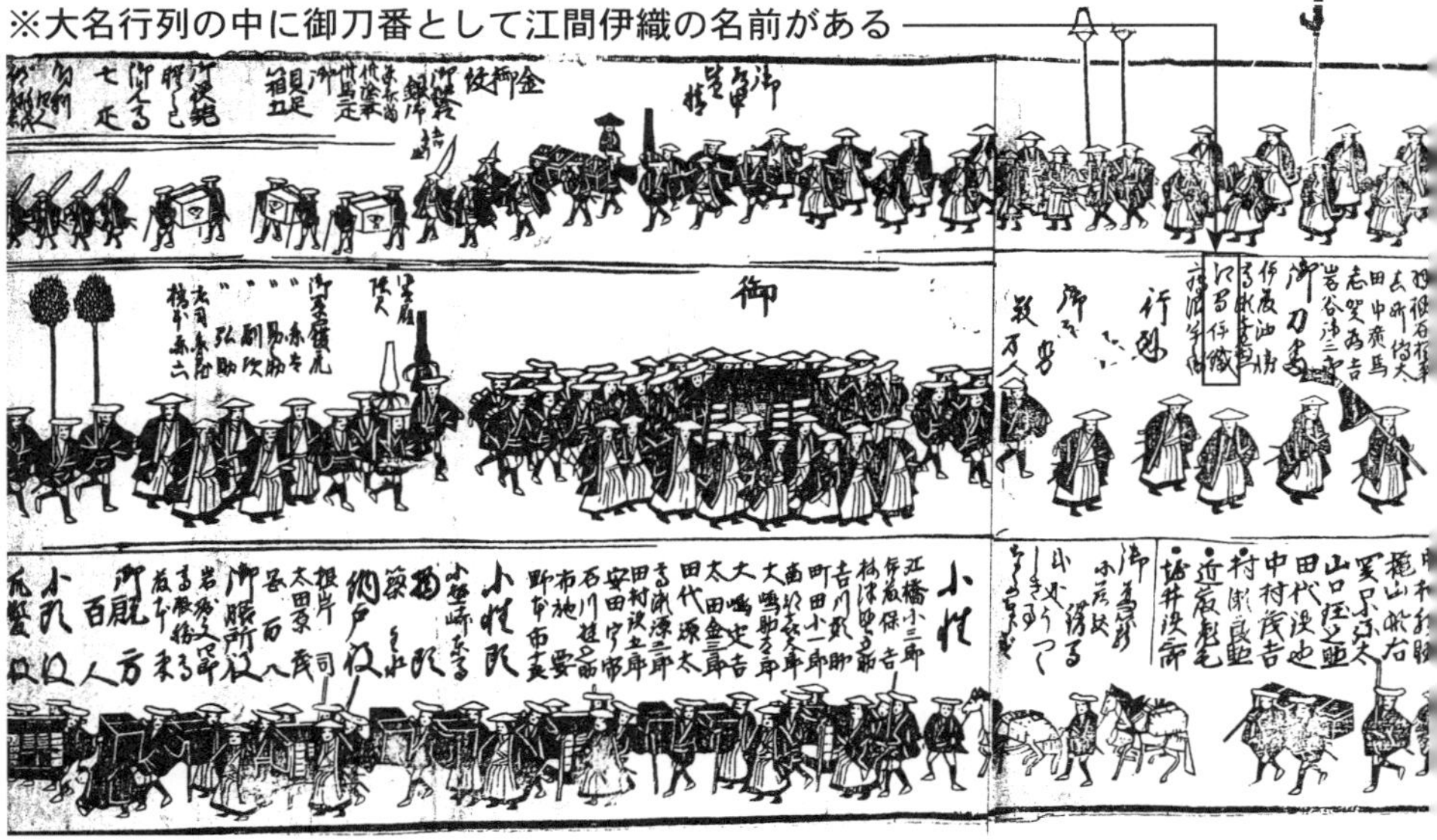

※大名行列の中に御刀番として江間伊織の名前がある

図１　「佐竹御太守様御入都行列心附」（部分・秋田県立図書館蔵）

ば取り上げてみたい。

石井忠行「伊頭園茶話」(『新秋田叢書』)に、相馬家から入って分家(壱岐守家《いきのかみ》)を継いでいた義堯が佐竹本家を継いだ頃の次のようなエピソードがある。

○顕徳公《けんとく》(佐竹義堯)が分家から本家を相続した時、御用召《ごようめし》で登城の際には分家としての形《なり》で登城し、将軍から本家相続を命じられた上で、本家から家格にふさわしい御道具に御刀番以下の御供廻りが江戸城に迎えに行き、大広間詰の国持大名で侍従《じじゅう》の格式の行列で堂々と下城し、すぐさま老中に挨拶回りをした。この時下馬先《げばさき》を始め、江戸市中でも、江戸者の癖《くせ》として悪口を高々と、『ああ出世したねあの人は。六万石の相馬家の部屋住みの時は、朝稽古《げいこ》の道場へ行くのに中間《ちゅうげん》一人に剣術道具を担《かつ》がせ、自分で担ぐ事もあったのに。さてさて人の運は色々だ』等と言う者もいた。『二万石の柳の間詰大名が大広間詰大名のチャキチャキに成って今日の立派さは大したもんだ』、等と足を止めて言う者もあったと。(…中略…)。その日に御刀番として御供した江間時庸老人(称伊織)が後に親しく語ったのを聞いた。(「伊頭園茶話」『新秋田叢書』)

※「下馬先」=「下馬」札が掲げられ、大名や旗本以外はここで駕籠や馬を降りる場所。ここから先、大名の御供は十人ほどに制限され、御供の多くはこの場所で大名の下城を待った。大名行列の見物もこの場所に集まった。大名は門をくぐる度に御供の数が減らされ、ごく少人数で本丸御殿に入ることになる。

嘉永《かえい》六(一八五三)年のペリー来航を機に佐竹家も幕命を受け、多くの家臣が江戸に登って藩主義睦の閲兵《えっぺい》を受けた。江間伊織も江戸に登ると、「御備《そなえ》立徒頭《かちがしら》」に任じられて十数名の徒組と六名の従者を率いて行進に加わった。（岡百八「公私日記」他）

◎　藩の緊急連絡役や他の大名家への使者を勤める

安政四（一八五七）年七月一日に藩主佐竹義睦が逝去した。江間伊織は江戸屋敷に知らせる使者として久保田を出発した。「宇都宮日記」・「大工町日記」・「門屋養庵日記」から、関係する部分を抜粋する。

・『宇都宮孟綱日記』

七月二日

一、（藩主）御逝去について、午後三時頃に（中安）内蔵《くら》が江戸へ登り、夜八時頃に江間伊織が江戸へ登ることとも言ってやった。

一、御刀番江間伊織を催促し、御用番の家老が申し渡した。屋形様（佐竹義睦）が御逝去なされた。御前様（藩主夫人）へ御機嫌伺のため早打ちで折返しの使者を命じたので、後ほど旅装でこちらに出向くように申し渡した。

一、しばらくして旅装の江間伊織が登城した。御副役《そえ》の取合で「これへ」と言って、「御前様への御機嫌伺をよろしく」、と石塚孫太夫と拙者（宇都宮帯刀）が申し述べた。

・「大工町日記」

覚書

一、七月三日、御刀番江間伊織様、至急で江戸表へ御登り。他に三人御飛脚を四度、二人御飛脚を二度…。

●「門屋養安日記」

七月四日

一、屋形様は六月二十二日から御不例。御養生叶わず、御逝去と仰せ渡された、（以下略）

一、同日、早加籠《かご》で江戸御登、御用人岩谷慶次様・御刀番江間伊織様、四日に、御用人・御膳番を兼て、金大之進様が御登なされた。

七月二日から四日にかけて三つの記録を時系列に並べてみた。藩主の逝去など特に重要で緊急性のある事柄については、普通の飛脚（足軽や小人が担当）だけでなく、用人や刀番などが国元と江戸屋敷を往復した。

江間伊織は、二日に家老に呼び出されて江戸との往復を命じられ、旅支度をして再度登城して家老の指示を受けた。翌三日に早駕籠で久保田を出発し、その日の内に院内を通過している。久保田城下から院内関所まで一〇〇㎞余りだが、途中に橋がないため船渡しの場所が少なくとも五ヶ所はあったので、大変な速さである。一刻を争う事態で、かつ自国の領内だからできたことかもしれない。

（二）佐竹義堯の上洛に御供

幕府の政治が行きづまる中、ペリー来航を機に危機意識が高まり、尊王攘夷などをめぐって国内世論は分裂し、各藩内でも権力闘争がさらに激しくなった。秋田藩でも「尊王」では一致していたが、

図２　文久三（1863）年佐竹義堯上洛経路に関連して

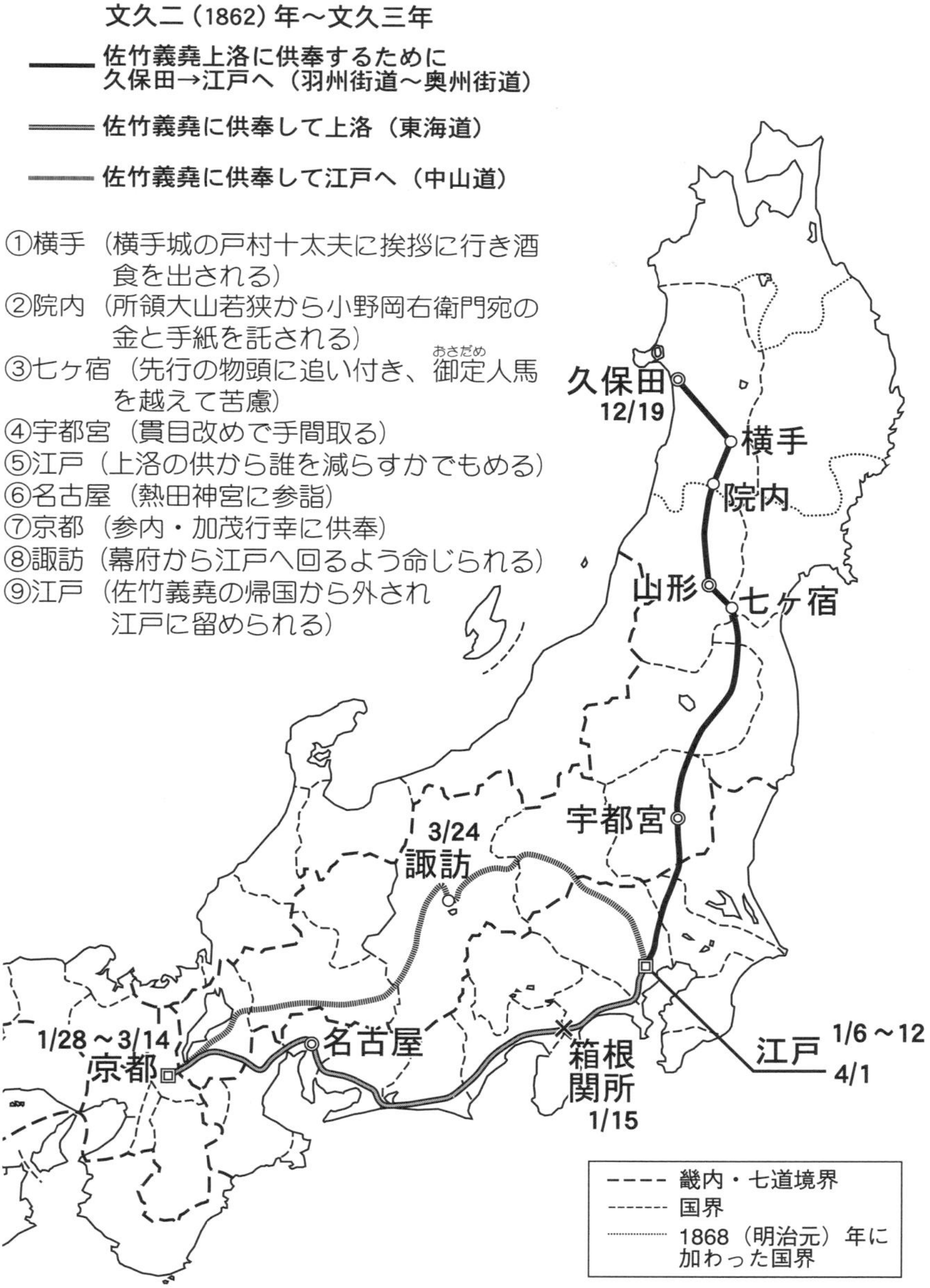

①横手（横手城の戸村十太夫に挨拶に行き酒食を出される）
②院内（所領大山若狭から小野岡右衛門宛の金と手紙を託される）
③七ヶ宿（先行の物頭に追い付き、御定《おさだめ》人馬を越えて苦慮）
④宇都宮（貫目改めで手間取る）
⑤江戸（上洛の供から誰を減らすかでもめる）
⑥名古屋（熱田神宮に参詣）
⑦京都（参内・加茂行幸に供奉）
⑧諏訪（幕府から江戸へ回るよう命じられる）
⑨江戸（佐竹義堯の帰国から外され江戸に留められる）

旧来の体制を続けようとする藩政首脳部に対し、京都の朝廷に直結して政治の刷新を図ろうとする急進派の突き上げが激しくなっていった。

朝廷は、この機会に幕府に対する優位を取り戻そうと、さまざまな勢力に働きかけを強めた。

文久三（一八六三）年、佐竹義堯が朝廷の命で上京した。その際に「御上京御供の面々」に「御刀番　江間伊織」と記録されている（※最初は将軍への供奉を予定していた）。

文久二年十二月、江間伊織は義堯の上洛に御供するよう命じられ、雪深い久保田（秋田）を出発した。伊織は、この後の動きを、「文久二年明春御上洛御供被仰付候ニ付急登日記」に記録している。出発から江戸屋敷、江戸屋敷からは東海道を通って京都へ、京都での滞在の後、中山《なかせん》道を通って江戸へ帰ったことなどを記録し、御刀番を罷免され、その後御評定奉行に任命されたことまで記している。ここでは、久保田出発から江戸屋敷を経て京都へ上り、京都から江戸屋敷までの部分を紹介する。（ただし、伊織は久保田から江戸、江戸から京都までほぼ毎日日記を付けているが、京都での記録は極端に少ない。その部分は、後日にまとめた「江戸御留守詰見聞留書」で一部補えるが、同じ行列で京都に上った小貫《おぬき》久之進（小貫東馬の嫡男で、後の秋田市長井上広居《ひろやす》の実父）の「御上京御供詰中公私日記」（国文学研究資料館所蔵）を併《あわ》せて読むと、伊織の記述が少ない時期を補えると思う。

① 久保田から江戸へ（急登）

（文久二年）十二月十一日（西暦一八六三年一月二十九日、まだ大寒の頃）

一、奉行石井定之進・御副役菊地長右衛門の連名の切紙《きりかみ》がきた。左《さ》の通り。

明日十二日、御家老から命じられる御用があるので、午前十時頃に登城すること。

十二月十二日

一、御用番の家老渋江左膳殿から、屋形様（佐竹義堯）が来春の将軍上洛（上京）に御供するので、（屋形様の）御供をするために急ぎ江戸に登るよう命じられた。御副役の披露で御家老衆の御逢があった。その場で十九日に出発する予定と申し上げて許可された。下城して東家（佐竹将監）・家老衆（の屋敷）に挨拶回りをした。御副役《そえ》に届け出て、

一、旅費の支給について伺うと左の通り。

七十五両二分（その内四十五両一分は秋田渡、残りの三十両一分の内八両二分は江戸渡、二十一両三分は京都渡、外に三両二分は雪道の手当、五両は急登の手当）。

一、秋田で渡されるのは、全部で五十三両三分。

※一見大金のようにも見えるが、自分も含めて六～七人が十数日の旅をするので、旅籠《はたご》代（宿泊代）・人馬や駕籠代（運賃）はかなりかかった。武士の公用旅では公定の運賃で人馬を雇えたが、制限もあり時には割増料金の支払いも必要だった（後で「御判紙」の説明をするが、宿泊と人馬の基本料金は藩でまとめて払ったようだ）。

十二月十九日　雪

一、午前十一時半頃に出立した。牛島村（秋田市牛島）の儀兵衛宅を借りて、そこまで息子たちや孫も来てくれた。他に親類一族の人も見送に来てくれたので、酒や食事を共にしてから出立した。門

出には川又助之進に行った。
一、午後三時頃戸島（秋田市河辺戸島）で昼食、夕方六時半頃に境村（大仙市境）へ着いた。

十二月廿日（廿＝二十）　雪
一、午前七時過ぎに境村を出足した。十一時半頃刈和野《かりわの》村（大仙市刈和野）で昼食。午後三時頃大《おお》曲《まがり》村（大仙市大曲）へ着いた。宿は古尾谷長右衛門。
一、境村までは平地で六〇㎝位の雪だが、刈和野村では一m二〇㎝余り、大曲村では二m前後の雪があり、雪下ろししたら屋根に着くほど（雪が）あった。

十二月廿一日　朝晴昼雪
一、午前八時前大曲村を出立した。六郷（仙北郡美郷町）へ十時過ぎに着いた。御本陣で昼食をいただき、午後一時半頃に横手の津軽本陣へ着いた。
※「津軽本陣」は、津軽藩が参勤交代などで利用した本陣、秋田藩の武士も公用で利用したようだ。
一、午後二時半頃、戸村十太夫殿へ御見舞に行ったら、御酒・御吸物・御肴《さかな》二種に加え、会席風の御膳まで下され、帰りには松揺一包と香の物一箱を土産に下された。

十二月廿二日　折々風雪
午前六時半頃に横手を出足した。十二時頃湯沢御本陣へ着き、昼食をいただいた。御本陣の林太郎は□□《不明》ということを聞いた。

一、日暮過ぎに院内（湯沢市）へ着いた。宿は□□《不明》市郎右衛門。

一、大山若狭殿から使者として家来の小沼早太という人が来た。小野岡右衛門殿への書状一通と金七両二分一朱と正銭三百三十二文、包物を一つ頼まれた。口上は、「来る二月十五日前後に娘を真崎兵庫（の屋敷）へ引っ越させる。そのため正月二十日頃に江戸から注文の品を御下し（久保田へ送る）したいので、そのことを申し上げてほしい」ということだ。

一、久保田の自宅へ手紙を出した。

※大山若狭は佐竹氏一門で、院内所預《ところあずかり》。

十二月廿三日　天気

一、夜が明けて院内を出立した。十時半頃に及位《のぞき》（山形県真室川町）に着き、御本陣高橋作右衛門で昼食をいただいた。酒や肴などを付けてくれたので二朱を渡した。

一、今日はうまく山越（院内峠を越えて新庄藩領に入る）した。天気も良くて都合よく午後三時半頃に金山《かねやま》（山形県金山町）の御本陣柴田九兵衛へ着いた。

一、院内山中の七曲前まで駕籠に乗った。

一、及位から金山まで歩いた。

十二月廿四日　折々風雪

明け方に金山を出足した。午前十時頃に新庄（山形県新庄市）で継立《つぎた》て、十二時頃舟形（山形県舟形町）で夕食を食べた。日暮に名木沢《なきさわ》（山形県尾花沢市）の藤屋殿七兵衛へ着いた。

一、金山から半路を宿駕籠に乗った。

※「宿駕籠《しゅくかご》」は宿場と宿場を繋ぐ粗末な駕籠（同じ字で江戸の「やどかご」はハイヤーに当たる）。

一、新庄からまた半路程を駕籠に乗った。その他は皆歩いた。

一、舟形で江戸からの御飛脚に逢って、自宅への言伝《ことづて》を頼んだ。

一、猿羽根《さばね》峠は風雪で大難儀した。

十二月廿五日　晴

今朝は未明に出足するつもりが、夜中から暁まで風雪が強くて人足が荷物を持てず、しかたなく午前七時半頃に名木沢を出足した。雪が深く、道も悪いので尾花沢までの二里は歩き、十時頃に尾花沢へ着いた。そこはすごい大雪で軒《のき》にまで達し、往来は雪を切払って通行している。それでも例年の三分の一の雪ということだ。道は良いので同所から駕籠に乗った。本飯田《もといいだ》（山形県村山市）で継立てた。同所から雪が少なくなった。それから楯岡《たておか》（村山市）で継立てたが、午後二時半頃だった。同所の町中は所々（雪が無く）土道だ。それから宮崎（山形県東根市）で継立てた。宮崎から日暮を懸けて午後九時半頃に天童に着いた。刻限が遅くなり本陣がふさがっていたので、本陣の指示で仙台屋市三郎とか（の宿）に泊った。

一、今日は市《いち》が立ち、楯岡市中《しちゅう》は群集が往来して難儀した。

十二月廿六日　快晴暖

一、午前七時ごろ天童を出立した。山形・松原（山形市）と継立て、午後一時半頃に上ノ山（上山市）の御本陣原田圍助へ着いた。今日は楢下《ならげ》（上山市）までも行くつもりだったが、昨日は大変遅く着いたので、下人たちの足休めに早々と宿を取って入湯させた。天童から楢下まで馬足が立ったので（人足の）負荷《ふか》の必要はなかった。

一、今日は上ノ山に着いたら、市中一帯には雪がなく、野原に少々雪が残っているだけで、誠に春のようだ。これまでの道中は御国を出てから尾花沢まで大雪の雪中に等しかった。本飯(田)から段々雪が少なく、楯岡・宮崎・六田《ろくた》市中は雪がなかった。天童・山形・松原・上ノ山まで雪がなく、（秋田の）二月末・三月上旬の気候に等しく、誠にその土地により気候は違うものだ。例年もこうなのかどうか、今年は十二月十六日に雪明けで気候通りなのだろうか。

一、上ノ山でも今日は市が立ち、市中は大混雑だ。

十二月廿七日　快晴

一、夜が明けて上ノ山を出足した。楢下で継立、金山《かねやま》村（上山市）で餅と酒などを食べて楢下峠（金山峠）を越えた。午前十時前に湯ノ原（宮城県七ヶ宿町）へ着いたら、前日に御国許《くにもと》を出足した物頭（足軽頭）山形宮門《くもん》が昨夜は湯ノ原泊りで今朝出足したそうだ。そうすれば自分も継夫《つぎふ》七人、山形宮門も継夫七人なので、御定の（継夫）十三人（馬）十三足の数の他に雇人足が必要だが、当所（湯原宿）で人足を出してくれるそうだが、この先の峠田《とうげた》宿で雇う人足を差出すべきか了解できず、し

図３　上山～福島間の伊織の経路―山中七ヶ宿街道（羽州街道と奥州街道を結ぶ）

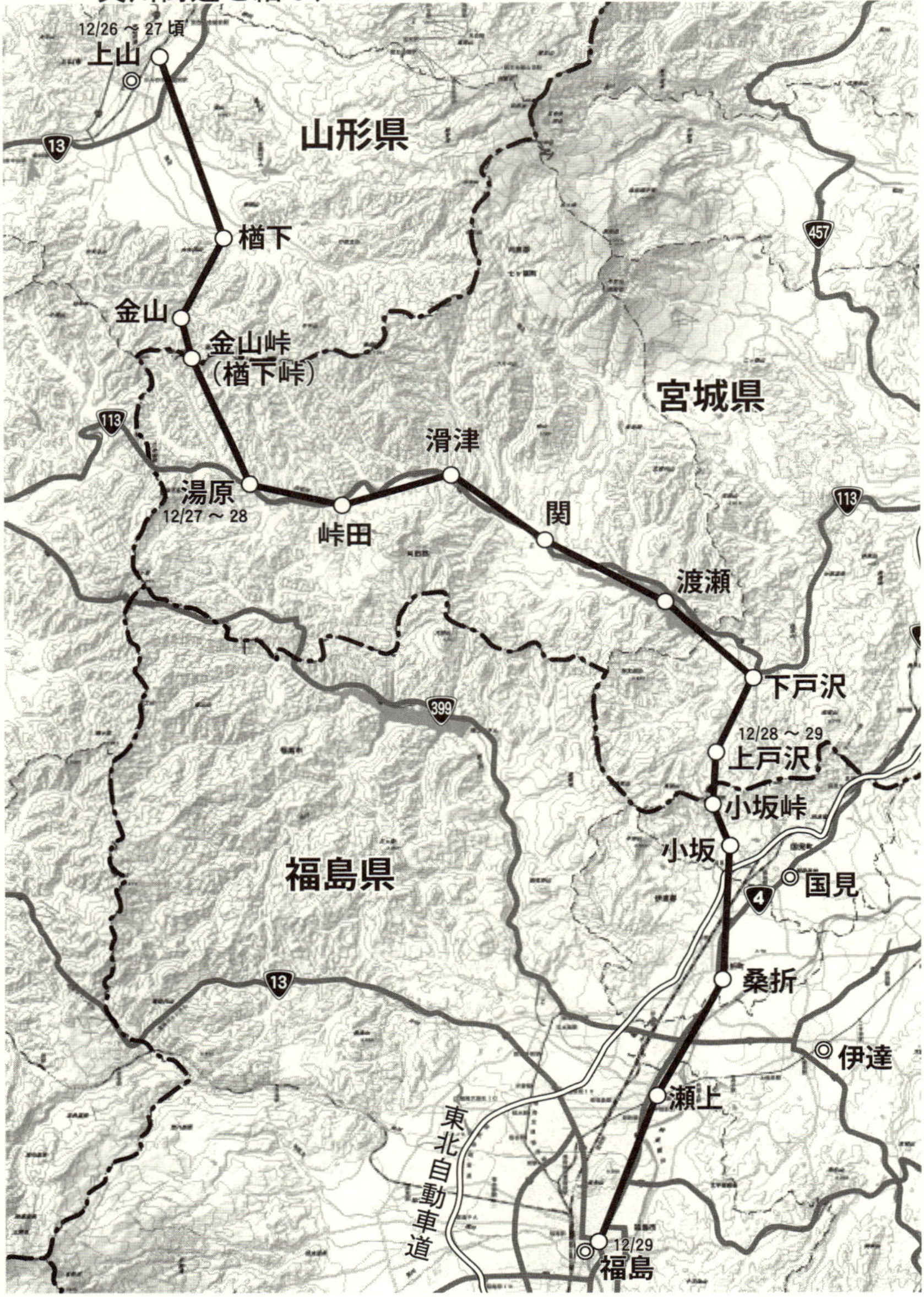

国土地理院ウェブサイト（https://maps.gsi.go.jp/#12/37.956380/140.434456/&base=std&ls=std&disp=1&vs=c1j0l0u0f0）を加工して作成

かたなく湯原へ泊った。明日から(山形)宮門の跡を追って一日遅れで泊るしかなく困ってしまった。

※継夫は、宿から宿へ旅人の荷物を運ぶ人夫。公定料金で利用できる人夫は一日当たり十三人に制限されていたようだ。伊織はその日に出発すれば、先行する山形宮門と合せて十四人が必要になり、一人分別料金が必要になる。高倉淳『仙台領の街道』などによれば、別料金は公定の三倍ほど必要だったようだ。

一、湯ノ原の宿は秋田屋惣太郎。

一、楢下で御飛脚に逢った。屋形様（佐竹義堯）の御上京が正月二十八日から二十五日に早められたそうだ。

十二月廿八日　快晴

夜明けに湯ノ原を駕籠で出立した。峠田・滑津《なめつ》で継立てた。雪道で（人足の）負荷だったが、関（七ケ宿町）での継立てから馬足が利いた。渡瀬《わたらせ》（七ケ宿町）・下戸沢（白石市）で継立て、上戸沢（白石市）へ日暮に着いた。

一、滑津から関へ来る途中で三人御飛脚に会った。御用人金大之進が京都から早駕籠で江戸表へ二十四日に着き、その日に派遣された御飛脚で、またまた御上京の日程が早められたので、上京する面々はできるだけ急いで江戸に着くようにと御飛脚の者に聞かされた。

十二月廿九日　快晴暖

一、夜が明けて上戸沢を出足した。小坂（福島県国見町）で継立て、桑折《こおり》（桑折町）・瀬ノ上（福島市）・

福島・若宮（福島市）で継立、日暮に八挺ノ目《はっちょうのめ》（福島市）御本陣へ止宿した。

一、小坂村の八郎兵衛宅で休息した。福島入口の茶屋で昼食を食べた。

一、小坂山の上は雪路だったが馬足が立った。坂下からは草履《ぞうり》道で誠の春のようだ。山の内と気候は大きく違い暖かい。

（文久三年）亥正月元日　曇

一、夜明けに八挺ノ目を出立した。由井（二本松市）・二本松・杉田（二本松市）・本宮《もとみや》・高倉（郡山市）・日和田《ひわだ》（郡山市）で継立て、郡山へ日暮に着いた。宿は海老屋次右衛門。

正月二日　風立折々風雪夕晴

夜明けに郡山を出立した。小荒田（小原田、郡山市）・須ケ川（須賀川市）・矢吹《やぶき》（矢吹町）・踏瀬《ふませ》（泉崎村）・根田《ねだ》（白河市）で継立て、夜七時半頃に白川宿（白河市）の飛屋由兵衛（に止宿）。

一、須ケ川駅で人馬が滞りとても遅く着いた。

一、白川駅へ着き、歳末の御飛脚が着いたので聞いた。屋形様の御上京は正月十二日になりそうだと。

正月三日　快晴

一、昨夜の御飛脚でもっぱら夜通しのつもりで暁午前四時頃に白川を出立した。白坂（白河市）で夜明け。白坂・芦野（栃木県那須町）・鯉堀《(越)》（那須塩原市）・大田原《おおたわら》で継立て、午後六時頃作山《さくやま》（大田原市）へ着いた。

正月四日　天気七ツ時過雪

一、暁午前四時頃作山を出立した。喜連川《きつれがわ》（栃木県さくら市）・氏家（さくら市）・白沢（宇都宮市）・宇都宮で継立、雀ノ宮《すずめのみや》（宇都宮市）へ午後六時頃に着いた。宇都宮で貫目改があり何かと手間取った。雀之宮へ着く途中は大風雪で難儀した。

※貫目改めは、大名や旗本が定められた重さを超える荷物を運搬させて、宿や助郷《すけごう》の人馬を苦しめたのが原因で設置された。荷物の付け替えの際重い荷物のみを改めたという。伝馬の荷物は一匹の馬に三十二貫目（一二〇㎏）、駄賃荷物は四十貫目（一五〇㎏）を標準とした。全国で十ケ所あったが、伊織は、宇都宮・品川・駿府での貫目改めを記録している。

正月五日　昨夜大雪暁から晴

一、暁午前四時頃に雀之宮を出立した。石橋・小金井・新田《しんでん》・小山《おやま》・侭田《ままた》・野気（木）（以上下野《しもつけ》市）・古河《こが》（茨城県）・中田（古河市）・栗橋（埼玉県久喜市）で継立て、午後六時過に幸手《さって》へ着いた。刀箱を持参したが御関所の房川《ぼうせん》で□（不明）来本刀があるかと尋ねられ、秋田屋に頼んで差替えの大小（の刀）を二腰持参と書いて差出して済んだ。

正月六日

一、暁午前四時頃に幸手を出足した。杉戸（杉戸町）・糟壁《かすかべ》（春日部市）・越谷《こしがや》・草荷《そうか》（草加市）・千住《せんじゅ》（東京都足立区）で継立て、日暮前に江戸へ着いた。直に御納戸《なんど》へ参上したが、（佐竹義堯は）奥で御夜食中なので、御目見《おめみえ》の姿で済ませた。家老の御長屋へも参上した。

正月七日

一、上屋敷に滞在する御長屋がなく浅草屋敷の御長屋を貸していただいた。

一、午前十時頃に服紗裃《ふくさかみしも》で出勤した。御納戸の御居間へ呼ばれて御目通りをした。道中筋の様子などを直接御尋ねいただいた。

一、今日は奥と浅草様（諒鏡院か）へも参上した。

一、家老がお会いになり御判紙の返上の事を相談したら、立帰登は返上しないのだが、困るだろうから御物書に預けるようにということで荻津助吉へ頼んだ。

※公用の旅では、御判紙を持参し、宿泊や人馬の代金は（御判紙の記録によって）藩が支払った。十二月廿七日の困惑は、先行する山形宮門と同じ日付が記録されることを避けたためか。

② 江戸から京都へ（大名行列で東海道を行く）

正月十一日

一、京都から御飛脚が昨日着いた。御上京の御供人数を減らすよう、（宇都宮）帯刀《たてわき》殿から厳重に言ってきた。予定の人数から、このたび出府した物頭山方宮門・御目付井口《いのくち》正兵衛・御留守居近藤良之進・同役（刀番）関口小弥太・御納戸役中村茂吉、御側小姓でこのたび出府した岡久馬等は外された。御供全体で三百人余を減らし、東家などもそのうち到着予定だが、これも御供から外すとのこと。

一、同役（関口）小弥太が上京御供から外され、拙者（江間伊織）が御供するのはどうしてか。元々御供登を命じられていた者を残し、拙者が御供しては、第一御用弁にならず、かつ江戸詰の同役を連れずに最近出府した拙者を連れられては、同役（刀番）の気持ちもいかがなものか。拙者を御供から外し、（関口）小弥太を連れていただきたいと、御用人金《こん》大之進・飯塚伝也に申し入れ、御同役様（用人）が対処してくれなければ、拙者は病気を申し立てるより他ないと申し入れた。「今日（家老小野岡）右衛門殿に御伺したら、『（藩主の）お考えで命じられたのだ。いったん命じたことを変えては外聞も良くない。ぜひ引き受けて上京するように』、と重く命じられた」、と御用人（金）大之進・（飯塚）伝也が揃ってやってきて申し入れた。一応承諾書を書いて指上げ、同役へも連絡した上で御引受けしたいと返事した。程なく同役関口小弥太がやってきて言うには、「（伊織が）御病気を言い立て辞退したら、私も病気を言い立てます。それでは支障が生じ恐縮の次第です。それに御上洛に、刀番は無組を二人組付を一人召連れるということですが、昨今の私共では年上の御歩行《かち》どもの指揮は行届きかねます。先輩の（江間）伊織を上京させてほしいと、御用人たちへ申し入れました。その後四人（無組二人、組付二人）召連れと命じられ、貴様（伊織）と私（小弥太）の二人を御供に命じられましたが、御人詰《ひとづめ》で刀番は貴様が御供するのがふさわしく、その上藩主の御意志ならばなおさらのことです。ぜひ出勤して御供するように」と小弥太が言うので、とても不本意だが出勤した。他の刀番へもその旨を話し合っておいた。

一、午前十時頃に出勤した。御上京御供登の面々は、（小野岡）右衛門殿を始め、皆御熨斗《のし》を拝領した。奥と浅草様・鳥越様・家老衆に挨拶回りをした。

亥正月十二日　天気

屋形様は午前十時頃御発駕。御家老小野岡右衛門殿・番頭小田野刑部・御用人飯塚伝也・金大之進（但し、大之進は御供ではなく先行して御本陣泊り）・御膳番根岸司・同役（刀番）組付は拙者・無組は鵜沼半兵衛・定府《じょうふ》の無組石川進・御納戸役秋山此治・御目付籠谷隆之進（その他は省略する）。

一、品川（東京都品川区）の御本陣で御昼。川崎泊りで御本陣は事情があって万年屋に御宿泊。

一、今日御発駕から品川までは惣御供（全員の行列）で刀番は無組の半兵衛・進が徒御供《かち》した。拙者（伊織）は組付なので馬上で御供した。

一、今日は品川で貫目改があった。

正月十三日　天気

一、午前五時半頃一番御拍子木、同六時頃二番、同六時半頃三番で川崎駅を御発駕。程ケ谷（横浜市保土ケ谷区）で御昼。藤沢へ御止宿。

一、今日の御供は（石川）進、御行列御供は（鵜沼）半兵衛、拙者（江間伊織）は御本陣番。

※行列で道中する時、拍子木の合図で行動した。一番で起床、二番で仕度、三番で供揃。

正月十四日　天気
昨日の通りの御拍子木で藤沢駅を御発駕。南湖《なんご》（茅ケ崎市《ちがさき》）で御小休、平塚で御昼、大磯で継立て肩移し《（ママ）》、梅沢（二宮町）で御小休。小田原に御止宿。
一、今日は御供が拙者（江間伊織）。御行列御供は（石川）進。御本陣番は（鵜沼）半兵衛。

正月十五日　天気
一、午前四時半頃に一番、午前五時頃に二番、明六ツ時（五時半頃）三番（の拍子木）で、小田原を御発駕。畑《はた》（箱根町）御小休、箱根で御昼。三ツ谷（箱根町）で御小休。三島（静岡県）に御止宿。
一、御供は（鵜沼）半兵衛、御行列御供は拙者、御本陣番は（石川）進。
一、御関所通過の際に、御関所御番人衆と御披露して、大小姓が御簾垂《すだれ》を揚げた所に手を添えたが、□《（不明）》に御戸と声が懸ったので御戸を少々引いたという。そこで（藩主が）言われるには、今後関所通過の際は御簾垂を下げたままでそれを上げるように言われたと、（鵜沼）半兵衛から連絡を受けた。
一、箱根上長坂で富士山を見た。絶景だった。

正月十六日
一、午前五時頃に一番、五時半頃二番、六時頃三番（一部抹消）で、三島を御発駕。吉原（静岡県富士市）御昼所。蒲原《かんばら》（静岡市）に御止宿。午後六時前頃に提灯《ちょうちん》で御着きなされた。
一、御供は（石川）進、御行列御供は（鵜沼）半兵衛。

一、拙者は先番で御先に繰越して進んだので御小休（の場所）等は聞いてない。
一、柏原・吉原と原辺りでは富士は本当に近くなり、さし渡し一里（四㎞）位と見えた。当地の人に聞いたら、さし渡しが五里（二〇㎞）位もあるという。
一、今日は笠瀬村で御小休から一片中へ雨畑の硯《すずり》が一面ずつ贈られた。

正月十七日　天気
一、午前五時半頃に一番、六時頃に二番、六時半頃に三番（拍子木）で蒲原を御発駕。黒沼で御小休。江尻《えじり》（静岡市）で御昼。北吉田（静岡市）で御小休。府中（駿府《すんぷ》）へ御止宿。駿府にも貫目改がある。
一、御供は拙者。御行列は（石川）進、御本陣番は（鵜沼）半兵衛。

正月十八日　七ツ頃より雨
一、昨日の通りの拍子木で府中を御発駕。弥勒《みろく》（静岡市）で御小休中に安倍《あべ》川の渡へ御馬と御道具を繰越し、同所は徒《かち》渡りで蓮台《れんだい》越し。御歩行《かち》十五人が晒襠《さらし》半一枚へ大小を差して、御蓮台へお付添申し上げた。その他皆蓮台で銘々が越した。宇津谷《うつのや》峠の石川忠右衛門で御小休。同人は太閤《たいこう》（豊臣秀吉）から拝領の御羽織、権現様（徳川家康）から拝領の御茶碗等を（藩主へ）御覧に入れた。太閤様や権現様へも御馬沓を献上の御吉例に随って馬沓献上の願があり、御請《うけ》なされた。藤枝で御昼。三軒家（藤枝市）御小休で島田へ御止宿。
一、御供は（鵜沼）半兵衛。御行列は拙者。御本陣番は（石川）進。

正月十九日　昨夜から折々雨夕晴

一、午前四時半過の一番、五時半頃の二番、六時頃の三番で島田を御発駕。大井川は徒渡で安倍川の通り。掛川《かけがわ》で御昼。見付《みつけ》（磐田《いわた》市）へ御止宿。

一、御供は（石川）進、御行列は（鵜沼）半兵衛、拙者は御本陣番で御先へ繰越したので御小休等は分からない。御歩行共は二度も水中を御蓮台に御付添御供したので、辛労《しんろう》を考慮され、（御歩行）十五人と他に石川小十郎は川前御用で詰めていたが安倍川で水中御供し、都合十六人へ御酒を下されると途中で命じられ、御供の（鵜沼）半兵衛から伝言があったと組頭から御届があった。

正月廿日　快晴

一、午前五時半頃に一番（拍子木）、六時頃二番、六時半頃三番で見付を御発駕。池田（磐田市）で御小休中に天竜川へ御馬を繰越し、舟で渡して午前十一時前に浜松へ御着なされた。

一、見付から池田までの間は近道を御通行になった。これは近来諸家様が御通行という。

一、紀州様（紀伊徳川家）の御家老戸田重右衛門が十九日に浜松泊り今日は島田泊りで、近道で行き逢になった。同人は勅書を持参しているそうだ。白木の小長持へ札を差付けて勅書と銘を打ちやってきたが、御前（佐竹義堯）の御通行と聞いて道を避けて控えているという。その旨を（藩主に）申し上げたら、陪臣《ばいしん》とはいっても御三家の家老は諸大夫《しょだいぶ》（一般の大名）の待遇である。それに勅書を持参している。使者を派遣するようにと命じられ、大小姓長峰敬助へ下座見《げざみ》の伊助を引添えて派遣した。御口上の趣は左の通り、

（佐竹）右京太夫の通行に、わざわざ道を御ゆずり下され忝《かたじけな》く存じます。その事を御使者によって申し上げます。

右は御供頭にお会いしたいと下座見の伊助から伝えたら、供頭の岩本弥一右衛門が出て、御口上を承って、戸田重右衛門殿へ申し上げた。返事の趣は、

御念の入った御使者、かたじけなく存じます。この返事をよろしく仰せ上げて下さい。

一、午前十一時前に浜松に着いて直々御止宿。先の宿に支障があって、今日は四里七丁で御止宿。

一、この度の御上京では人馬がとても少なく、御駕脇《かごわき》以下へまったく馬や駕籠を貸されず、全員歩行《かち》（徒歩）で来たのでとても疲れた。今日は御供方もわずかに休息になって有難いことだ。

一、松平主殿《とのも》守様も当（浜松）駅へ相宿となった。奥州街道と違い東海道では相宿はいつものことという。それでは人馬が混雑する。明日の御発駕の刻限を通達し、午前四時前に一番、四時半頃に二番、五時半前に三番で御発駕のつもりだ。

正月廿一日

昨日言われた通りの御拍子木で浜松を御発駕。篠原《しのはら》（浜松市）で御小休、鶉屋喜兵衛に。舞坂（浜松市）で御小休、宮嶋伝右衛門へ。同所の一丁（約一〇九ｍ）ばかり先に今切《いまぎれ》一里渡しがあり、舟が良いと申し上げて御発駕。舟で荒井へ御着岸。風もなく最上の天気だ。新井の御関所を越えてそこで御昼、疋田弥五郎。白須賀（湖西市）で御小休、馬場彦十郎。午後四時頃に吉田（愛知県豊橋市）に御止宿、中西与右衛門。

一、今日は御供が（鵜沼）半兵衛、御行列は拙者、御本陣は（石川）進。

正月廿二日　雨

一、吉田を御発駕。赤坂（豊川市）で御昼。岡崎に午後四時前に御着陣。

一、御供は（石川）進・（鵜沼）半兵衛、御本陣番は拙者。

正月廿三日　朝は雨夕晴

一、御提灯引で御発駕。矢矧《やはぎ》橋が落ちたので、笹本又四郎へ御小休中に繰越して大浜の中根源六へ御小休。知立《ちりゅう》の永田清兵衛で御昼御□□（不明）。
一、桶狭間《おけはざま》の御立場・今川義元討死の場所等を御覧。鳴海《なるみ》（名古屋市）に御小休で午後四時前に宮《みや》（名古屋市）へ御着陣。
一、御供は拙者。御行列は進。御本陣番は半兵衛。熱田《あつた》神宮への御代参を進が勤めた。拙者は（佐竹義尭）が御着の上、宮（熱田神宮）へ参詣したいと申し上げて半兵衛と一緒に参詣した。
一、御昼所の池鯉鮒《ちりゅう》（知立市）に蛇守があり、三枚受けた。熱田明神の御守を一枚受けた。

正月廿四日　晴夕後風立

一、午前三時半に一番、四時過ぎに二番、五時頃三番で、宮から御発駕。岩塚（名古屋市）で御小休、武藤平十郎。万場川で渡があり、岩塚から三十丁程だ。繰越等はせず、神守（津島市）で御小休、猪飼太郎。佐屋（愛西市）で御昼所、加藤五左衛門。佐屋で御舟に乗られた。小船で屋根のある舟だ。半路位行ってから大船に乗替えた。全て尾州様（尾張徳川家）の御召船という。九本骨の扇子《せんす》印があり、これは尾州公の船印という。その印の籏を立てた。二里半程行った所で西風が強く大舟で渡るのが難しいので、小舟へ乗替をと尾州様の大舟頭の申し出で、小舟で先に屋根のある舟へ乗換え午後四時頃桑名《くわな》（三重県）へ御着陣。
一、御供は半兵衛、御行列は拙者、御本陣番は進。

正月廿五日　快晴
一、午前四時前に一番、五時前に二番、五時半頃に三番で桑名を御発駕。石薬師（鈴鹿市）で御昼。関（亀山市）へ日暮に御着陣。
一、御供は進、御行列は半兵衛、拙者は御本陣番で午後二時頃に着いた。御小休等は分からない。
一、関宿へ藤堂《とうどう》佐渡守様（伊勢久居《ひさい》藩主）の御使者が来た。

正月廿六日　曇
一、午前五時半頃に一番、六時頃に二番、六時半頃三番で御発駕。坂ノ下（桑名市）・猪鼻《いのはな》で御小休。土山（滋賀県甲賀《こうか》市）で御昼。松ノ屋・大野（甲賀市）御小休で、水口《みなくち》（甲賀市）へ午後四時頃に御着。
一、御供は拙者、御行列は進、御本陣番は半兵衛。

正月廿七日　昨夜から雨夕後小雪　大寒

一、午前三時半頃に一番、四時半頃に二番、五時頃に三番で水口を御発駕。田川・石部（湖南市）で御小休。草津で御昼。鳥井川（大津市）で御小休。午後四時半頃大津へ御着陣。

一、御供は半兵衛、御行列は拙者、御先詰は進。

一、御供方巧者の御歩行高根駒之助・綱木五藤太・下座見伊助・御駕籠小頭《こがしら》岩五郎が昨日から夜通しで京都へ遣わされ、到着日の挨拶回りの節、御道具の付所《つけどころ》・御下乗《げじょう》の場所等を巡見して、当駅（大津）へ着いた。挨拶回りの箇所は左の通り、

二条様　　御懸合
近衛《このえ》様
野ノ宮様
坊城様
鷹司《たかつかさ》様
所司代

一、摂家・宮方・御門跡《もんぜき》方・大臣方と行き逢った時は、下乗し御辞儀してから輿《こし》に乗られること。

一、徒歩の堂上《どうじょう》方と行き逢ったときは、下乗して御通行なさること。
ただし、略服の裃袴のときは下乗なされないこと。

一、輿《こし》に乗った堂上方と行き逢ったときは、輿に乗ったまま御通行なさること。

一、勅使や堂上方と行き逢ったときは、摂家・宮方と行き逢の通り。

一、摂家・御門跡方・大臣方と行き逢い、通る際は御道具（鑓など）は伏せること。
一、行き逢の都合によっては、左からの下乗もあること。
※摂家は、摂政・関白に昇進できる家柄の公家。近衛家・九条家・二条家・一条家・鷹司家で五摂家ともいう。
※門跡は皇族や公家出身者で、格式ある有力寺院の住職を務めているもの。

正月廿八日　曇追々快晴
一、午前五時頃に一番（拍子木）、六時前の二番、六時半頃の三番で大津駅を御発駕。蹴上《けあげ》（京都市）で御小休。それから昨日命じられた通り、二条様を訪問して御昼食を召上られた。それから左の通り挨拶回りを済ませられ、御室仁和寺宮様《おむろにんなじ》の御院家《いんげ》尊寿院の御旅館へ御着きなされ、恐悦至極に存じ奉ります。夕方五時半頃の御着きだった。
御摂家　近衛前関白様
両伝奏《てんそう》　坊城大納言様
野宮《ののみや》宰相中将様
御摂家　鷹司関白様
所司代　牧野備前守様
一、御供の御家老（小野岡）右衛門殿・番頭小田野刑部・御用人飯塚伝也・御膳番根岸司・物頭高垣兵衛・清水文十郎・瀬谷和三郎・御刀番で組付は江間伊織・無組は鵜沼半兵衛・石川進・御目付籠谷隆之進・御納戸役秋山此治・御副役茂木《もてぎ》左司馬、御行列外の御用人金大之進・道中の定御本陣番

を勤めた御小人差引役代に御副役・御前御道具を預置れた御側医は佐藤達元・畑了英・御外科は稲見弁機・御針医は斎藤東泉、他に大小姓《おおごしょう》八人・御側小姓六人・御小姓御供番・御警衛の大番・大小姓・御小姓・御歩行共に至るまで無事に御供した。

一、当日は蹴上から、物頭三人・金大之進・御納戸役・御医者・御警衛の面々に御暇《ひま》。

一、同所から銀鞘の御打物を十筋・ゲヘル御筒（ゲベール銃）三十丁・全員陣笠を止め菅笠《すげがさ》を用いた。京都で入手し同所へ百五十個送った。

ただし物頭は先行して御旅館の前に待機した。大番・大小姓・御小姓の御警衛・その他鉄炮方の面々は直接それぞれの宿へ行き、特に御出迎え等などはせずともよいと命じられた。

一、御先箱二荷を御前御道具へ入れて置いたが、同所から定式の通り対《つい》の御鎗の前へ持たせて御引供の御歩行も立置かれた。

三条様を訪問すると、御前御道具の御副役・御目付に御暇。大鳥毛・御馬印・拙者共の具足両《りょう》掛《がけ》等は先行させた。

一、（小野岡）右衛門殿・御用人（飯塚）伝也は二条様でお食事を下された上で御暇。

一、御同所（二条）様へ京都御留守居町田平治・御留守居長瀬隼之助・待ち受けていた京都御館入《おたちいり》山下惣右衛門などが来ていて御世話した。

一、御同所で同役（刀番）三人と御駕脇《かごわき》の御茶道まで二十一人、御歩行御先二十人と組頭・御目付を合わせて二十二人に御酒・御吸物・御膳を下された。左の通り。

白木捌《ばち》へ汁・平皿・猪口《ちょく》・白木捌へ吸物・小皿引三種・焼物は若狭小鯛。

一、道筋・挨拶回りの箇所の御案内、御行逢の際の御辞儀等は前もって京都で依頼した与力・同心・雑式《ぞうしき》・下坐見等が蹴上の御小休所まで来て、同役（刀番）が引き合って支障なくするつもりだ。

一、今日の挨拶回りで、所司代への挨拶を済ませられた上で、拙者は馬で御先に御旅館へ行って御刀を御受けした。

一、御着の上程なく御着坐。御のしを御膳番が献じた。終わって家老（宇都宮）帯刀殿が恐悦を仰せ上げられた。終わって皆が恐悦を申し上げた旨、（帯刀殿が）御取合申し上げ、皆が拝伏した。（藩主は）入御《にゅうぎょ》。

一、御着の際、御門内へ（宇都宮）帯刀殿が御出迎えした。

一、一片が揃って、家老の御部屋へ出向き恐悦申し上げた。

一、今日二条様で御召替、御紋付の小袖・半袴に。刀番を始め御供方は皆旅装のままで御供した。

※江間伊織の日記も含めて、大名の行列に関して「御道具」という言葉がよく出て来る。厳密にはよく分からない部分があるが、「五つ道具」と言って、槍・打ち物（刀・なぎなた）・挟み箱・長柄《え》傘・袋入れ杖などを指すようだ。ただし、「御道具を伏せる」という場合は、鎗や打ち物を伏せることだと思われる。

③　京都にて

正月二十八日から三月十四日まで佐竹義堯は京に滞在した。

江間伊織から聞いた話として、石井忠行は「伊頭園茶話」（『新秋田叢書』）に記録している。

○旧知事の御話。上京の時、仁和寺塔頭《にんなじたっちゅう》の尊寿院を以前からの縁で旅宿とした。仁和寺へ御出の時、大門を明けているのに小門を御通りになったそうだ。江間氏（伊織）が御刀番として御供していたが、供侍の一人が門番に話しかけた。「自分たち如きが大門を常に通るのに、大名でありながら、かえって小門を通るのはどうしてだろうか」と。（相手の答えは）「それはですね、大名などは官位もあり人並（の存在）です。官位も官職もない地下雑人《じげぞうにん》は言ってみれば、虫ケラ同然と宮（仁和寺の門跡＝皇族から任命された住職）様は見ておられるからです。例えばハエは高位の貴人の頭に止まることがある。それと同じで何のこだわりもないから、大門だろうが小門だろうが勝手に通らせておくのです」と答えたとの直話《じきわ》です。田舎者《いなか》と見て少し大げさに相手したのではないだろうか。

※尊寿院を再興した阿証（佐竹義直）は佐竹義重の末子で、一時期兄義宣の後継者となり、徳川家光に御目見えもしていたが、江戸城における不調法で廃嫡《はいちゃく》され、秋田の一乗院（真言宗）から高野山に登り、京都の仁和寺に尊寿院を再興した。義堯はその縁で尊寿院を旅宿にした。

それでは、江間伊織の日記で、京都での佐竹義堯の動きを見てみよう。ただ、伊織の日記はこの頃から飛び飛びになって、詳しい内容はよく分からない。また、御警衛方など一般の藩士の様子は、小貫久之進の「御上京御供詰中公私日記」（国文学研究資料館蔵）の方が詳しい。

正月廿九日　雨

一、午前六時半頃の御供揃で、今日の挨拶回りは左の通り。

御召服は黒羽二重《はぶたえ》の小袖に半袴、同役二人（石川）進・拙者（江間伊織）は紬《つむぎ》紋付袴、御駕脇は袴、御先は袴と羽織。御駕脇は十二人で御先は十三人。

御道筋

一、御室（仁和寺）から妙心寺裏門前の一条通を千本北へ、元誓願寺通小川北へ　久世《くぜ》前宰相様

今出川通を東へ　徳大寺中納言様

鎗之図子南へ戌亥《いぬい》御門入南へ　日野中納言

※家と家の間に通じた細い道のうち、次の通りまで突き抜けているものを「辻子《ずし》（図子）」という。突き抜けないのは「路地」という。「鎗之図子」は「鎗ノ辻子」で近衛・一条などの公家屋敷の間を通っていた（現在は京都御苑の一部）。

南御門前を東へ、日ノ御門前を北へ　飛鳥井《あすかい》中納言様

直に西へ、有栖川《ありすがわ》御門前を北へ　中院《なかのいん》宰相中将様

石薬師御門を出て　滋野井《しげのい》中納言様

直々水流今出川塔ノ段　　　　　　　　　　高倉侍従《じじゅう》様
　　　　　　　　　　　　　　　　　　　　阿野宰相中将様
北へ抜ケ寺町通　　　　　　　　　　　　　広橋大納言様
　　　　　　　　　　　　　　　　　　　　六条宰相中将様
梨木町
　　　　　　　　　　　　　　　　　　　　三条中納言様
清和院御門を入る
　　　　　　　　　　　　　　　　　　　　長谷《ながたに》三位様
　　　　　　　　　　　　　　　　　　　　仁和寺宮様

一、右御勤（挨拶回り）後、下立売《しもたちうり》御門を出て、直々同通を西へ御前通を北へ、一条通妙心寺裏門から
それから御室御旅館（仁和寺尊寿院）へ御帰り。

一、宮様へご挨拶の際、始の御門の石壇を御上り、御門外で御下乗。
一、江戸表へ御飛脚を出された。御用状と内書を出した。
一、仰せ渡された

覚

諸士が御用で御旅館へ参上する際は、御門は小門を通ること。

ただし供人が弁当風呂敷を運んだり、泊番の者が夜具の上げ下げしたりの他は、下々の者が諸品を持参しての通用はしてはならない。裏門を通ること。

※四三頁のエピソードは佐竹義堯の行列の時は、御供の歩行《かち》も表門を通れたためか。

一、御旅館に於いて朔望《さくぼう》（一日と十五日）の御目見を命じられたので、近進並以上の面々は江戸表の通り平服で午前七時半頃に出ること。

右の趣を心得ること。以上。

二月朔日（一日）

一、（佐竹義堯の）御出坐があり、大番組頭格以上の面々が御目見した。

一、正月十四日付の御国許《くにもと》（久保田）からの御用状・内書・自箇の御用状が届いた。同じく二十三日付の江戸からの御用状も届いた。御国許・江戸御屋敷とも御静謐《せいひつ》で恐悦です。

御国許からの御用状の抄録

○正月七日、御用初で御評定処へ（山口）勇之進が出勤した。同日御膳番局へ御用初の恐悦を申し上げた。一片（側方）が揃い、御酒を頂戴した。

○御副役細川官助から勤功書を今月二十五日まで書き出すようにとの書状。

○同日御膳番大山学助が根岸司と交代して、江戸一ヶ年詰を命じられた。なお御用があるので始末ができ次第出足を命じられた。

○同日御用番（の家老、塩谷）弥太郎殿から御用人・御膳番を御呼出で、旧冬十八日に野宮《ののみや》宰相中将殿から御留守居を呼出して渡された御書付を渡し拝見を命じられた。その恐悦を一片（側方）揃って御局へ申し上げた。
○同日御鷹屋の御用初は定式の通り（に済んだ）。
○同九日、弥太郎殿から御膳番を呼出して、屋形様は今月十二日午前五時半頃の御供揃で、御上京なさると命じられた旨知らされたと御膳番から同役（刀番）連名で言ってきた。
○同十日、御割役鈴木宣三郎から、先頃から御歩行が人手不足で御学館への駆付は御免になり、御茶屋番・御鷹匠からその代り差出したが、一人の処現在は差支えるので、（誰か）任命してほしいということで、組頭へ申し渡してかなり御人繰をして小国平九郎を書出し直々申し渡した。
○同日、佐藤多一郎の親類共から多一郎の嫡子強太は今年十八歳になる。御組に欠員が出たら御奉公に召出してほしいと、多一郎が江戸在番なので、親類共からお願いする旨を組頭を通じて申し出た。
○同十一日、安土舎人の居宅が大破して新規の普請《ふしん》を申し立てたので、組頭を通じてお知らせする。
○同日、二ノ丸の御勘定所で御用初。（山口）勇之進が出た。同所を退散。午前十一時前頃、頭取（江間）伊織に代わり（山口）勇之進が乱舞《らんぶ》方の稽古始へ出た。高橋久太は御用人助力で出た。頭取の代わりに御納戸役田代鉄也、右の三人が出た。
○同十二日、岡百八がこの春に上々様（諒鏡院？）の御下国のため江戸へ立帰登を命じられた。右の趣旨を言ってきた。

江戸表からの御用状

○正月二十日、（家老）渋江内膳殿が御上着の旨。
○同二十一日、真御旗の介添宮沢文左衛門が到着したこと。
○同二十二日、秋田表から御飛脚が参着。御用状・内書共そのまま披《ひら》いて差出した。
右の趣旨を言ってきた。

二月二日
一、一役から一人宛の御呼出で、（宇都宮）帯刀殿が（藩主の）御書付によって命じた。左の通り。

覚

京都に逗留中は各自の旅宿として御室御所（仁和寺）御境内と最寄りの御領分の人家を借上げたが、不十分で仮屋《かりや》を立てる状況である。手狭や支障もあるだろうが、前もって言われた通り勘弁致し、全く御陣屋の心得で艱難《かんなん》を忍び、御奉公専一《せんいつ》を心掛けるべきこと。
一、御摂家様・御宮様・御門跡方が御通行の際、下座触《げざぶれ》があるので下坐し、失敬がないようにすること。その他総じて公家衆が通行の際、一方に寄り不作法がないよう控えること。もちろん馬上の者は下馬すること。
一、当御所並びに御院家方の御家来中に対して、不作法がないようにするのは勿論、総じて他所へ行った際に苛察《がさつ》がましい儀がないように慎みを第一にすること。下々の者が仁和寺の御下人や御領民に至るまで馴れ親しみ、万一口論がましきことがあっては、仁和寺への不行届にもあたることなので、とかく馴れ親しまないように命じること。万一心得違の者がいたらその主人へも無調法を申し付けられるので、了解すること。

一、諸家藩中（他の大名の家来）へ出合《であい》等の義は堅く禁ずる。

一、当御所（仁和寺）並びに御院家方の御構内《こうない》へ案内なしにみだりに見物に行くことは堅く禁ずる。

一、用事で他所へ出る時は、その向《むき》へ行き帰りを届け、非番であっても組合一同で他出してはならない。

一、旅宿にいる時も下々の者が博奕《ばくち》は勿論、喧嘩口論など総じてみだりがましいことがないようにするのが肝要である。その筋の吟味の者が巡回するので心得違いのないよう命じること。

一、店々で押買は勿論、延買は堅く禁ずる。現金を渡し、紛らわしいことがないようにすること。

一、仁和寺境内と御領内で殺生は御制禁なので堅く守ること。なお樹木の枝であっても折取り、総じていたずらがましいことがないよう慎むこと。

右の条々を支配中の下々まで厳重に申し含め、堅く守ること。

二月三日

一、田畑藤四郎が小栗豊前守様へ御書使《ふみ》を命じられて勤めた旨を組頭高井弥八郎によって届けた。

※この「小栗」は「小栗右膳守」と思われる。右膳は佐竹義堯の従兄弟で当時は京都の禁裏付。義堯は藩主に就任した安政四年に、右膳から「公儀隠密の書上」を入手して「佐竹中務一件」を裁いている。

二月四日

一、仰せ渡されて、御歩行共へも申し渡した
覚
到着日から二十日間は一日三度の御賄《まかない》を下される。二十一日目からは自炊を命じられた。そこで御扶持《ふち》の外は別に御手当はないはずだが特別に野菜代として左の通り下される。
一、白米五合　上下平均一人あたり一日右の米を正□(不明)人渡（※「上下」は主人と家来）。
一、百文　上一人あたり一日の野菜代。
一、八十文　下一人あたり右と同じ。
一、自炊になるが鍋釜を始め、家具等は渡されないので自分で調達すること。
一、前もって渡された諸道具は代銀を請求しない。滞在中は貸して下さるので、出立の際数を確認し、その向へ納めること。右の品々は破損しても替りは渡さない。その他夜具を貸した分は追って損料を納めるよう命じられた。
右の趣。

二月五日・二月六日（記事なし）

二月七日
一、小川忠兵衛の実弟が病死と参着した御飛脚が言ってきた。日数は過ぎたが忌引《きび》きの伺があり、一日の忌引き遠慮を組頭を通じて申し渡した。

一、御用人・御膳番を御呼出で、知らされた仰せ渡しは左の通り、

このたび伝奏野宮宰相中将様から御留守居を御呼出。長瀬隼之助が出向くと、今月九日午前十一時前に御参内《さんだい》を命じられたので、このことを知らせる。

一、当日午前五時頃の御供揃で御参内なされるので、近進並以上の面々は麻裃を着用してその時刻より前までに御旅館へ待機して御送迎するべきこと。

ただし組頭以上の面々は御出懸に御目見し、御帰殿の上恐悦申し上るべきこと。

右の趣だ。

一、明後九日午前四時過ぎの御供揃で二条様へ入られ御のしめ半袴、御衣冠に御召替で御参内。御供方一統は装束のこと。（御所を）退出して、近衛様・鷹司様・牧野備前守様へ挨拶回りをされると仰せ出され、御供触を差出した。（※この御供触の文面は、小貫久之進「御上京御供詰中公私日記」にある。）

一、当日は御装束を入れた長持を御供持の節二条様へ仕送り、その付添に御歩行二人が命じられて御同所（二条家）へ参上し、町田平治に会って渡すように、御用人（飯塚）伝也の説明があり、斎藤与左衛門・大黒兵右衛門（の名前を）書出して申し渡した。

一、当日は天盃《てんぱい》を（宇都宮）帯刀殿が御預するので、その介添御歩行を二人命じるよう御用人から沙汰があり、書出した上で日野彦右衛門・佐藤多一郎に申し渡した。

一、組頭高井弥八郎・中田藤七の両人が揃って言うには、「御当地では、木綿《もめん》着用は軽輩の待遇と聞きました。かつ御上洛・御参内という事は何百年もなかったことです。私共も先年、小袖代を頂いて絹を着ております。このたびに限り絹物の着用をお許し願います」と申し出た。御用人と申し合っ

て別意がなかった。家老たちに御伺いしたら此表《このおもて》（京都）のことは格別なので、拙者共始め布衣《ほい》着用の面々へ襟袖口《えりそでぐち》へ白羽二重を懸《かけ》るつもりだ。今回限りのことなので許してよい。そのうち（藩主の）思召を御伺するようにと（宇都宮）帯刀殿が申されるので、（藩主に）御伺いしたら「許す」との仰せなので、その旨を組頭代の宮沢彦三郎へ申し渡した。

二月八日　雨（記事なし）

二月九日　小雨

一、昨日仰せ出された通りの御供揃で、服紗柄の半袴をお召しになって出駕した。二、三丁程は御提灯で進んだ。それから二条様へ入られて御召替して御衣冠に。御供の者も装束になった。

一、御出懸には刀番は裃、御駕籠脇以下は平服、御打物ばかりは御出懸から蒔絵《まきえ》をむき出しで御持たせ。

一、布衣《ほい》・素袍《すおう》・退紅《たいこう》・白丁《はくちょう》・裃等を長持四棹《さお》へ入れて、御出以前に二条様へ御仕送りした。

一、御同所（二条家）で御夕膳を召上られた。御供方の御歩行まで御膳を下された。

一、午後二時過ぎ頃にもう（出発しても）良い様子と申し上げて、二条様から直接御参内《さんだい》なされた。

一、右以前に同役（刀番）三人で内裏《だいり》付の与力・同心の案内で御下乗所・御唐門の前御駕籠脇が残る所、平唐御門並びに御上りの際の沓脱《くつぬぎ》石等の場所を拝見した。

一、今日は尾州様・細川右京太夫様も御参内なされた。

一、御頂戴の天盃は（宇都宮）帯刀殿が出て受取り、持参の唐櫃《からびつ》へ入れて同人が御預して御先に退出した。程なく尾州様・細川様が御下り。引続いて（佐竹義堯が）御下りなされた。午後五時半頃だろうか、挨拶回り中に御提灯になった。

一、御出懸の道筋と御退出・御廻勤（挨拶回り）の道筋は左の通り。

御出懸妙心寺門前七本松へ　今出川東へ　二条様

御退出、唐御門通を北へ　近衛前関白左大臣様

なお又御門前通を東へ有栖川宮御門前を南へ　議奏《ぎそう》　飛鳥井《あすかい》中納言様

御門前を東へ、中筋通を北へ　伝奏《てんそう》　野宮《ののみや》宰相中将様

石薬師御門を出て北へ　議奏　阿野宰相中将様

跡へ戻り今出川通　二条右大臣様

御門前東梨丁

広小路寺町通荒神口を東へ川原町　三条中納言様

御門前下り切通西へ寺町通武家町御門入西へ

伝奏　坊城大納言様

鷹司関白様

堺町御門出南へ竹屋町通西へ

所司代　牧野備前守様

一、御帰坐の上御出坐。今日の御参内を滞りなく済ませられた恐悦を（宇都宮）帯刀殿が仰せ上げ、いずれも恐悦の旨を御取合せ皆は拝伏した。（藩主は）御入。

一、一片が揃って家老の御部屋へ参上して恐悦申し上げた。

二月十日　天気

一、三人飛脚を江戸表へ差立てられた。御用状・自簡・内書を出した。

二月十一日　天気

一、明十二日十二時頃早夕食後の御供揃で仁和寺宮様へ入られると仰せ出され、向々に申し渡した。同役共と駕脇《かごわき》はのし目裃、御先は裃。ただし下馬札の内だが御馬を召される。御召替　被為□□（不明）候。御用馬に同役が御供して馬を止めた。合羽籠《かっぱかご》はすべて止め、もし雨模様ならば割場方で差支えなく雨具を仕送りのつもりで、その旨を押《おさえ》（足軽）へ申し渡した。

※「のしめ裃」は、一般的な武士の礼服で、熨斗目《のしめ》小袖の上に裃をつける。

二月十二日　天気

一、御駕籠の小頭への附加金を江戸表で願い出たので、御勘定奉行大嶋儀助へ話したら、江戸と京都の状況が違うだろうから、御上京の上御願したらよいとの趣で、此表《この》（京都）で御勘定奉行へ話したら、二十五両下されることに昨日仰せ渡され、受け取って（小頭へ）引き渡した。

一、御膳番根岸司からの奉札《ほうさつ》は左の通り、

明十三日、御参内が滞りなく済んだ御祝儀として、御酒・御肴を下されるので、午前九時半過ぎに出勤するよう仰せ出された。以上。

一、昨日仰せ出された通りの御供揃で御出駕して仁和寺へ入られた。御召服は御のしめ御半（袴）、先様へ入られて御長袴をお召しになる予定だ。刀番の御供（石川）進・（鵜沼）半兵衛はのしめ裃、御駕脇十二人、（その内訳は）五人の大小姓・一人の御側小姓・二人の御小姓・二人の御供番・二人の御警衛、御先は十三人で組頭・御目付・御差替持を派遣した。御駕脇はのしめ裃、御先は裃。箱荷には紫の伊達緒を懸けていた。

一、家老衆・御用人が先行して待機した。御召替なされたので御側小姓も一人先行して待機した。

一、明十三日の十二時頃早夕食の御供揃で、御馬事を仰出された。当番が御供の行列で、先払いの歩行が二人・御小人が六人・御十文字御□《（不明）》鎗・御打物を差出された。御茶・弁当は御先に仕送り、馬場に幕を張った。こしらえ方は御用人が申し渡した。今回は御当地で始めてなので御用人方でするが、今後は刀番でするように決めた。

一、御在京中の火消方を取調べようか、御用人で話合い、家老衆へ御取合申し上げたところ、いかにも取調べるように（宇都宮）帯刀殿が指示なされ、御前（藩主）へ御伺したところ御相違なく命じられた。その旨帯刀殿へ申し渡した。

御火消方の大略を左の通り申し上げた。

一、近火の際は急板の替りに半鐘を釣らせて打たせるべきでしょうか。もしや御室御所（仁和寺）で差障《さしさわり》があるでしょうか。

一、半鐘の相図《あいず》があったら、御旅館へ全員が駆け付けるようあらかじめ命じられるべきです。

一、御旅館の御近火の消防には輪違組位の御人数を仰せ付けられるのは如何でしょうか。

ただし、消防の諸道具は定式の品に代えて、かなり御用弁の調《ととのえ》にすべきですが、不都合のこともありえます。第一は御円印がなく、その代わりに道中の川前で用いた手相図《てあいず》の小籏を用い、夜中はその小籏の脇へ高提灯を付けて間に合わせること。

※輪違組は江戸屋敷に置かれた消防組織の一つ。

一、御供登の物頭三人で水手奉行・円印奉行が巡回を命じられ、非番と当番が申し合せて勤めるように仰せ含められるべきです。

一、御歩行から火事方世話役二人・御先手目付二人を命じられ、一人ずつ非番・当番を定められるべきと存じます。

ただし、風がある場合は回番を命じられるが、火事装束はないので普段着のこと。その他時々巡回して御旅館近辺の軽輩の者の各小屋を吟味して、火の元要心を厳に命じたならば、第一御締のためにもよろしいと存じます。以上。

与附《くみつき》御刀番（江間伊織）

二月十三日
御参内《さんだい》が済んで出懸に恐悦申し上げた。御膳番局に於いて御酒・御肴を頂戴した。

二月十八日
一、午前六時過ぎに二条様へ入られ、夕御膳を召上り、御召替して御参内なされた。
※二条邸に長時間滞在したようだ。
※夕食は午後一時〜四時頃にとっていたようだ。「早夕」は今の感覚では昼食に近い。

二月十九日
御回勤（挨拶回り）後から柳馬場屋敷へ入られ、大通寺六孫王社を御参詣。
※六孫王社の祭神は清和源氏の始祖源経基。名前の由来は経基は清和天皇の第六皇子の孫だったから。
※秋田藩の京都屋敷は柳の馬場にあった。

三月四日
一、午前四時過ぎの御供揃で二条城へ御登城なされた。これは今日将軍家（徳川家茂）が御着で御出迎えのための御登城だ。

一、朝廷の御警衛のため当分京都へ残し置かれる人別、

小田野刑部
瀬谷和三郎
白土第力
森田熊五郎
今井市三郎
堀尾茂
石川忠吉
三木鉄也
辻菊之助
吉田新太郎
堀江勘治
伊沢弥助
秦　弥八
粕谷殿太
半田茂助
桜田熊蔵
小川亀雄

水戸部正蔵
照島清八郎
福地平治
橋本千之助
支配御目付　薄井久治
御留守居　長瀬隼之助
御歩行目付　安士勘十郎

三月七日
一、将軍家が御参内につき、（佐竹義堯も）参内した。これは（将軍家に）供奉と言われるが、そうでなく将軍参内に諸侯が扈従《こじゅう》と主張したことだ。拙者（江間伊織）・鵜沼半兵衛・石川進の三人とも御供した。

三月八日
昨日の御参内を済ませられた御歓《よろこび》（を述べるために）二条城へ登城なされた。

三月十一日　雨終日不止
（孝明天皇が）上下加茂（神社へ）行幸。将軍家を始め諸大名も供奉《ぐぶ》した。拙者も御供した。御行列帳は別にある。

文久三年三月十一日に孝明天皇は加茂神社に行幸した。将軍徳川家茂以下諸大名を率いて、天皇が武家の上に君臨する姿を人々に見せつけた。佐竹義堯も行幸に供奉した。その義堯に江間伊織は御刀番として供奉した（布衣の着用は「諸大夫」の格式）。

※参内・加茂行幸への供奉・二条家での対応などは、長瀬直温（隼之助、兵部）の記録が、「伊頭園茶話」十五巻（『新秋田叢書』）に詳しく載っている。

三月十二日

（佐竹義堯は）御帰国の御暇をいただいた。

④　京都から江戸へ（中山道を行く）

江戸までの記録はほとんどない。伊織の日記の欠けている部分がちょうど小貫久之進「御上京御供詰中公私日記」（国文学研究資料館蔵）にあるので興味ある向きは参照してほしい。

佐竹義堯は加茂行幸の翌々日に京を離れ、帰国の途に就いた。江戸には寄らずに中山道《なかせんどう》から直接帰国の予定だったが、途中の下諏訪《しもすわ》駅で京都からの飛脚が追いつき、幕府からの江戸出頭の指示を伝えた。伊織の風説書「江戸御留主詰見聞留書」はこの京都出発から書き始められているのでその記事を一部挿入する（三月十二日～四月九日だが、三月十四日・二つ目の四月朔日分は「秋田藩士江間時庸日記」）。佐竹義堯は江戸で幕府の「江戸府内昼夜見回り役」の要請を断って帰国した。その行列に御刀番として加わるはずだった伊織は江戸家老渋江内膳の働きかけで江戸に留まることになった。引続き日記を見ていく。

三月十二日

一、屋形様は京都からの御帰国を仰せ出された。

同十三日

一、明十四日に御発駕。江戸には寄らず、中山道を通って直接帰国すると仰せ出された。

一、明十四日の午前九時半頃に御発駕と仰せ出された。

三月十四日

ますます御機嫌よく、今日十四日午前九時半頃の御供揃で、御室（仁和寺）尊寿院の御旅館を御発駕。恐悦至極に存じます。

一、木曽路を下り、直接帰国すると仰せ出された。

三月二十四日

道中の三月二十四日、下諏訪駅（長野県下諏訪町）へ京都からの御飛脚が着き、幕府からの指示で江戸へ回ることになった。

一、贄《にえ》川駅を出て諏訪駅へ午後四時頃に御到着。
一、夜の十一時頃だろうか、京都から飛脚が着いて、左の通りの御達。

御名（＝佐竹右京太夫）

江戸で御用があるので帰国の際に立寄ること。江戸に着いたら留守番の老中に届け出ること。
（以下省略）
一、右の件で二十五日午前三時頃に、御用人が年寄衆（小野岡右衛門殿）の御本陣へ出向いて協議し、江戸へ回ることに決定した。（藩主佐竹義堯に）御目通《めどおり》して伺ったところ、そのように命じられた。御留守居から京都で御伺書を出し、「伺の通り」と言われれば直接帰国するが、（まず）江戸へ向かう決定だった。
（朱書）その後京都から飛脚が到着し、伺書へ御下礼で「ともかく江戸へ回るように」とあったそうだ。江戸へ回る決定は都合の良いことだった。

四月朔日（一日）
一、大宮駅を出発、板橋で御昼、午後二時頃江戸に御到着。恐悦至極に存じ奉ります。
一、今日到着して留守番の月番老中へ御自身で御届をと留守居が申し上げたが、足痛を理由に留守居が到着を届けることになったそうだ。

四月朔日

御機嫌よく江戸表へ御着きなされ、恐悦至極に存じます。

四月五日

一、午前六時頃の御供揃で、老中松平豊前守様・井上河内守様へ本式の行列で登城前の訪問をなされた。右は（江戸）府内の昼夜見廻・取締を命じられたので、直談判でお断りなされたそうだ。その理由は、そのような御用は譜代の方々で十分なはず。私は天皇の命令を受けて帰国途中です。右の御請《うけ》はできかねますと申し上げたという噂だ。

一、同日の御達は左の通り

御名（＝佐竹義堯）

今度（江戸）府内の昼夜見巡・取締を命じられたが、申し立ての趣旨もあるので右の御用は免除する。

四月六日

一、午前六時頃の御供揃で老中松平豊前守様・井上河内守様へ登城前の訪問をした。但し、申し出の通りに認められた件について。

そうこうしているうち、またまた御達。江戸府内の見廻・取締のことは免除するが、公方様《くぼう》（将軍）の留守中はとても手薄なのでしばらく江戸に滞在するように御達があったそうだ。

四月八日

一、午前六時頃の御供揃で松平豊前守様へ登城前に訪問した。「京都で坊城様を通じて(朝廷に)御伺し、攘夷が命じられた上は、いつ異変が起こるか分からないので自国(秋田)の海岸四十里(一六〇㎞)・蝦夷地(北海道)の領分七十里(二八〇㎞)、その上(京都の)警衛防禦などもあるので迅速に帰国して、直々差図しなければなりません。万が一右の領分・持場の内で乱妨等があっては国辱で恐れ入ります。一刻も早く帰国して右の手配をしたい、とお願いして許可されて大急ぎで帰国のところ、(江戸に)立寄るようにと途中の諏訪まで御達なので、どんな御用かと思っていたら、江戸府内の見廻・取締を命じられました。この間お答えした通り、何とも御請できかねると申し上げて了承され、有難く存じました。それなのに(将軍の)御留守中は手薄なので滞在するようにとの御差図ですが、以前申し上げた通り(帰国を)命じられ、一時も猶予できない場合です。万一滞留しては違勅(天皇の命にそむく)になってしまい恐れ入ります」、と申し上げた。許可が出れば、明日にも出立する旨直々(松平)豊前守様へ申し上げた所、「御尤もな話だが、一存では返事ができない。いずれ登城して話し合いの上返事をしたい」、と言うので、「それでは(老中の)下城前に留守居役を伺わせます」と申し上げた。豊前守様が御承知の趣で良い見込みなので、直々御帰殿の上、いよいよ明日出発の手配をするように　用人へ命じられたそうだ。なお老中の退出へ留守居が訪ねて、いよいよ御承知になられたか近くお伺いするよう命じられ、留守居近藤良之進が(老中を)訪ねて午後三時過頃に帰った。(義堯の)申し立ての趣が聞届けられたとのこと。

一、御老中へ自ら訪問して諄々と申し上げたので、その通り了解された。有難く恐悦至極に存じ奉ります。

四月九日

一、屋形様はますます御機嫌よく、午前六時頃（十時頃の間違いか？）の供揃で午前十時半頃に江戸を出発なされた。恐悦至極に存じ奉ります。

（三）江戸に残されて

佐竹義堯が江戸から京に上《のぼ》る際は、藩主の意志で半ば強引に伊織は御供に加えられた。しかし、江戸から久保田（秋田）への帰国では、渋江内膳の働きかけで行列から外された。その理由は分からない。その件について膳番岡百八の日記の記録から紹介する。

一、（渋江）内膳殿の御呼出で、手許《てもと》（岡百八）が出向いたところ、御刀番江間伊織は昨年十二月に御上京に御供の御用で上京し、今度（藩主に）御供して帰国する。今からこの江戸に一年間詰めるよう藩主に御伺（提案）するように言われた。すぐに（藩主に）申し上げたら、伺の通りに命じられたのでその旨を御同人（渋江内膳）に報告した。

※上京の際に、予定されていた刀番を外して、江間伊織を供に加えたことに、他の刀番達の不満がくすぶっていて江戸家老の渋江内膳はそれも考慮して藩主に働きかけたようにもみえる。この結果、義堯の帰国に供奉するよう命じられていた伊織は江戸に留置かれることになった。

四月九日

一、（佐竹義堯は）江戸表の御用を済ませられて、ますます御機嫌よく御発駕なされた。

※『秋田県史』の年表では「江戸市中取締役勤務の幕命を拒否して」帰国したとある。

一、六日、拙者にこの春から江戸一ヶ年詰を命じられ、有難き仕合せに存じます。

同役（関口）小弥太が御供で（久保田へ）下り、（大井）誠太夫が御長持吉印・他に一棹《さお》を預けられて、前日に出足と（渋江）内膳殿が仰せ渡された。

六月十六日

一、公方様が京都を御立ち、船で今日（江戸へ）御帰城とのこと。

一、御夕食後に（幕府から）御奉書が届いた。（藩主、佐竹義堯に）急ぎ出府せよとの御達なので、（江戸）定府の御用人大嶋修平が大至急で御奉書を持参して今日出立した。

六月十八日

一、（渋江）内膳殿から御呼出で、拙者を御用人助力に命じられた。

六月廿二日

屋形様は来年の正月から三月まで、京都警衛として在京を命じられたとことを知らされた。

七月二日
一、今日は総泉寺で施餓鬼《せがき》（供養）があり、御用人の代理で代参した。
※総泉寺は江戸における佐竹氏の菩提寺で、浅草橋場にあった。関東大震災で被災し昭和三年に板橋区小豆沢に移転した。浅草橋場の跡地には、平賀源内と秋田生まれの従者福助の墓が残されている。

七月九日
一、今日明日は憲諒院《けんりょういん》様（佐竹義睦《よしちか》）の七回忌の御法事がある。
一、十日に御用人の代理で一日（総泉寺に）詰めた。

七月廿二日
一、御上京の御用係としての辛労に対し、御袴を下された。
一、御上京の御供で格段の辛労で勤めたので、時服と銀五枚を下された。

八月七日
一、今日、御用人（大嶋）修平が（江戸に）着いた。

八月十一日
御用人助力は隙明《ひまあき》（任務終了）と仰せ渡された。

※この後伊織は脚気の症状が重くなり国元に戻って療養し、刀番は免職。翌年、評定奉行に就任した。

(※この日記はこの後、元治元年に評定奉行を命じられ、その際に提出した起請文まで書かれているが、佐竹義堯上京に関わる部分以外は省略した。)

第三章　幕末維新の動乱と江間伊織

倒幕の動きが激しくなる中で、慶応三（一八六七）年十月、十五代将軍徳川慶喜《よしのぶ》は大政奉還し、再度幕府に大政が委任されることを目指した。薩長など倒幕勢力はそれに対抗して「王政復古の大号令」の下、幕府と慶喜から政治的・経済的な力を根こそぎ奪い取ろうとした。反発した幕府軍は大坂から京都に攻め上るが、途中の鳥羽・伏見の戦いで薩長を中心とする新政府軍に敗北した。その後徳川慶喜は大坂城の幕府軍を置き去りにして、軍艦で江戸へ帰った。新政府軍は慶喜追討の軍を江戸に向かわせた。こうして函館戦争の終結まで約一年半に及ぶ戊辰戦争が始まった。

江間伊織は秋田藩の評定奉行として、戊辰戦争中の慶応四年に仙台や盛岡への使者を務めるとともに、軍事係や小荷駄奉行としても活動した。戊辰秋田戦争開戦直前に、奥羽越列藩同盟側の仙台藩と官軍の九条総督・沢副総督への使者として派遣された。戊辰秋田戦争に関わる主要勢力全部と交渉を持った数少ない人物であった。

（※伊織の嫡子江間宇平治は、その頃秋田藩校明徳館教授並だったが、「太政官 并《ならびに》 御三卿への御届調係」に任命され、横手城落城を始めとする戦争情勢の報告書を作成している〈「秋田藩士井口《いのくち》宗翰日記」〉。さらに、宇平治の義弟神沢龍蔵は御三卿旅宿の御用係を務め、戊辰戦争の翌年明治二年に、西南諸藩の援軍に対する御礼の使者として鹿児島などに赴き記録を残している。）

江間伊織は、慶応四（明治元）年の五月から六月にかけて、秋田の戊辰戦争に関わる主要勢力に対する使者として各地を往復した。次の三回である。

① 沢為量《ためかず》（奥羽鎮撫副総督）の秋田入境に対して、「御付の者に談判する」ために院内に向けて派遣された（途中で状況が変わったので、「天機伺」（天皇のご機嫌伺）の使者を勤めた）。

② 仙台藩を始め奥羽列藩同盟諸藩への使者として、仙台に向けて派遣された。

③ 九条道孝（奥羽鎮撫総督）へ向けた使者岡本又太郎の介添として南部盛岡へ派遣された。

さらに、院内口の戦況が厳しくなった八月一日には、院内付近の秋田藩の諸軍への使者として派遣された。その間の出来事を日記にまとめ、維新史編纂のため、佐竹家や文部省の大日本維新史料編纂事務局に提供された。編纂事務局では写本が作成され、「秋田藩士江間時庸日記」として、東京大学史料編纂所に所蔵されている。

この章では「秋田藩士江間時庸日記」を柱に、家老宇都宮帯刀（鶴山）・膳番岡百八・評定所・仙台藩の渋川助太夫らの日記、平元正「献芹録」、戸村十太夫と金大之進との往復書状などで補いながら、慶応四（明治元）年の様子を見ていきたい（その背景理解として、『秋田県史（維新編）』・工藤威『奥羽列藩同盟の基礎的研究』・『復古記』を中心に参照した）。

（一）戊辰秋田戦争への序章（慶応四年閏四月まで）

◎ 秋田藩で軍備の近代化を巡る対立

『宇都宮孟綱日記』の著者、宇都宮孟綱《たけつな》は、天保十二（一八四一）年から慶応四（明治元・一八六八）年にかけて家老職を勤めた人物で、その間の日記が秋田県公文書館で翻刻・出版されている。江間伊織は安政年間を中心に宇都宮家老と親密な関係にあったようだ。『宇都宮孟綱日記』に江間伊織の名前が百ヶ所以上も見つかった。次はその一例で、藩主佐竹義堯と家老衆との微妙な関係や軍備の近代化を巡る対立などを窺い知ることができるようだ。（慶応四年）三月二日の記事から

一、江間伊織を陰へ呼んで、今日は不念《ぶねん》（不行届）を申し立てるので、夕食後そこもと（伊織）・御副役《そえやく》高久祐助の二人で揃って来てほしいと頼んだところ承知の返事だった。

一、午後一時過ぎに退出。間もなく（山田）大作が来て、口上書を頼んだらすぐにできた。伊織・祐助も続いて来たので対面して自分の考えと口上書を頼んだ。同職（家老）全体の事なので東家（佐竹将監）へ差し出すよう頼んだ。それから東家が登城されるだろうから、二人も直ぐに登城して藩主の御言葉をお伺いするよう頼んだ。口上書は左の通り。

口上

私は家老職在勤中に砲術所の大小砲の充実を（藩主から）命じられた以上、装備等の充実について砲術頭取の意見も聞いて、充実すべきところ、何年も実現しておりません。藩の財政が厳しい時期とはいえ、現在切迫の状況では真剣さに欠けた対応でした。今回御上（藩主）からの御言葉もあり、併せて不行届の至りで恐縮です。このため謹慎しております。右の趣旨を（藩主に）御取次願います。以上。

宇都宮鶴山

三月

右は小奉書を横折、上包も同じ。

一、夕方七時半頃、右の両人（伊織・祐助）が来たので対面した。「私共（伊織・祐助）は東家へ口上書を差出し、直ちに登城しました。しばらくして将監殿（東家）が仰せ渡されました。（藩主に）申し上げたところ、『許す』との仰せだった」。と聞き有難く思った。急な依頼で（二人には）「大変苦労を掛けた」と話した。

一、右の両人が言うには、「もう晩景なので、御礼は明日登城してするように」。と（藩主が）将監殿へお話しされたそうで、（今日は）登城しなかった。

※評定所の日記にも同様な記述がある。

秋田藩では江戸時代を通じて鉄砲の地位は低かった。幕末期に吉川《きっかわ》忠行が砲術所を作ったが、家中の視線は冷たかったという。

幕末期、秋田藩も軍備の近代化を迫られていた。しかし厳しい財政事情に妨げられて、改革はなかなか進まなかった。軍備の近代化・強化を強く求める藩主佐竹義堯、軍制改革に出世の糸口をつかもうとする下級藩士や家督を継げない藩士の子弟たちの不満は高まり、その矛先は藩政執行部に向けられた。しかし、宇都宮孟綱以下藩政執行部も、ない袖は振れず、先延ばしにしているうちに、ついに藩主義堯の感情が爆発してしまったようだ。

藩主の叱責に対し、家老たちは表向きは藩主を立てつつも結束して対抗した。このように藩主と家老の間で問題が起きた時に間に立って調停するのが「東家」の役割の一つであった。この時も宇都宮家老の依頼を受けた江間伊織と高久祐助は、東家に家老たちの書状を届け、それを受けた東家当主（佐竹将監）が登城して藩主義堯を説得した結果、家老たちが詫びを入れ、藩主もそれを受け入れて、ひとまずこの対立は回避された（五月十二日にも「脱走者」の処置をめぐって藩主と家老が対立した）。

しかし、藩財政が改善されない以上、軍備の目立った強化はできず、問題が先送りされただけのようだ。結果論だが、この時の佐竹義堯や吉川忠行の見通しが基本的に正しかったことは、戊辰戦争の戦闘を経験して明らかになる（幕末に、藩士に西洋砲術を学ぶように指示を出したり、戊辰戦争時に藩の戦力の主力を、槍から鉄砲に転換したりしたが、時機を失したようだ）。

しかし、破綻《はたん》しかけた藩財政（藩士からの借上げは、半知を越えて六割に達した）の中で日々の藩政に忙殺されていた家老たちには、将来のことよりもまず目先の課題が優先事項としてあったようにも思う。

（二）会津・庄内征討命令

鳥羽伏見の戦いの後、「官軍」は武力による旧幕府勢力一掃の動きをさらに強めた。秋田藩に対しても正月十六日に岩倉具視《ともみ》から内命が出された。翌年に記された、平元正「献芹録」から抜出すと、

秋田中将へ

戊辰（慶応四年）正月天朝より左の通り命じられた。

反逆した徳川慶喜追討のため、近く官軍を東海、東山、北陸三道から進発させるよう命じられた。秋田藩は東北雄鎮、代々の名家で、深く尊王の大義を知る者である。しかし奥羽の諸藩には未だ君臣の分を弁《わきま》えない者がいる。秋田藩はこれを鼓舞して共に謀り、六師《りくし》による征討の勢いを助けるようにとの内命である。各藩とも京都へ登るように命じられたが、それには及ばないので、国元で兵力を蓄え、糧食を備え、軍国の務めをもっぱらにするように。

正月

右は岩倉殿からの御沙汰、村瀬清がこれを奉じて大急ぎで秋田に帰国した。

この内命に対しては、京都駐在の家老真崎兵庫（宇都宮帯刀の二男）名で請書《うけしょ》が出されている。その中に、「羽州（出羽）一国は速やかに恭順するでしょう。教諭しても従わない者がいたら、断然討伐するでしょう」という内容が含まれ、久保田（秋田）の状況と比べると行き過ぎな印象も受ける。これは、京都屋敷とそこを拠点に活動していた平田延胤《のぶたね》（篤胤《あつたね》の嫡孫）の動きと関連がありそうだ。この内命の直前正月十一日に、京都屋敷の小者が新撰組の内通者であることが発覚した。しかもこの小者には逃亡されて、「佐竹も朝敵」という評判が広がって秋田藩の関係者は狼狽したという（正月十五日付の飛脚便）（『秋田県史資料明治編上』）。

平田延胤の父親（鐵胤《かねたね》）宛の書状（正月二十三日付）で、

久保田に到着して直ぐに佐竹義堯上京の御供を命じられると期待していたが、小野岡家老が先に上京すること以外は命じられていない。全くぐずぐずして、日和見の模様だ。全て平元(正)、金(大之進)の二人が拒んでいることがはっきり分かった。きっと一騒動あることと心痛しております。(藩主)御上京が延期になり、色々の説があって困惑している。第一は、これまでの因循《いんじゅん》はもちろん、(今回の)失敗の御詫《わ》びは容易なことでは埒《らち》が明かないので、庄内(藩)を討ち、次いで会津の巣窟《そうくつ》を片付けることが、天皇のお気持ちを理解しそれに従うことだという説がもっぱらです。この上ぐずぐずするならば、まず斬奸《ざんかん》(悪人を斬ること)から始めるべきです。事態は差し迫っています。奸は元(平元正)と金(金大之進)だ。

※京都屋敷の失態で秋田藩の評判が悪くなったが、それを挽回するために庄内と会津の征討を打ち上げ、邪魔な平元正(貞治)と金大之進を暗殺することを主張している。平田鐵胤・延胤親子は全国に広がる「平田ネットワーク」の中心として秋田藩主に「風雲秘密探偵録」と名付けられた膨大な探索書や建白書などを呈して、勤王派の原動力となった。また、鐵胤の義弟高瀬権平らは、大縄織衛(勘定奉行)を襲撃して脱走し、長瀬兵部(京都詰留守居)殺害を企てるなど過激な活動で知られる。

※高瀬権平は脱走後、江戸薩摩屋敷に入り込み活動したようだ。慶応三年十二月二十五日の薩摩藩邸焼打ち事件の第一報を上方《かみがた》の西郷隆盛に伝えたのが高瀬権平ら秋田からの脱走者という。(西郷隆盛書状)

※朝廷は佐竹氏を東北で最も評価し頼りにしているように書いているが、他の藩に対してはどうだったろうか。仙台藩に対しては、最初「東奥の大鎮ことさら先祖政宗朝臣の名家である」と持ち上げ、戊辰戦争後の岩倉の、「会津より仙台の方が罪が重い」という言葉から考えて、仙台藩を最も重要視していたとも思えるのだが。

これを受けて、秋田藩でも対応を急いだ。使者を東北諸藩に派遣し、藩内の体制整備も進めるが、「庄内藩の罪状」が不明瞭で意気は上がらなかったという。むしろ庄内征討は薩長の私怨とする世論も起こり、庄内藩への軍事攻撃は具体化しなかったようだ。後日庄内藩へ攻撃を始めた際の宣戦布告状では、自分たちは攻撃したくないが、朝廷の命令には逆らえないので攻撃する、という言い訳に終始している。平元正「献芹録」から引用する。

庄内征討のことは初め長尾清右衛門・山本登雲助が来て、（戸村）十太夫殿・金大之進が対面した時、蒸気船で海上から酒田へ打ち入るので、その前に佐竹家が酒田を取り、御家の旗を立てることが大切と言ったが、海軍はついに来なかった。そもそも庄内の罪状は明白でなく、討伐の理由を審《つまび》らかにせずに、柴橋へ攻め込んだ……。

秋田藩は朝廷の意を体して勤王の立場を明確にしたが、「庄内藩の罪状」には納得できず、具体的な行動は、各藩への使者派遣にとどまったようだ。

この間の江間伊織の動きは次のようになる。

- 二月二十三日、相馬様御使者御用係に任命（〜二十九日）（「評定処日記」）
- 二月二十六日、小荷駄奉行任命（「評定処日記」）
- 二月二十九日、御軍事係任命（会田多仲「記録」・「評定処日記」）
- 三月一日、御評定奉行ニ而小荷駄奉行（会津征討応援のため）（「御評定処日記」）

・四月二十四日、庄内征討に向けた旗奉行に任命される（『御評定処日記』）

五月三日には、閏四月の白石盟約書を改正し、奥羽二十五藩によって「奥羽列藩同盟」結成（この後越後の六藩が加盟して「奥羽越列藩同盟」となる）。

秋田藩代表の家老戸村十太夫は、藩主の意を体した家老の連署状（『秋田県史資料明治編上』四四）を受けて調印した。同席した津軽藩家老山中兵部の証言によれば、戸村は同盟の内容に一旦は異議を唱えたが、最終的には全責任を負って切腹する覚悟で、盟約書に調印したという（工藤威『奥羽越列藩同盟の基礎的研究』・尾崎竹四郎『東北の明治維新』）。後日、仙台藩使襲撃事件直後に処分を受け、戦後も再度の処分を受けたが弁明などは一切しなかった理由がこの辺りにありそうだ。そうであれば、「武士道の鏡」とも言える身の処し方ではなかったか。

（三）官軍沢副総督の秋田転陣（使者として湯沢へ）

江間伊織は藩境の院内（湯沢市）で沢副総督の参謀と談判するよう命じられて、五月一日に出発した。しかし、二日の日暮れに湯沢に着いた時、沢副総督一行は既に到着していた（雄勝峠どころか、院内も通過していた）。

岩沼（宮城県）で総督軍から分かれた副総督軍は、四月二十四日に清川口で庄内藩に攻撃を加えたが失敗した。閏四月二十日には総督軍の下参謀世良修蔵が暗殺され、その後九条総督以下も仙台に軟禁された。さらに薩長兵が各地で襲撃された。背後からは「総督の指示」を受けた米沢藩兵が迫り、

図４　秋田県内の関係地図

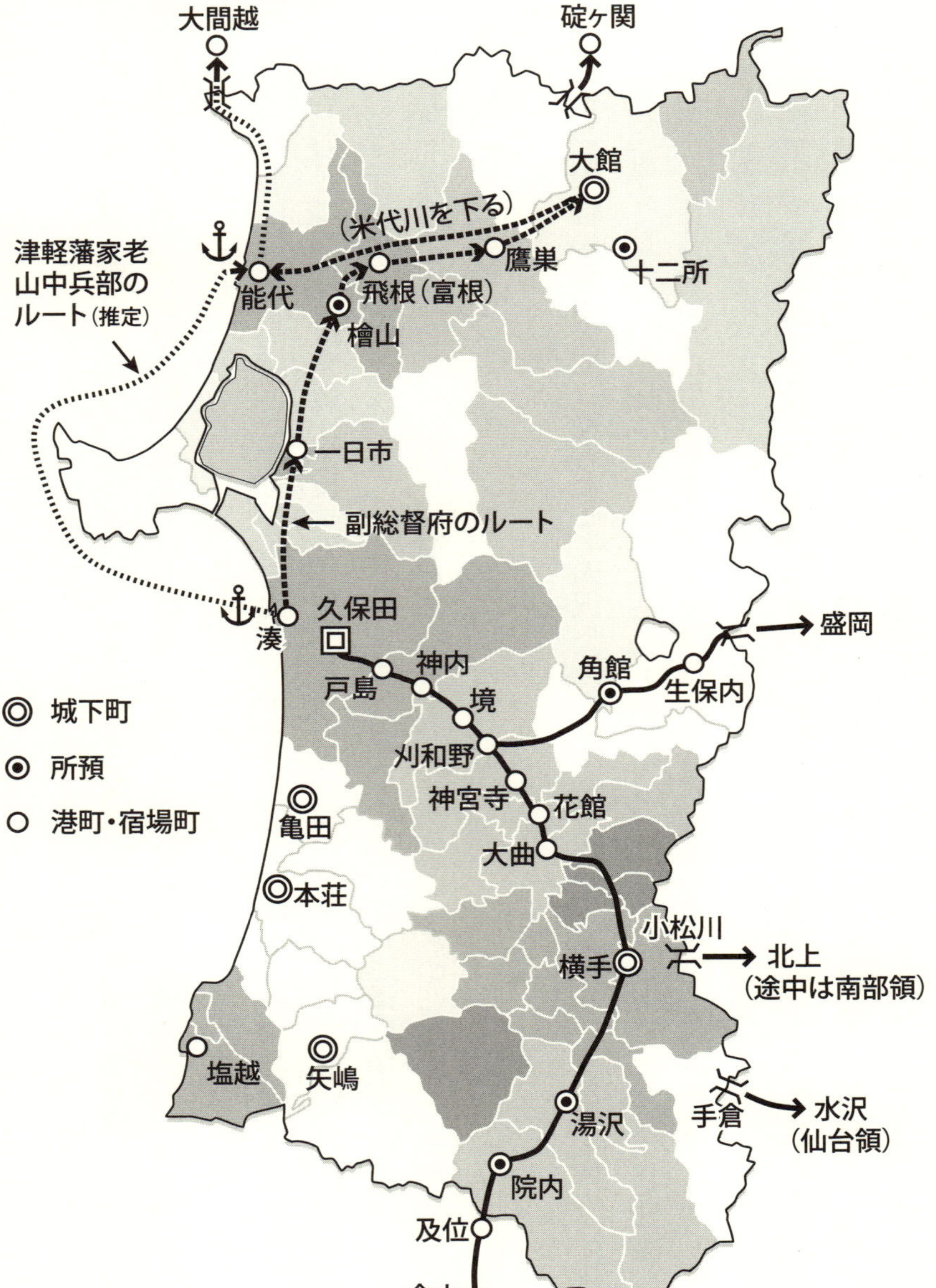

沢副総督一行には秋田領しか逃げ道がなかった。そこで秋田藩に使者を派遣して受入を求め、藩内の情勢探索も行った。その結果、「中立派（同盟派）」も基本は「尊王」であり、「正義派」の勢いも強く、藩境を越えても秋田藩は攻撃しないと判断したようだ。

（ただし、仙台滞在中の家老戸村十太夫から、院内方面の各軍将に対して薩長軍の入境は拒否するような指示が出されていて、どちらに転ぶか予断を許さない状況だったという）。

根本通明「従軍経歴」では、戸村だけでなく藩主の指示さえ自己の判断で覆したことが述べられている。他に「鉄炮頭佐藤與左右衛門覚書（「戊辰戦争関係書類一ト綴　但し根本通明外諸氏日記抜書」）にも同じような内容があるので、一部を口語訳して紹介する。

志賀為吉が湯沢に着き、萩庭彦七が院内に着いた。（根本）周助はすでに官軍を迎えて横堀村に帰り、兵を集めて境上（藩境の峠）の備に役立てようとした。途中で（萩庭）彦七に会った。彦七は言った、「お前は横堀川の橋を落として薩長人と開戦すると聞いた。見ると橋は無事で開戦の跡もない。自分は大いに危惧している、共に院内に行って相談しよう」。周助は言った、「自分は兵を境上に出すのに忙しく、院内には行けない」。彦七は言った、「これは（主君の）内命で一大事のことだ」。そして二人は院内に着いた。彦七は改まった態度で言った、「（同盟の）列藩が約束した、薩長人は拒絶してその領内に入れるなと。今お前は逆らってこれ（薩長兵）を入れる。どうやって列藩の責《せめ》を免れるのだ」。周助は言った、「（戸村）十太夫が白石で同盟したのは、自分一人の勝手な判断で、主君の知ったことではない。正義に反する同盟にこだわり、主君を逆賊にすることには死んでも従わない、もう言うな」。

とうとう辞して横堀に着いた。山縣《やまがた》三郎（物頭）に説いてその兵を出して境上（峠）に備えた。勘定奉行長瀬兵部・評定奉行川井小六・用人平元正・留守居河野総一郎・副役樋口忠蔵・信太《しだ》房之助を沢三位の用係とした。

評定奉行江間伊織を派遣して沢三位を慰問させた。

※江間伊織の五月六日付の請書《うけしょ》（戸村宛）に萩庭彦七は五月一日の日暮れに院内に着いた、とあるのでその日のことか。

※根本周助（通明）は、藩主の指示と違う行動が結果として藩主のためと行動したというが、砲術所員として七月四日の行動の中心となった小野崎通亮・遠山規方らは明確に否定している。

実際のところ「官軍」はその時点での秋田藩の対応をどう見ていたのか。『復古記』によればかなり微妙だ。『復古記』五月三日の記事からいくつか見てみよう（「〇〇家記」とは『復古記』編纂のため、旧大名家「〇〇家から提出された史料」という意味）。

松平信安（上山藩《かみのやま》）家記に言う。閏四月中、米沢藩が沢三位殿の御守衛をするよう、総督府九条殿から命じられたとする出兵に、「上山藩も人数を差出すように」との申し入れで、米沢藩へ合併して人数を差出し、新庄城下まで繰り込んだら、沢殿が秋田領へ入り秋田藩が取扱うので、人数を引上げるよう米沢藩から言われて兵を引上げた。

佐竹義脩《よしなお》（秋田藩）家記に言う。五月一日、沢殿が新庄から領内へ御入の際、奥羽列藩からは、薩摩・長州の兵隊は領内へ入れ置かないよう言ってきた。沢殿の御守衛は米沢藩でするとの趣旨だったが、召し連れた兵隊を引離す了解を得られず、しかし奥羽列藩の申し入れに逆らっては、眼前で暴挙の勢いなので、その節御付添として出役中の志賀為吉、萩庭彦七が、列藩の申し入れの次第を一応申し上げたら、朝廷から付けられた兵隊を、(自分の)一存で手放すことはできないと(沢殿の)仰せだった。

東征日誌に又言う。五月四日、秋田（佐竹）一門、家老戸村十太夫（実は佐竹三郎）領分湯沢駅へ御滞陣。弘前へ御進発のことを急に準備され、弘前藩の隊長館山善左衛門を呼出し、御直書を送られた。亀田藩は当宿（湯沢）で守衛から離れて国元へ引上げ、津軽藩は久保田まで引取るよう命じた。

征討記録に又言う。五月三日、秋田領湯沢駅に御着陣。ここから先、秋田藩の意向が未定で、平元正、飯塚伝也、金大之進等の奸人が、米沢・仙台の盟約に与《くみ》し、仙台へ出張の家老戸村十太夫と遥かに策を通じて、表には賊の襲来を防ぐことを口実に兵を院内の険阻《けんそ》に繰出し、その実は（薩・長・小倉）三藩の兵を封境に拒むためだ。しかし既に険阻を越えて入り込んだので、（秋田藩兵は）空しく手を拱《こまね》いて見送った。

慶應出軍状又言う。五月三日に沢殿が秋田領湯沢へ着陣したところ、庄内征討を命じられた各藩は全て米沢、仙台に与《くみ》し、連署して解兵を申し出た。秋田藩でも同様、兵を院内の封境へ繰出したが、賊の防御を名目に、実は米沢・仙台の盟約によって、官軍を要撃するためだった。

『復古記』は戊辰戦争の意義と官軍の活躍を顕彰する記録であり、中でも「東征日誌」の一部と「征討記録」は副総督沢為量《ためかず》の記録に基づく。それらの記録から見て、官軍側は秋田藩が奥羽列藩同盟に与《くみ》して、沢副総督の入境を拒もうとした、という認識を持っていたことになる。院内峠に展開した梅津小太郎隊については、「味方」というより優柔不断な「敵」と言う認識を持っていたとも見える。その件では亀田藩でも同様の認識を持っていたようだ。

「戊辰秋田藩戦記」は『新秋田叢書（第五巻）』に収められているが、この巻には秋田県内の佐竹家以外の戊辰戦争記事も掲載されている。その中で「亀田藩戊辰戦記」は江間伊織の日記と符合する内容も多い。その「亀田藩戊辰戦記」は、沢副総督の秋田転陣について、次のように記している。

官軍総引揚「白石会議の条参看すべし」の件

仙台、米沢両藩の仲立ちで奥羽各藩は同盟し、農繁期を理由に大急ぎで兵を解散した。更に部署を定めて領内の官軍をせん滅しようと謀った。官軍はすぐに察知して、昼夜兼行で秋田領に唐突に侵入した。秋田は院内の山嶺で防ごうとしたが、時機を失い戸惑っているうちに、官軍にこの絶嶮《ぜっけん》を越えられてしまった。

亀田藩でも秋田藩は官軍を拒もうとしたが、まんまと入り込まれてしまったと認識していたことになる。

江間伊織のこの時期の日記は残っていないので、当時膳番（用人と共に藩主側近）であった岡百八の「公私日記」から見てみよう。

五月一日

一、評定奉行江間伊織が至急で院内へ行き、沢為量様御付きの者との交渉を命じられ、今晩出立した。

五月五日

一、江間伊織が湯沢から至急で、昨日午後五時頃に出立、今日午後二時半頃に久保田に到着した。直ちに役所に出て、沢三位卿が今月二日から湯沢に宿泊していたが、今日（五日）湯沢を出発、五日に横手、六日に大曲、七日に刈和野、八日に戸島、九日に湊（土崎）へ宿泊し、段々旅行して津軽方面に向かうとの御沙汰を受けたと報告した。同役（膳番）が（その報告を藩主義堯に）申し上げた。

五月六日

一、二階で用人・膳番一同が、昨日江間伊織が帰って報告した「御用筋」について話し合った。

一、十時半頃家老一同が（藩主に）御目通りを願い、御小坐敷で御用を申し上げた。用人・膳番は陰に詰めていた。

細かいことだが、沢副総督が五月三日に湯沢到着と記録しているが、江間伊織の報告では、五月二日の日暮れに湯沢に着いたら、副総督が先に着いていた。この違いをどう解釈すればよいのだろうか。報告者が間違えたか、編纂者が間違えたか。今のところ－『復古記』編纂の都合（他の史料との整合性その他）でそうしたのではないかと想定している。

この日記から読み取れるのは、沢副総督は最初から久保田ではなく、土崎湊に宿泊してそのまま弘前に向かう予定だったことだ。また、狩野徳蔵『戊辰秋田藩戦記』などは、平元正と江間伊織が一緒に沢副総督への「天機伺」の使者に派遣されたように書き、『防長回天史』などもそのように記述している。しかし実際は少し違う。平元正「献芹録」を見てみよう。

五月四日、佐藤時之助と共に若林和泉・藤川将監（沢副総督の使者）へ旅宿で会談した件で、沢殿まで御使者を命じられた。午後五時過至急で出立した。五日神宮寺駅で江間伊織に出逢った。沢殿は湯沢で津軽隊長へピストルを渡され、秋田から津軽へ回り、津軽湊から舟で御上京のことを直々に仰せられ、津軽隊長は受諾したそうだ。なお今日沢殿が横手に御到着とのことなので、横手で待ち受けた。同日十二時前頃に御到着。志賀為吉・萩庭彦七と（自分を）同宿にするよう駅場役人へ指示した。二人が到着して伊織の言い分をさらに念入りに確認したら、その通りと二人が言った。薩長両藩を沢殿から切離すことを、参謀へ念入りに交渉するよう指示されたが、沢殿が津軽へ御出になり、御乗船なさるならば、薩長両藩の者共を沢殿から引き分けるには及ばないので、一通りは御領内へ入られたことへの御見舞の御使者を勤め、（以下略）

※沢副総督と薩長の参謀に強談判するという嫌な役目から解放されたホッとした感じが窺えるようだ。

「公私日記」と「献芹録」によれば、江間伊織が使者に立ったのは五月一日。平元正が使者に立ったのは、五月四日。五日に神宮寺駅で帰り道の江間伊織と出会って情報交換したことになる。つまり『戊辰秋田藩戦記』や『防長回天史』などの記事は誤りである（「献芹録」の原文の切れ目が分かりにくく、平元が短期間に続けて沢副総督への使者を勤めたこともあって、誤解したのかもしれない）。

沢副総督の秋田入に伴い、仙台滞在中の戸村十太夫と帰国した金大之進の間で連日緊迫した書状が遣《や》り取りされた。やや煩雑《はんざつ》だが、当時の秋田藩・沢副総督府・奥羽越列藩同盟の関係がよく分かる史料だと思うので、一通り掲載する（『秋田県史維新編』に主要部分の書き下し文が載っているが、工藤威『奥羽越列藩同盟の基礎的研究』では、五月八日付の「金大之進宛戸村十太夫書状」は検討していないようだ。（この書状だけが「戸村家文書」でなく「佐竹文庫」に入っているせいかもしれない）。一つにまとまっていると研究に便利なのだが、これらの史料が「戸村家文書」・「佐竹文庫」・「東山文庫」・「落穂文庫」などに分散しているため、なかなかひとまとめの史料としては研究しづらいのかもしれない（これらを読むと他にまだ何通かあったように思われる）。

ともあれ、日付順に関係書類を並べて比較してみよう。それに関連して、秋田藩家老小野岡右衛門、仙台藩奉行（家老）石母田但馬、津軽藩用人山野主馬の書状も関連が深そうなので、（うまく翻刻できていない部分もあるが）参考のために載せてみる。

「戸村十太夫宛金大之進書状」（五月三日付）

（仙台にて　戸村十太夫様　金大之進　堅甲）

（御内覧）

横手で久保田そのほかの手配をして夜中の二時半頃になってしまいました。これから湯沢に志賀為吉・江間伊織・萩庭彦七がいるというので、協議して明四日朝に久保田へ帰ってまとめます。まず二藩人（薩長兵）が刈和野宿に滞在しているのを戸島、それから津軽に行くことになればわざと御飛脚を立てて申し上げます。以上。

五月三日暁

江間伊織御請（「御請　伊織」、戸村十太夫宛）（五月六日付）

（挨拶文略）新庄から秋田領へ入られる日時と御沙汰の次第、又院内から順次移動の日時も書留があれば報告するよう命じられました。先達て泉恕助が来て仙台・米沢・会津・庄内の部隊が出てくれば、沢殿は急ぎ秋田領へ入られることもあるだろうと内々の（沢副総督の）御意もありました。その後は連絡もありませんが、もしかして入領されるかもしれず、その節の対処を兼ねて萩庭彦七殿・志賀為吉殿が先月廿九日に急ぎ院内行きを命じられ、彦七殿が廿九日夜に出立して（今月）一日の暮れ方に院内に到着したら、院内へ沢殿が既に到着していたそうです。小生（江間伊織）は院内へ向けて、一日に御使者を命じられて出立、翌二日の日暮に湯沢に到着したら、沢殿は既に午後五時頃に湯沢に到着していました。そこで直ちに湯沢で御使者を勤めました。

一、五月四日以後の手続形は別紙の通りです。たいへん粗漏《そろう》で分かりづらいかと存じますが色々書き記しました。右御請《うけ》まで（書止文言は略）。

五月六日

※これまでは読み流していたが、この御請の挨拶文からは、この時点で仙台に滞在していた戸村十太夫からの書状を読んだこと、その手紙には久保田の戸村邸での伊織への対応、恐らくは饗応、が指示されていたことが窺われる。

江間伊織の報告を受け、用人・膳番の合同会議が開かれた。その結果を踏まえて家老が藩主に報告した。（岡百八「公私日記」）（八三頁参照）

次の戸村十太夫宛金《こん》大之進書状はそれを受けて書かれたものと思われる。この時期戸村十太夫は仙台滞在中で久保田には不在だった。そのため仙台会議の状況を知っている御用人金大之進と連日書状の往復がくり返された。

「戸村十太夫宛金大之進書状」（五月六日付）

（五月八日昼小松川へ達し、同日返事を出した）

（前文省略）副総督府が秋田領へ入ったのは想定外でした。私は横手から戻り、湯沢へ夜通しで三日朝に行ったところ、（志賀）為吉・（萩庭）彦七等が命じられて来ていました。（沢殿は）既に入領しており、御供の薩長両藩を引き離せずにいるというので、「どうか」（よろしく）と内話の形で申し置いたので、酒の上で説明しても、とても両藩を離しかねています。そのうち段々と八日に戸島泊の道繰《ぐ》りで、九日に久保田で御昼なので御学館で（藩主は）御病中ですが、（沢副総督に）お会いし、同日は土崎湊へ御一宿して段々津軽へ移動なさるとのこと。このため御手前様（戸村十太夫）は七日に御着きの予定ですが、副総督府が逗留中では仙台の様子など尋ねられて面倒になるので、副総督府の出発後に御着きの方が都合が良いとの御内慮（藩主の意向）なので、他の御家老たちに相談したら、全くごもっともとのことで、そのことを御含として私から申し上げておくように言われました。もし荷札等を彼等に見られて不都合があるならば何ですが、取敢えず御屋敷番へ申し入れ、わざと人を派遣して申し上げます。……。

五月六日　　　　　　　　　　　　金大之進　百拝

十太夫様　御左右

（別紙片）

仙台での申し合せに不都合のことのみ生じて困っております。やがて（十太夫の）御帰着の上でお考えを伺いたく存じます。津軽の方へも私から山中兵部（津軽藩家老）へ示談したいと存じます。以上。

即日

※小松川は横手市山内地区にあり、仙台領への街道上に番所があった。番所の警衛は横手城代戸村家が担当していた。普段ならば、仙台への往復には山形から仙台街道に入るのだが、このルートは沢副総督が移動したり戦闘があったりしたので避けたようだ。五月六日付の金大之進書状を八日の昼に受領した戸村十太夫は、

すぐに返書を出した（この書状の主要部は『秋田県史（維新編）』で紹介されている）。

「金大之進宛戸村十太夫書状」（五月八日付）

六日の書状を今日の午前八時頃に小松川へ着いた時、飛脚の者が差出してとりあえず披見しました。（挨拶文省略）それでは、副総督府が秋田へ入られたのは本当に想定外で、横手から湯沢へ回っての対処について、詳しく承知しました。御苦労千万です。仙台でのことは十分御心得の通りですので、わけて御心配を深くお察しします。

九日に久保田で御昼なので、御学館で御逢なされ、その日は（土崎）湊へ一宿して段々と津軽へ移動なされるとのこと。先々この上ないことで安心これに過ぎずと存じます。久保田で長い間滞留かと、内心冷汗所でなく苦心していた処です。津軽へ御移動なされば、先々何事も支障なくなるでしょう。ゆるりと一杯いただけることでしょう。

七日に到着しては不都合の趣旨を縷々《るる》御手紙で全て承知しました。（平元）正は横手から移動し、（沢副総督が）同所（土崎湊）を御立払い後に着くと、家来共に申し置いたと、今日言ってきました。

仙台にて例の書面で逗留になり、四日に出立して今日小松川へ着き、直ちに夜通しと心懸けましたが、だんだんの御書面で、もしまた（沢副総督が）御逗留だったら、是非参上しなければならず、さらに薩長人たちも気付くでしょう。

御用向で差し当たりの件は、（薩長）部隊の引揚と仙台の様子を申し上げるまでのことで、沢様が通過し、薩長兵共も津軽へ送り込んでしまえば、仙台での申し合せとは変わってしまうが、想定外の変化で、申し合せ通りにはいかなくなり、余り早く着いたらかえって不都合もあるかもしれません。それを幸いとするのではないが、体調不良の形《なり》で、今晩は横手に一宿、明日は花立（花館）か神宮寺に一宿し、十一日には戸島から午後九時頃に到着すれば、たとえ（沢様が）御逗留なされても、出立する頃と考えられるので、右の通りにします。宜く御取計らい、内々に（藩主へ）申し上げ、家老たちへも宜く言ってください。（薩長の）部隊も多く秋田領内へ繰入れとのこと。先々安心の至、この上は解兵までのことです。上杉様の方は少し面倒に思われます。仙台藩と米沢藩へ、沢様御通行の件を知らせるべきと考えます。自分の久保田到着以前に御知らせいただくべきことと思われます。体調不良で自然と遅れるように、御領内の駅々等へ向触（先触）等も差出させるので、この意図も考えに入れて宜く御取計を頼みます。（沢様が）津軽へ行かれてほっと息を突いています。残りは程なくお会いしてお話しします。恐々謹言。

十太夫

五月八日

大之進様

追伸。御別紙の通り、仙台での打合せとは不都合ですが、（状況が）変化してはやむを得ないことと存じます。

津軽の方へも、飛（脚）で御刻（刻《こく》付け御判紙）を出して下さい。（山中）兵部は通路に差支《さしつか》え、大変苦労して行き詰まり、手倉《てぐら》（岩手県水沢に抜ける街道）を迂回《うかい》すると聞きました。南部（領通過）

は全然目途が立たないと聞いてます。

雨続へ大わる路でずいぶん難儀しました。まずは秋田領内に入って安心です。以上。

別紙に一昨夜取り決めた一致を書いて右衛門殿へ差出しました。秋田領内へ入らない内には、何日に久保田（秋田）へ着くとは定めがたいと言ってあります。沢殿が横手へ御逗留の懸念があったがそれもないと、右の通りにご連絡いただき、先々安心です。以上。

同日

尚々、（小野岡）右衛門殿に又々十一日到着の事は書状を出さないので、宜くお話しくださるようお願いします。以上。

※津軽藩家老山中兵部も、沢副総督軍との出会いを避けようとしたが、副総督の動きが予測できず苦慮していたようだ。秋田経由ができないなら南部領を通ればよいようなものだが、「旧讐不可解之南藩」（昔の仇が解けることのない南部藩）と、数百年来敵対関係にあった南部領通過は論外だった（この言葉の後には、「軟弱で頼りにならない秋田藩」という言葉が続く）。

戸村の返書を受けて更に金大之進が戸村に出した書状が以下の通り、

「戸村十太夫宛金大之進書状」（五月九日付）

（挨拶文は省略）二日に出発の予定が四日になったとのこと。御心配のことと存じます。仙台での合議では薩長両藩は院内口から入れないとの申し合せですが、彼等（薩長兵）に暴挙がなければ、船で返してもよいとの趣旨を但木《ただき》土佐殿（仙台藩家老）・竹俣《たけのまた》美作殿（米沢藩家老）へも入念に確認し、そのつもりでいました。ところが横手に着いて聞いたら、（薩長両藩は）沢殿に付添い既に湯沢に逗留とのことで、三日の暁に湯沢へ行き、切離すことを志賀為吉・萩庭彦七へ相談しました。（二人の返事は）参謀へ色々説いたが、京都で沢殿の御守衛に付けられたので離すことはできず、沢殿は天朝から付け置かれた当人なので、もちろん離すことはできないと言われ、難しいことなので、今すぐにとはいかず、久保田での申し合柄もあるでしょうから、まずしばらく湯沢に御逗留をお願いして、翌四日朝に久保田へ着いたが、戸島までの日程を御受けして江間伊織が湯沢から急ぎ帰って報告しました。仙台の話合いに反するならば、沢殿を御守衛から切り離して、（薩長兵）を討取ることもならず、それよりは沢殿が御滞留のように言い繕うにもそれもうまくまとまりません。最終的には大館を通り抜けてしまわないうちに御手前様（戸村十太夫）が御到着の上で決定することになりました。大難儀で当惑とは存じます。御道中にお考え下さるように極内密に申し上げます。津軽の山中兵部も大曲から船で下るよう手配しました。沢殿は今日御学館で（藩主と）御直談なされ、それから土崎湊に御宿泊の予定です。

一、沢殿の御国入りからの次第を江間伊織からの聞取を差上げます。右について申し上げたいと御屋敷へ幸便があるかと申し上げておきました。恐惶謹言。

金大之進　百拝

五月九日

十太夫様　御左右

沢副総督の動きと秋田藩の対応を報告し、いったん差し止めた久保田への帰着を、今度は急がせる内容だ。また、前日八日付の書状で戸村十太夫から、津軽藩の山中兵部（家老）が（沢副総督一行と出会わずに）、津軽に帰る道がなくて困っているとの知らせに、大曲から船を手配したことも報告している。また、この江間伊織からの聞取は、前記五月六日付の請書（八六頁）と思われる。

五月九日の金大之進の書状に対し、帰路途上の戸村十太夫は刈和野から返書を出した。

「金大之進宛戸村十太夫書状」（五月十日付と推定）

九日の御状を十日に刈和野で受取り、読みました。（時候の挨拶文省略）。沢殿への対処を色々御手紙で伺いました。結局は通過すればとの話合いですが、（沢殿が）大館を御通抜にならない内に自分が帰着の上で決定となったとのこと。そのようなことでは当惑至極です。御学館で昨日の御会談で、何と御趣意が変わったかも分かりませんが、五日に古河《こが》（茨城県）から太政官へ差出した書面と条約書も送ってくるはずです。今朝神宮寺を出立前に、山中兵部（津軽藩家老）に大急ぎで旅宿へ立寄り、この件全般について問い合わせたが、話が通じません。それぞれが一方的に話しただけです。同人は差留（入領拒否）の決意と見えました。早く着いては不都合というので、十八日早くに到着のつもりでいたら、御書面によれば当惑のことなので、急いで今日中に到着します。さてさて困りました。某《それがし》（戸村十太夫）には他の考えもありません。この上諸藩に対して何と申し開きするか、道理が立たなくてはならないと思う。実に切迫してしまった。

奥羽列藩同盟の総意を受けた自分の指示が守られず、沢副総督のみならず薩長両藩まで入境させてしまった秋田藩の対応に対して、困惑と怒りが入り混じった戸村十太夫の様子が目に浮かぶようだ。

沢副総督は、学館（明徳館）で佐竹義堯と会見した後、土崎湊に一宿し、途中で進路を変えて能代に向かおうとした。しかし、秋田藩はその意図を知るとなぜか必死になって能代行きを拒み、大館行きを強要した。その理由について、同盟諸藩に津軽へ向かっていると言った手前そのようにしてもらわないと困ったとか、色々あるようだが、そもそも津軽行きを表明したのは沢副総督で、その件に秋田藩が責任を負う必要もないと思う。もっと単純に考えられないだろうか。

あくまで仮説だが、仙台で列藩盟約書に調印して帰る津軽藩家老山中兵部が、先行する沢副総督軍に進路を塞がれて困っていた。戸村から連絡を受けた金大之進が、大曲（実際に乗ったのは神宮寺？）から舟で下るように手配した。そうすれば、土崎湊と能代湊で沢副総督軍と出会いさえしなければ、山中は安全に津軽に帰られる。沢副総督は五月十日に土崎湊を出発して、北上した。つまり、山中は沢副総督を一日後れで追いかける形になっていた。この日（五月十日）、山中は戸村と神宮寺で対面した際に、沢副総督の入境を拒絶すると表明していた。その山中兵部を秋田藩は、船を手配して、沢副総督府と接触せずに追い抜き、先に津軽に帰るための便宜を図ってやった。

※副総督軍が能代に滞留すると、山中兵部は能代で捕捉されてしまう。その危険を避けようとしたのではないだろうか。

しかし、（戸村や金から見れば）、津軽藩はその恩を仇で返す形で、藩境封鎖を行った。五月十八日付の大館からの知らせで、沢副総督と薩長兵を秋田藩領内に押し付けられたことを知った戸村は、怒り心頭で津軽藩の家老を責め立てる五月二十二日付の書状を出している。結局津軽藩は、秋田藩との関係修復のため、藩境封鎖の責任者を処分し、久保田に向けて用人を使者に立てた。それと軌を一にして津軽藩の用人山野主馬から戸村十太夫宛の釈明の書状が出された。

しかしまた、この船を利用しての隠密行自体はうまく行って、山中兵部は沢副総督と薩長兵に悟られずに弘前に帰着できた。その成功体験が、七月四日に仙台藩使節襲撃事件の際に雄物川を舟で逃す策につながったものかもしれない。

（四）奥羽列藩同盟への対応（使者として仙台へ）

官軍（沢副総督）が秋田領に入り、奥羽列藩同盟軍が藩境に迫る中、秋田藩は難しい対応を迫られた。同盟諸藩へは事情を説明して、圧力を弛《ゆる》めるように求める使者が派遣された（二人一組で三方面に派遣された）。

「秋田藩士江間時庸日記」は五月二十二日に仙台藩への使者を命じられたところから始まる。最初の命令は、仙台藩の隊長と談判して兵を引かせることだったが、途中で仙台まで出張して仙台藩を始め列藩に事情を説明して圧力を緩和することも指示された。

江間伊織と根岸靭負《ゆきえ》は、まず新庄にいるという仙台兵の隊長を説得し、その後仙台に向かう段取りだったが、途中では仙台兵に出会えず、仙台をめざした。笹谷《ささや》峠を越えたところで仙台藩の藩境封鎖に妨げられたが、何とか仙台に到着した。五月二十七日に仙台に着いて、二十九日には仙台を出発し

図5　久保田〜仙台、久保田〜盛岡　使者の経路

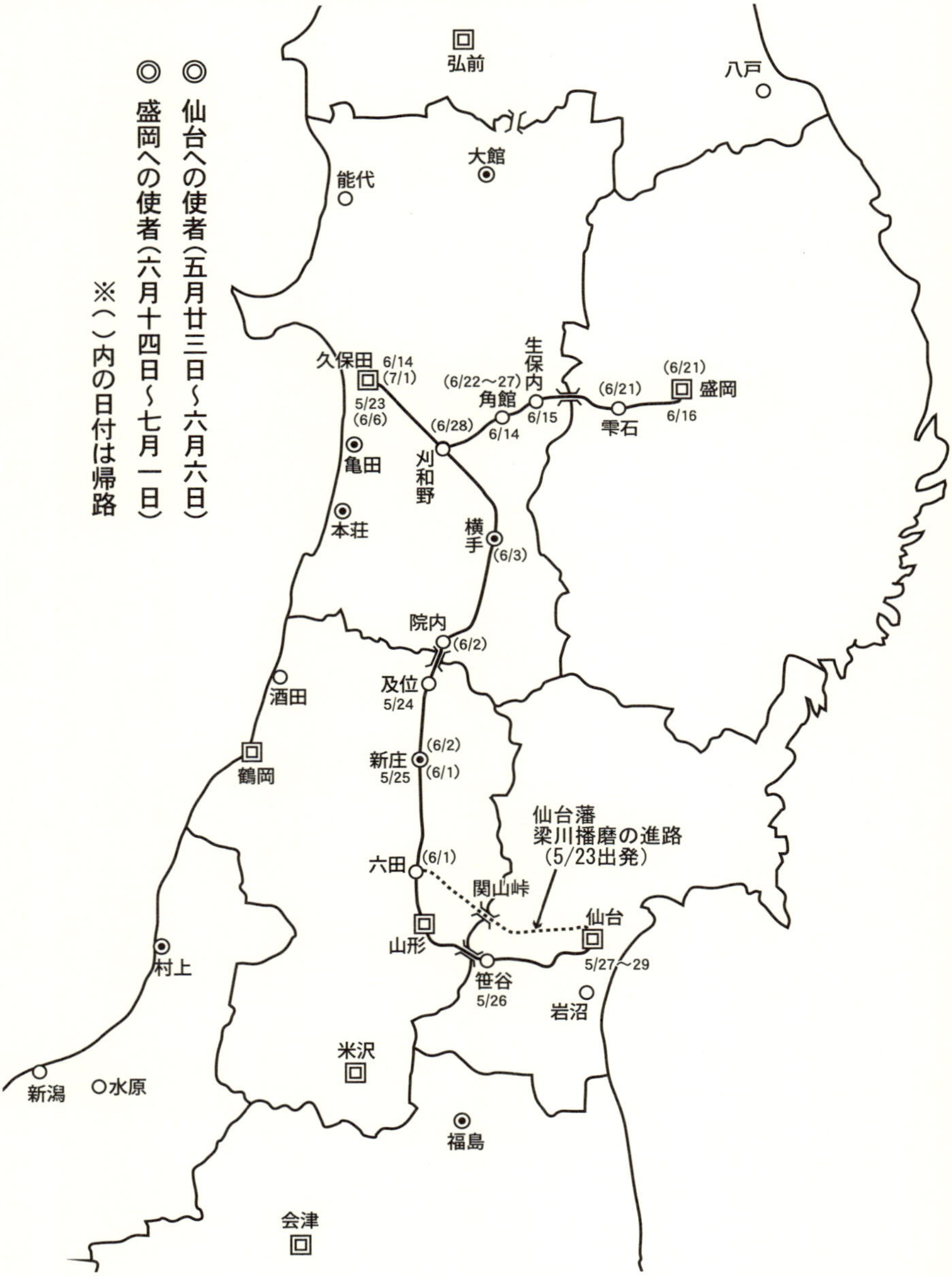

ている。わずか二泊三日の間に、仙台藩・米沢藩・相馬藩・亀田藩などの関係者と協議し、二十九日には同盟諸藩の会議に参加し、仙台藩の奉行（他藩の家老に相当）石母田《いしもだ》但馬・但木《ただき》土佐と会見して、藩境の兵を引くように強く求めた。そしてその晩遅く、根岸靱負は仙台に残ってその後米沢に向かい、伊織は大至急久保田に戻って報告することに決めて出発した。

梅雨末期の大雨と数十年ぶりの大洪水に苦労したが、各地で関係者の協力を得て、六月六日に久保田に帰着した。その日のうちに、家老小野岡右衛門と小鷹狩源太に報告した。

「江間日記」から五月二十二日～六月九日の動きについて見ていこう。

（慶応四年）五月二十二日（グレゴリオ暦の七月十一日にあたる）

一、午後九時頃に石塚源一郎殿からの呼出で出向いた。仙台兵が新庄まで出てきたという噂があり、岡内之丞が仙台から帰ってその様子を報告した。仙台兵の駐屯地まで出かけて談判せよと、御用人根岸靱負も同じく命じられた。なお、仙台兵と出会わなかったら仙台まで行くこと、大至急の旅で明朝九時頃までに出立するようにと、戸村十太夫殿と小野岡右衛門殿に申し含められた。

五月二十三日

一、午前九時頃に出発。大至急なので、御小人の運吉が藩から付けられ、御小人の敬三郎は別に拝借して御小人は二人を連れた。他に順治（伊織の四男で宇平治の弟）も連れ、若党は岩松、草履《ぞうり》取は三平、鑓《やり》持ちは与惣兵衛の総勢七名で出かけた。

一、その日、戸島で昼食時に根岸靭負と一緒になった。（靭負が）出発前に登城したところ仙台様と米沢様への御使者を勤めるように戸村十太夫殿から申し含められ、直に自分（伊織）にも伝えるように指示されたそうだ。

　仙台様への御使者の口上覚

ご健勝と存じます。先頃よりの厚き御取扱い、有難く存じます。その御挨拶と時候の御見舞のため使者を派遣いたします。

　米沢様への御使者の口上覚

ご健勝のことと思います。先頃からの厚い御取扱と御使者の派遣有難うございます。御挨拶と御礼かたがた使者を派遣します。

一、仙台での交渉の趣意を関係者で話し合った。大略は以下の通り。

沢殿（官軍副総督）が急遽（秋田領内へ）入国した場合は、列藩の盟約で薩長の部隊を函館へ通してはならないが、船で帰京するなら入国させてもよいと、戸村十太夫からの連絡があった。湯沢で津軽への転陣を津軽藩の隊長館山善左衛門に沢副総督が直々話して、隊長もそれを了承したという。そこで一日市《ひといち》村（南秋田郡八郎潟町）まで行ったら、津軽藩は藩境を塞《ふさ》いで入国させない様子で、急遽能代から乗船となったが、蒸気船はおろか和船すら揃《そろ》わず、また一日市村は小さな村で逗留に適さず、能代は旅行者が入り込み万一のことがあってもいけないので、船の手配が整うまで大館に御逗留いただくことになった。船の手配ができても風の具合もあってすぐには出帆できないうちに、九条総督と醍醐参謀が十八日仙台を出発して南部に入られ、二十五日には盛岡に入られた。そこから橋場・雫石《しずくいし》・生保内《おぼない》へ入られるが、万一秋田領内に入って沢副総督の部隊と合体すればますます大事になり、どんな暴動が起こるかも分からない。それを各藩が心配して隣領まで出兵したということなので、風の状況で沢殿が出帆する前に九条殿が入国されても（二人を）一緒にはしないので、そこのところを御賢察いただき、隣境に出した部隊を引上げてほしいと訴えるつもりだ。

※この前日（廿二日）に、沢副総督は南部藩の江帾五郎から、九条総督が十八日に仙台から秋田に向かっていると聞かされ、廿八日には九条総督の使者（福島礼助ら）が出帆を差し止めている。

一、二十四日の日暮れに及位《のぞき》（山形県最上郡真室川町）で江戸から下って来た御小人《こびと》の大助と熊之助に出会い道中の模様を聞き取った。

一、その夜午後十一時半頃に金山駅《かねやま》（最上郡金山町）着。荷物の積み替えの際に、本陣の柴田九兵衛から話を聞いた。及位番所に士《さむらい》や足軽風の者が七人ほど詰めているとのことだ。

一、同二十五日暁二時半頃に新庄に到着して食事をした。この日尾花沢で昼食時に、天童様御隠居様（織田信学《のぶみち》）は急速御立退きの《の》所、今日御着きで、家来を宿に訪問させたいとお望みだと、根岸靭負から伝えてきた。織田様の役人は左の通りの人が宿に来た。

御物頭で御用人兼務　長井広記

同じく　吉田伝左衛門

御二人には靭負だけが面会した。これは内々の面会で、訳は殿様があまりにご心配なさるので、御側の家来の判断で面会し、親しい様子を殿様に申し上げるためらしい。

※これ以前、四月二十三日の沢副総督軍の庄内清川口攻撃に際し、天童藩が先導したことで、庄内藩の恨みを買い、天童城が落とされ、城下町も大きな被害を受けた。天童藩の隠居織田信学はその間疎開していたが、この頃天童に戻ったようだ。また、藩の中心人物吉田大八は同盟諸藩から、官軍を先導した責任を問われ、身柄を拘束されていた（翌月天童藩に引き渡され、切腹）。

一、同夜零時頃に山形に到着し、そこから仙台街道に出た。

一、同二十六日暁二時半頃に新山駅《にいやま》で継立て（人馬の交換）。（笹谷峠《ささや》を越えて）笹谷、野上《のじょう》、川崎、小野、碁石で継立て、赤石村《あかいし》に夜中の一時半頃にやっと到着した。二十二日から連日の大雨で道が捗《はかど》らなかった上に、仙台領境の笹谷まで来たら、伊達主殿《だてとのも》領で同家の家老阿部清七郎と言う人が詰めていて、印鑑がなければどなた様でも通せないと断られた。色々と交渉した上、左の通りの書付を渡した。

此度《このたび》
御許《もと》様（伊達家）へ御使者に命じられて参りました。その筋の印鑑を持参するとは知らず持参しませんでした。帰国したら今後は印鑑持参のことをその筋に伝えるので、今回のところは宜しく御取り計らいください。

慶応四年辰五月二十六日

江間伊織
根岸靭負

なお供の者も一人一人名前を書いて差出して通った。その際山道の右側の堅所（陣地）から足軽風の者が鉄砲の火縄に火を点《とも》し、一人は先に立ち一人は後から笹谷駅の正門まで送ってきた。笹谷駅の番所でも又堅所があった。ここには仙台藩の目付平井文左衛門が詰めていた。彼にも前と同様の書面を渡し、承知したということで通った。

右のような事情で手間取った上、笹谷駅では人も馬も出払いとても準備できないと駅場役人に言われた。何故《なぜ》かと聞いたら、笹谷詰の伊達主殿の家来たちが今日交代のため今朝百五十人余が通過し、そのため人も馬も使い切ってしまったということだ。ここに留まるわけにもいかないので、色々と掛け合って相対《あいたい》（公用以外）の人馬を雇ってようやく通行した。酒手《さかて》など無駄な出費や手間暇を費やしてしまった。

赤石村に着いたら、笹谷から交代で仙台に帰る人が全員宿泊するというので人馬が不足していた。夜が明けると百五十人が継立てをするので人馬は全く使えないという。これまた一騒動してやっと人馬を酒手（割増料金）で雇って出発した。

※この頃は、酒手が公用料金の三倍だったと言う。

二十七日の暁二時半頃にようやく茂庭《もにわ》村に着いて朝食をとった。そこから鈎取《かぎとり》町、長町と継立て、十二時頃に仙台国分《こくぶん》町の東海林《しょうじ》屋惣七の宿に着いた。ここには岡内之丞も滞在し、御小人なども利用しているというので、ここを宿所にすることにした。

※岡内之丞は、仙台駐在の留守役。岡勝也と名乗っていた安政四～六年には、組付御刀番として伊織と供に勤

務していた。

五月二十七日

一、着いてすぐ宿の主人に、私達二人は御使者を命じられて来たので、正式な対面等についてその筋の役人への連絡を依頼した。

晩になっても連絡がなかったので、御使者の件については大至急で来たことを伝えてくれるように頼んだところ、御急ぎの御用ならば今すぐにも面会の段取りをするべきだが、夜のことでもあり、明日の早朝に面会の手筈にしたいということだった。

五月二十八日

一、暁二時半頃に主人惣七の申出には、只今本陣（「外人屋《がいじんや》」？）で熊谷齋が面会する旨、伝えるように命じられたとのこと。

一　右の件で自分と根岸靭負の二人は直ちに出かけて使者を勤めた。それから、出発前に国元で関係者が協議した線で交渉し、諸藩に兵を引くように申し入れた。話合いの中で沢副督らへの対応や秋田藩の真意がそうならば、話合いの仕方もあるだろうと大いに好意的な受け止めだった。熊谷齋は大目付にして応接係ということだ。

一、昨二十七日当地に着いたところ、相馬兵部太夫様（相馬藩）の仙台詰が同宿なので対面したいと問合せがあった。大越八太夫、志賀治右衛門の二人と対面の上、今回使者として当地に来た次第などを内談し、話合いの席では何かとよろしくと頼んでおいた。

一、相馬家御家老、大浦庄右衛門は明日二十八日に出発と言うことだが、相馬藩の八太夫、治右衛門の二人が来た時に、御家老が後ほど御見舞に来たいと都合を聞かれた。相手が御家老ならばこちらから伺うのが筋ではないかと話合い、こちらから出かけて対面した。

岩城左京太夫様（亀田藩）の吉田権蔵は、こちらの宿に来訪して対面し、今回の使者の趣旨等を話しておいた。

一、左の通りの回《かい》状が届いた。

来る晦日《みそか》九時頃の御揃いで、奥羽列藩の仙台御出張の方々に、城内で（仙台藩主が）お逢いの件で熊谷齋から通達の予定ですが、御含みのため私共からも御通達します。右の件で御列藩の仙台出張人数調を早速私共にご提出くださるよう願います。以上です。

辰五月二十七日

中里半九郎

若生文十郎

再度申し上げます。右の調査では抜け落ちがあるかもしれません。話合いの上出席人数調べを明日二十八日正午頃まで私共までお知らせください。

右の中里・若生両氏とも軍事係で熊谷齋の下役だと宿の主惣七の話だ。右の両氏は外人屋松乃井御殿詰だという。

※「外人屋」は、奥州街道の本陣の機能を持ち、現在の仙台市国分町にあった。松乃井御殿は仙台市片平にあった。

一、熊谷齋からの回状は左の通り。

来る晦日の午前十時半頃の御揃いで、（藩主が）各藩の御重役とお会いしたいと命じられましたので、城中へ御出で下さい。なお二人ご出席の方は御勝手次第に御通しするよう重役から命じられました。

熊谷齋

五月二十七日

奥羽諸藩の御役々中様

なお、右の回状を回覧の上、御名前を書いて宿の者に渡してください。残りなく御回しの上、ご出席の御重役の御名前と役職名を記入して外人屋まで御届けください。後ほど迎えの者を外人屋まで出向かせますのでお伝えします。

米沢藩御用人　片山仁一郎

同人は仙台に駐在。この間米沢藩家老の佐藤源右衛門も御使者として秋田へ来たこともあり、今度の一件について十分御心得なので、訪問して対面した。

このたび御使者を命じられて来ました。諸藩の御懸念がないように、沢殿は早々に船で出帆の準備を進めております。ただ船の準備ができても風の具合もあり、万一沢殿の御出帆前に九条殿が秋田に御入国されても御一緒にならないよう秋田藩で取り計らっております。右の取り運びを私共が仙台藩応接係の熊谷齋殿に申し入れ、諸藩による出兵と藩境の堅めをしばらく猶予してほしいと申し入れました。

齋殿が言われるには、「薩長の兵力を残しては後の害にもなります。それに九条殿警護の小倉藩（小笠原家）、肥藩（鍋島家）の兵力を合せたらどのような暴動が起こらないとも限りません。それに諸藩は秋田藩に疑念を持っています。薩長を領内に置いていたらすぐにでも討ち入るべきとの声もあります。さて、段々と実情や取運びの様子を伺うと止むを得ないことでもあり、どのように兵力を引上げるかいずれ話し合いたい」、と大いに取請《とりうけ》がよかったと、（片山仁一郎にも）話合いの席ではご配慮をと依頼したが、「諸藩の隊はそれでは承知しないだろう。沢殿が出帆しなければ、一旦出した兵を引く手立てはないのではないか。しかし、仙台藩の仲立ちで都合よくいけばこの上ないことと思う。米沢藩は越後に多人数を出兵しているが、秋田口にも兵を出さねばならないので二小隊を出兵している」という。仙台藩は先に一大隊を出兵と熊谷齋が言っていた。

※『秋田県史（維新編）』で「憑所《よりどころ》とすべき記録に接しない」とされた、米沢藩家老佐藤源右衛門の来秋を記録している。

一、若生文十郎からの回状は左の通り。

今日は特に暑い中皆様御凌《しの》ぎと恭賀奉ります。

さて、明くる二十九日に仙台藩の重役たちが皆様にお会いしたいので、御足労恐れ入りますが、朝食後すぐにこれまで通り応接所に御出で頂きたく、お待ち申し上げます。

若生文十郎

五月二十八日

米沢様

南部様
御列藩御詰衆様

五月二十九日
一、御飛脚の半平と惣助が、二十四日に久保田を出立したが、途中から通行できず、拙者共へ来るつもりで仙台に六時半過ぎに到着した。途中の様子を聞くと、二十七日に尾花沢宿泊で米沢兵が百五十人程、その内十人位が武士身分のようだ。仙台兵は五百五十人位で武士身分の者は五十人程のようだ。右の軍勢に出会ったとのことだ。

仙台に二十七日に着いて、翌二十八日からの交渉の次第は左の通り。

去二十八日早朝仙台藩の本陣応接係に対面した。これまでの取運びや船を手配中で沢殿は近いうちに出帆させるよう努力している、和船（日本の船）は風流もあり、万一出帆前に九条殿が秋田に入られても決して一緒にはしない、このことを懸念しての軍勢は引上げていただきたい、藩境近くに諸藩が出兵しては、秋田藩としても守備の兵力を出さざるを得ない、最近の雰囲気は普通でなく、万一不慮の事件が起こっては奥羽同盟を結んだ甲斐もなくなる、これらのことを厚く御含みいただいて軍勢を引上げてほしいと交渉した。（本陣応接係は）止むを得ないことでもあり、上に報告した上で返事をするとのことだった。

翌二十九日に外人屋で御家老の石母田《いしもだ》但馬・但木《ただき》土佐の両名に引合されて対面した。昨日熊谷斎と交渉した次第を詳しく述べて、兵力引上げを厚く頼んだ。（石母田・但木は）「秋田藩ではさぞご心配であろう。齋からこれまでの詳細は承った。これまでの対応は仕方ないことでもあり、話合いの上で御返事いたそう」、ということで暫《しばら》く経《た》ってからまた両人と対面した。

段々諸藩の御考えも承り、御世話したいが、実は出羽の小藩の方々が薩長の粗暴を深く恐怖し、九条殿を警護している肥前藩と小倉藩が長州・薩摩・筑前の三藩に合体したら、戦いを始めるかもしれず、このご時世なので一軒焼かれても対応できないとしきりに心配するので、諸藩で話合いの上出兵した。秋田藩を疑っての出兵では全くないし、仙台藩の出兵もわずか四小隊で盗賊を捕える程度の人数だが、諸藩で話合いの上での出兵なので、ただで引き上げると風気が騒がしくなり、何とも引上げかねている。しかし、決して失礼なことなどをしないようによくよく申し送るので、少しも心配せずにこのことを御承知いただきたい、と丁寧なお話なので、更に重ねて（撤兵の）申し入れもこれ以上はしませんが、軍勢は藩境近くでなく新庄城下に置いてほしい、庄内の軍勢もその釣合いで、なるべく藩境から離れた場所に駐屯させてほしい、ただ疑いを持たれていないことばかりを帰国して報告したのでは、使者の面目を失うので、その辺りのことも厚く御考慮願いたい、とひたすら頼みこんだところ、しごくもっともなので新庄城下だけに兵力を配置するように申し遣わそう、庄内兵は古口《ふるくち》に配置しようとの返事だった。米沢兵も新庄城下に配置し、その内沢殿出帆の報告があれば、小藩の方々も安心するので、すぐに軍勢を引上げよう。言うまでもないが、なおも対応に努めてほしい、ということだった。

※最初に交渉した熊谷斎は、「諸藩が秋田藩を疑っている」と言い、ここでは石母田・但木が「秋田藩を疑って

の出兵ではない」と言っている。九条総督の仙台出発も含めてなかなかの駆け引きに見える。

五月二十七日付で応接係若生文十郎から回状がきた。今日二十九日、外人屋松乃井御殿応接所の詰合に参集の触があって、根岸靭負と私の二人が出席した。諸藩から詰合いの人々が列座し、仙台藩家老石母田但馬・但木土佐と大越文六郎(五)が出席し、話合いの上左の通りになった。

この節軍務が極めて重要であり、奥羽軍務局を設置して、軍議全体を即決するようでなければならず、仙台藩は位置的に偏っていて不便なので、二本松・福島辺りのどちらが良いか話合い、福島が良いと話がまとまった。近々福島に軍務局を設置し、軍事について決定する者を諸藩から出して詰合うように決めた。

一、越後の水原《すいばら》にも同様。

ただし越後に出兵していない藩は詰合わなくてもよい。

一、仙台へはこれまでの通り、重役に代わって奥羽の事務を決断すべき人物を詰め合わせること。

一、奥羽盟約書は重役が仮に定めたもので手軽なので、それぞれの主人の認めの判形《はんぎょう》を頂くために仙台・米沢両藩から使節を派遣すること。

一、幕府領の民心が落ち着くまで、最寄りの国持大名が取り扱うこと。

右について諸藩の出席者は大体左の通りである。

米沢　　片山仁一郎

南部　　小野寺伝八

会津　　井上金庫

二本松

守山　松平大学頭様　砂川熊吉

相馬　大浦庄右衛門

大越八太夫

津軽　伊藤次郎八

棚倉　梅村覚兵衛

中村一学

上ノ山　増戸武平

山形　笹原東馬

新庄　松坂源蔵

天童　髙橋与一郎

泉　本多能登守様

下手戸　立花出雲守様　福田　蔀

八ノ戸　齊藤伝左衛門

三春　福田政左衛門

亀田　吉田権蔵

庄内　塙仲兵衛

戸田総十郎

その他よく知らない人もいて全部で三十人余の人数だった。時間が過ぎたということで魚の煮〆一通りと香の物・茶漬を下された。

仙藩重役

石母田但馬
但木土佐
大越文六郎(五)

出席

二十九日に仙台藩の重役に対面して御用も済んだので、表向きの御口上書は未だ出てないが、根岸靭負と自分で手分けして、靭負は後に残って口上書を受け取った後米沢藩への御使者を勤め、自分は同夜午前一時過ぎに仙台を出発し、大至急帰国することになって、東海林屋惣七の旅籠《はたご》を出発した。出発前に若生文十郎に交渉して関門通過の印鑑を受け取った。

一、長町で（人馬を）継立て、鈎取《かぎとり》で継立てた頃に夜が明けた。

五月晦日（三十日）

茂庭《もにわ》で継立ての際に朝食。赤石・碁石・小野で継立て、川崎で夕食。野上《のじょう》・笹谷と継立てた。笹谷峠の下りで日暮れになった。関根に出る道が大石や抜け石の上、細道で大変な難所だった。その上連日雨続きで大悪路だった。関根村で夜食。

ただし、野上と笹谷駅の中間に古関《ふるせき》という所があり、家は三軒のみ。高橋吉右衛門方で銘茶を売っている。玉露《ぎょくろ》という一斤が百六十匁（六〇〇g）で一両の茶を四分の一斤買って、他に一斤が二分の茶と一分の茶をそれぞれ一斤、合わせて一両分買い求めた。

一、山形・天童で継立て、天童で夜が明け、朝食。

六月一日

六田《ろくた》で継立て（与次郎稲荷に参詣した）、館岡・土生田《どぎゅうた》・尾花沢と継立て、尾花沢で夕食。名木沢《なきさわ》・舟形と継立て、新庄に着いた頃に日が暮れた。新庄には仙台兵が出張していて五百人位いるという。拙者は使者を命じられ、途中で仙台兵に出会ったら、その場所で交渉するように命じられて来たが、結局出会えず仙台まで行った。拙者共は山形から笹谷通りに出たが、仙台兵は関山《せきやま》越えで六田に出たとのこと。それで行き違いになってしまった。

※この当時山形と仙台を結ぶ街道は関山・二口・笹谷の三本あったが、馬が通れたのは笹谷峠だけであり、江間伊織は関山峠を軍勢が通るとは想定していなかった。

一、拙者共が新庄に着いた時、御用人の飯塚伝也と御膳番の秋山直が、仙台への使者として至急で来るとの先触れを耳にし、ちょうど到着したというので宿を訪れて聞いた。沢殿は能代から出帆の予定で、大館から能代に移動していたが、九条殿からの使者が沢殿の出帆を差し止めたので留まってしまった。状況が変わったので仙台藩への使者を命じられたとのこと。

なお、仙台の隊長梁川《やながわ》播磨に会見し、秋田藩領内への進入等は仙台への使者の用を済ませて戻るまで待ってほしいと交渉したが、まだ返事がなく、明朝まで待ってほしいと言うので、拙者（伊織）にも宿泊してほしいと飯塚伝也が言うので、拙者も宿泊した。

六月二日

一、今朝梁川播磨から、仙台に問合せの上で返事をすると言ってきた。

一、早朝に新庄を出立し金山《かねやま》で夕食。金山へ仙台兵の一小隊が繰出し、金山駅前村に米沢兵が百人程繰出していると聞いた。新庄兵の物頭（足軽隊長）が三人と大目付と士分や足軽など百八十人位と雑兵二百人位が繰り出していると、及位《のぞき》駅の高橋作左衛門が言っていた。

一、庄内兵も三百人程が及位まで繰出しているという噂があった。

一、仙台兵五百人余が新庄城下に繰出し、その内一小隊が金山駅まで繰出している。この出兵は万一の薩長の暴動に備えてで、秋田藩を疑ってではないとのことだ。

一、院内山中で日が暮れ、院内駅で夜食をとった。その際大山若狭殿の家来の小沼早太人が来て、右の状況について、警護の部隊をどうしたらよいか問い合わせてきた。拙者が指急で到着したので、指示してほしいと依頼された。それから湯沢で継立て、横手で夜が明けた。

六月三日

一、六郷で継立て大曲《おおまがり》で夕飯。花館《はなだて》まで行ったが、神宮寺《じんぐうじ》の渡しが大水で渡れず、大船でも水の出ばな（出始め）なので、渡しを引受けられないと渡し守が言う。そこで花館に逗留することにした。

（ところが）駅場役人が言うには花館は先々月の火事で御覧の通り二、三軒を残して皆焼けてしまい、焼け出された人も多く、とても宿の世話はできないと言われて、しかたなく大曲まで引き返して、田口正兵衛と言う人の所に一泊した。

六月四日

一、相変わらず雨だが、神宮寺渡しの水位も少し下がって流れも急ではなくなり、大船で渡るなら問題ないと言われ、朝六時半前に出発した。大船で渡し守が大難儀してようやく渡った。刈和野で継立て、境《さかい》駅で夕飯。また出発したが、石川渡が止まっているというので、宮崎村まで行って渡しが再開しだい渡るつもりで行ったら、宮崎村では洪水で家々に水が上がって立ち退《の》いたので宿にできないとの注進があり、手前の神内《じんない》村の仁右衛門方に一宿して、川渡しの再開を待った。

宮崎村の住人で又兵衛という者が言うには、式田村向かいの風無にある荒川という小川を越えれば戸島へ出る間道《かんどう》がある。これは石川村の川端《かわばた》付を下り、山道や田道の難所だが一人ずつなら通れる、と言うので、仙台での交渉の次第や道中の様子を御用状に書いて、御小人の久米助と銀三郎に預けて夜中に出発させた。神内村の肝煎《きもいり》は（藤原）七兵衛。

六月五日大雨止まず

一、今になっても雨は止まず、さらに増水して、川渡しに差支えるどころではない洪水で、寅年にあった洪水よりもひどいということだ。

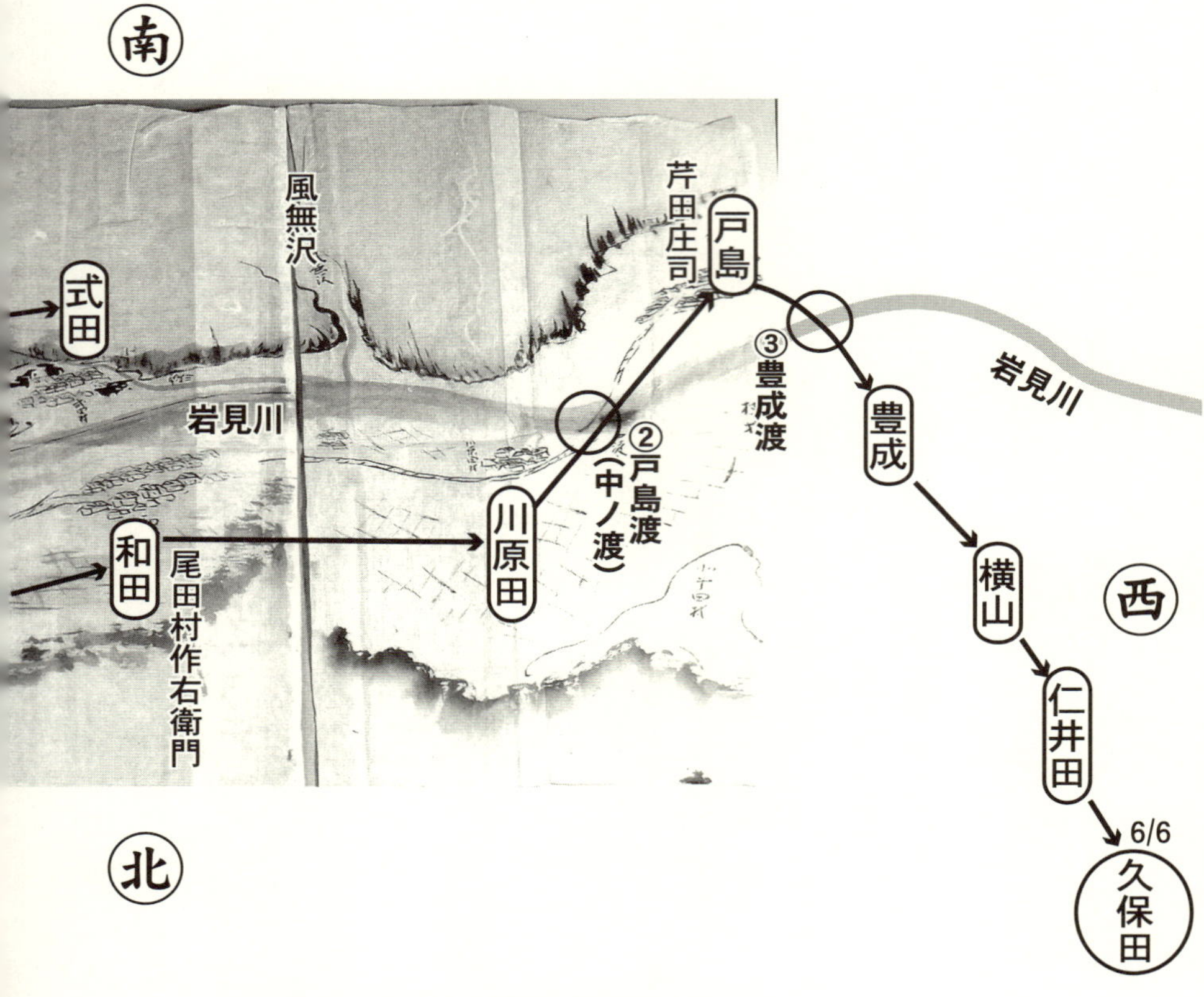

①〜③の○で囲んだ箇所は岩見川の舟渡場。
集落の脇に書き入れている人名は伊織の日記に登場する人物。
使用写真は「岩見川沿街道絵図」（部分）（「小貫家文書」）国文学研究資料館所蔵。
「岩見川沿街道絵図」については 128 頁の注を参照のこと。

図６　岩見川沿の街道と渡し場

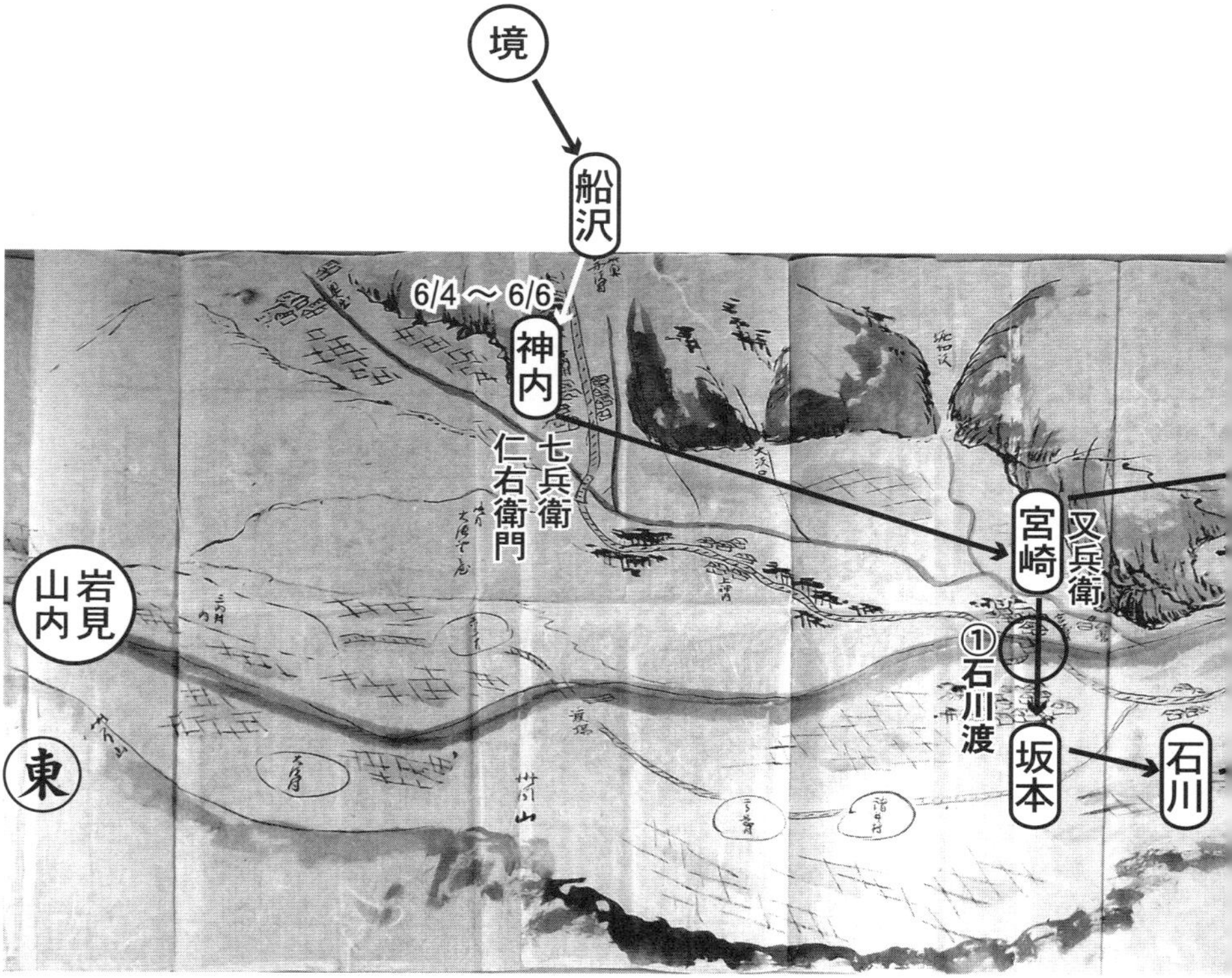

一、昨夜出発させた御小人の久米助と銀三郎は、風（無）荒川で広大に水があふれて渡れず、式田村に止まって水量が減るのを待つと、村人に言づけて連絡してきた。夕食後、その二人が戸島村に着いたとの連絡があった。

一、船沢村の小右衛門の家（間口四間、奥行き七間程）が、今日昼過ぎの山崩れで潰《つぶ》れたという。五年前の建築だそうだが、人や馬にけがはなかったそうだ。

大変な洪水だ。夕食後、水量が減ってきて、明日は是非とも炭積船で渡ることを肝煎や村人に交渉したら、承知してくれた。

※岩見川上流の岩見村・三内村は城下町久保田への薪や木炭の供給地だった。それらを旭川の下新橋（秋田市大町の五丁目橋の下流側）付近で荷揚げしたという。岩見舟の出発地は野崎とされるが、付近に十分一番所があって、持ち込まれる商品から十分の一の税を徴収していたという。

六月六日大雨止まず

一、今朝になって水量が減ったが、本格的な川渡しは再開できない。いよいよ炭積船を手配して渡ることにして、船頭新蔵が上々の炭を積んで川を下る船で石川を渡り和田駅に着いた。ここでも渡しができないとのことだった。渡し場の近所に居た方がいいだろうと、尾田村作右衛門方でしばらく休息して、川を渡れず御用が遅れて困っている旨を話したところ、そういう事情なら自分の持ち船で自分の船着場から乗せて渡しましょうと言ってくれた。その船で戸島駅に午後一時頃に着いた。夕飯を食べて郡方駅場役人芹田庄司に交渉して、豊成《とよなり》の渡しを越えて横山まで行った。そこも洪水で、やっと仁井田村の肝煎の家に行った。船を二艘用意してもらい、古川町の馬田謙蔵脇まで乗船して行った。午後七半頃に小野岡右衛門殿（家老）に行って報告した。十五年前寅年以来の大洪水で、自宅の門前まで船で行った。今日は水量も減ったが、昨日五日の午前九時（または午後十時頃）には水の勢いが強く、家の縁の下を流れていったそうだ。

六月七日

一、朝六時半頃に、御用番（の家老）小鷹狩源太殿へ届け出たところ、今日明日は休日で自分たちも登城しないので、自分（伊織）の口上（書）を持って膳番の所に行き、お届けせよ。なお全体についても一通り申し上げよ。明後日自分たちから詳しく申し上げると申し含められた。

根岸靭負と江間伊織は五月二十二日に仙台兵との談判を命じられ、翌五月二十三日に出発した。途中で仙台への使者の命令が追加され、仙台藩の藩境封鎖などのトラブルを何とか乗り越えて仙台藩だけでなく奥羽列藩同盟諸藩との交渉という大役を果たした。仙台藩奉行（家老）との交渉では、撤兵の約束は取り付けられなかったが、無礼にならない範囲で粘り、出兵は薩長兵に対する小藩の恐怖心を鎮めるためで秋田藩への嫌疑は持っていない、当面攻め込むことはないという言質《げんち》を取り付けた。根岸靭負は仙台から米沢に回り、伊織は藩庁への報告のため大急ぎで帰国の途に就《つ》いた。途中で飯塚・秋山と仙台藩隊長梁川《やながわ》播磨との交渉を見届け、大雨と洪水に妨げられながらも多くの人々の協力で久保田城下に帰着し、六月七日にようやく復命できた。

次いで、ここまでの「秋田藩士江間時庸日記」の記事と関係する史料を取上げて検討したい。

◎仙台藩による藩境封鎖と江間伊織等の対応

沢副総督の秋田藩領入りを受けて、国境が緊張し、根岸靭負《ゆきえ》・江間伊織が仙台への使者に任命された。膳番岡百八の「公私日記」に次のように記されている。

五月廿二日
一、御近国へ御使者を命じられた面々は左の通り。
仙台へ　根岸靭負
明朝出立　江間伊織

工藤威『奥羽列藩同盟の基礎的研究』によれば、世良修蔵暗殺後に仙台藩は米沢藩にすら知らせずに藩境封鎖を行った。秋田藩は当然知る由もない。江間伊織と根岸靭負の二人は状況の変化も知らず、使者として仙台に向かった。笹谷峠を越えて仙台領に入った番所で、印鑑（藩重役からの証明書か）を出さなければ何様であっても通さない、と言われた時はさぞや驚いたことだろう。何とか連名の書付を出し、従者も一人一人名前を書いて差出し、前後を銃で狙われながら関所を通過している。

仙台での使命を果たした江間伊織は六月六日にようやく久保田（秋田）に帰着した。

（ただ疑問もある。伊織は久保田に着くと、藩の役所や自宅に向かわずに、まず小野岡右衛門〈家老〉の屋敷に届け出ている。御用番の小鷹狩源太に届け出たのはその翌日である。小野岡家老から何か内命があったのだろうか。この五年前〈文久三年〉に佐竹義堯の上京に御供した小貫久之進も久保田に到着して小野岡右衛門に帰着を届け出ている〈小貫頼晟「公私日記」〉。当時の秋田藩内での小野岡右衛門の立場や権力の反映でもあろうか）。

江間伊織は六日に帰宅し、七日に御用番の家老に届け出たが、正式報告は休日明けの九日になった。各地で戦争が行われ、久保田（秋田）藩にも戦火が迫っている状況で「休日」も何もないと思うのだが、「泰平の世」が続いていた秋田藩の危機意識はその程度のものだったのかもしれない。

「御評定所日記」は江間伊織の帰国を次のように記している。

六月九日

御評定奉行　江間伊織

右は仙台表の御用が済んだのでこの六日に家に帰ったと届があった。

(江間伊織が仙台から六月六日　帰って差出した書付の写)

五月二十七日付の応接係若生文十郎からの廻状が来た。諸藩からの詰合は、二十九日外陣《がいじん》屋松野井御殿応接所に御出でいただきたいとの触達があった。私共二人が出かけたところ、諸藩詰合の人々が列坐、仙台藩家老石母田《いしもだ》但馬・但木《ただき》土佐と大越文六(五)郎が出席。話合いの上左の通り。

この時期は軍務が最も重要なので、奥羽軍務局を設置して軍議全体を決めなければならない。仙台藩は奥羽の中心ではなく不便なので、二本松か福島辺のどこがよいか協議し、福島がよいと決定し、福島にやがて軍務局を設置、軍事を決断する（権限のある）人物が諸藩から詰合うこと。
一、越後末原へも同じく軍務局を設置すること。ただし越後に出兵しない藩は詰合わなくてよい。
一、仙台表はこれまでの通り重役に代わって奥羽の事務を決断する人物が詰合うこと。
一、奥羽盟約書は重役が仮に定めたもので手軽なので、各藩主の御判を頂くために仙台・米沢両藩から使節を派遣すること。
一、旧幕府領は領民が落ち着くまでは、最寄りの国持大名が担当すること。

※「越後末原」は「亀田藩戦記」の記述等も考慮すると、「越後水原《すいばら》」と思われる。水原には幕府代官所があり、戊辰戦争当時会津藩が接収していた（自分の体験から見て、秋田弁では「い」と「え」の発音が曖昧で同じように発音されたようだ）。

この報告（写）は金大之進が戸村十太夫宛に出した書状に同封されていたもの。
『秋田県史資料　明治編上』では、「六月六日付復命書」について、次のように註を付けている。

尚《な》お秋田戦記六月七日の条に、江間伊織仙台より帰着復命ある由を詳記《しょうき》するも、本文の如き復命ありし旨記せざるは、同書編者の故意に出づるや将又《はたまた》他に理由ありしや、後考を要す。

江間伊織の日記や「戊辰秋田勤王記」編纂の史料と比較すると、「秋田戦記」は伊織の報告を一部利用したが、「戊辰戦争関係書類一ト綴」に書き抜かれていない記事も多い。

あくまで推論だが、書き抜かれなかった部分にこそ、後の秋田藩戊辰史編者たちが「不都合」と考えた内容が存在したのではないか。そうも思えてくる。

江間伊織の報告を受けて、城中では用人・膳番の合同会議、家老と藩主の協議等が相次いで行われた。奥羽列藩同盟結成の際に仙台に出張して盟約書に調印した、戸村十太夫と金大之進の間でも頻繁に書状が交換された。また、小野岡右衛門や石母田但馬の書状からは、秋田藩や仙台藩の状況がかいま見えるようだ。

戸村十太夫宛金大之進書状（六月六日付）

御手紙を頂き有難く拝見しました。下痢で御気分がすぐれないそうですが、油断なくお大事になさってください。さて、小野岡右衛門殿から親展の御手紙と江間伊織からの書面二通も回して戴き、披見《ひけん》の上お返ししました。及ばずながら熟慮して明日昼過ぎに参って御伺するつもりです。岡本又太郎殿から御聞きと存じますが、今朝長野様（東家）の御宅に伺ったら既に御登城とのことで、出殿して宇都宮鶴山殿・岡本又太郎殿が御揃の所で自分の考えを申し上げたところ、良い反応でその内（藩主に）言上するとのことです。南部の方(九条総督一行)も御滞留中なので、全て明日御伺する所存です。（御伺する）項目は頭書にしていただきたく存じます。私も頭書（箇条書き）にして御伺するつもりです。簡略ながらお返事します。恐惶謹言。

六月六日

戸村十太夫宛金大之進書状（六月七日付）

御病状如何《いかが》でしょうか。長びいているので油断なくお大事にしてください。

さて昨日伺いました平元正に書き取りを命じた件は、九条殿に御逢の際に（藩主義堯が）お話しになる趣意を書き取って、各藩へ布告してもよいようにと命じられた件です。それに能代での（沢副総督からの）御趣意を書き加えればそれでもよく思われますが、その書き方をどうするか、どちらにしてもうまく行けばいいのですが、うまく行かなければ困ります。特に昨日会田多仲へ問い合せた処、江間伊織からの書面を御用人を通して御家老様へ申し上げるつもりですが、確かには分かりかねます。万一この機会を外しては取戻しがたいので、推参《すいさん》ながらこれから宇都宮鶴山殿を御訪ねして自分の考えを申し上げようと存じます。愚児が御礼に上がるので一応申し上げておきます。恐惶謹言。

六月七日

※江間伊織の書面とは、洪水で岩見川を渡れなかった六月四日に、御小人二人に託して間道を行かせて、久保田に届けた御用状と思われる。

戸村十太夫宛小野岡右衛門書状（六月七日）

昨夜から止まずに降り続く雨です。（挨拶文中略）

一、昨日はわざわざお立ち寄り下さり、親切丁寧な教えを頂き深く感謝いたします。相変わらず病中のため失礼な対応をお許しください。その時話された沢殿から直々三藩（薩長筑）へ出された御書付の写について（中略）貴方だけに申し上げます。御覧になったら必ず焼却願います。文章も前後の繋がりが少しおかしいかもしれませんが、御同職（家老）から沢殿へ参謀□□《（不明）》の取次で差出された文体と認められます。どうか一笑に付して下さい。加えて九條殿へも重く申し入れた方が良いのではないかと思います。

一、この間から拝借の御書付・書状共五通入、別紙入も合せて六通をただ今赤須平馬に急いでお返しします。他に私（小野岡右衛門）の演説書一通と江間伊織からの来書一通は小鷹狩源太殿から回達なので御回しします。受領願います。（後略）

六月七日

飯塚伝也・秋山直が持参した伊達義邦宛佐竹義堯直書（『秋田県史資料　明治編上』、『仙台戊辰史』）

（挨拶文省略）先達て各藩の申し合せの件に付、家老戸村十太夫を差出したところ、御盟約等に付親切なお心添えを賜ったとのこと、忝《かたじけな》く深く感謝申し上げます。又、このたび九条殿が仙台を出発して南部方面から秋田領内を通行し、城下土崎湊から御出帆の趣の御達です。仙台に長々御滞留中はさぞ御配慮のことと深くお察しします。沢殿は領内能代湊から乗船の予定が、大館の旅宿から秋田領内で合流したいとのお達しで、あれこれ行違いのことばかりで、かねての申し合せに反するつもりは少しもないのですが、おのずと延び延びになり、御咎《とが》めもあろうかと心を痛めております。とりわけ御懇意のことなのでよろしく御承知願います。そこで右の御示談かたがた側役《そばやく》の者を派遣して委細申し上げます。しかるべく御聞取りください。

なおまたお考えを御教示賜りたく幾重にもお願いいたします。（後略）

五月二十九日　　　　　　　佐竹右京太夫

伊達陸奥守　様

玉机下

「仙台藩記」（『復古記』第十二冊『奥羽戦記』）では、このことを次のように記している。

六月下旬に至り、九条殿・醍醐殿が南部から秋田へ御転陣。鍋島（佐賀）、小倉二藩の兵も繰込み、薩、長と合流して、秋田藩はいよいよ奥羽同盟を破り、庄内追討の命令を奉じると聞えた。各藩の出先の隊長が軍議して、秋田領分まで出兵して迫ることを決議した。（★）だが秋田藩の飯塚伝也、秋山直が新庄領金山駐留の仙台藩陣営へ来た。隊長梁川播磨が会見したところ、当分秋田領への進入は控えてほしい、全体については仙台表に申し達する。なお秋田中将から直書を仙台中将へ贈られるので、これから仙台に行く。進入はそれまで待ってほしいと話したので進入は見合わせた。三、四日たって、仙台から進入は見合せるようにとの連絡なので、各藩へ布告して全軍とも進入しなかった。

「仙台藩記」のこの記事は（★）印を挟んで二つの出来事の前後が逆になっている。飯塚伝也・秋山直が仙台へ使者に立ったのは五月下旬で、六月下旬ではない。同盟軍が秋田藩境に迫ったのは、沢副総督の秋田領入を受けてであり、それは根岸・江間、飯塚・秋山らを使者とする秋田藩の働きかけで一度は矛を収めていた。

しかし、九条総督一行が秋田領に入ると再び臨戦態勢をとった。それは、東北諸藩が危険視していた薩長両藩に、強力な佐賀藩の兵力が加わることで、手に負えなくなることを恐れたものか。江間伊織・根岸靭負に対して、仙台藩の家老が、「出羽の小藩の方々が薩長の粗暴を深く恐怖し」ているので出兵したと述べているが、実際に天童藩や山形藩等は仙台藩に援助を求めている。

秋田藩から飯塚・秋山が使者に立ったのは、九条総督が手紙で沢副総督の出帆を差し止めて当初の予定が狂ったためと、沢副総督が会津・庄内・仙台・米沢の征討方針を打ち出したためだった。実際に九条総督軍が秋田に入るのはその一か月後になる。この頃の仙台藩側の史料を読むと、この二人が藩主の直書を届けたことが同盟側に撤兵の大義名分を与えたことが読み取れる。『復古記』・『日新録』・石母田但馬書状からもそのことが窺《うかが》える。

渋川助太夫「日新録」にもそのような記事がある。

五月二十三日

一、庄内へ御加勢のため作並口《さくなみ》へ行く。梁川播磨隊が五小隊。五十嵐岱介（軍監）も行く。

六月六日　雨終日

一、早朝に出立して名木沢《なきさわ》で昼食、午後六時頃新庄へ到着。五十嵐岱介方へ着いた。（五十嵐岱助と）同道して御備頭《そなえがしら》梁川播磨へ行った。御奉行（家老）衆からお話の趣を話し、御備頭は命を受けた。秋田境内へは進入しないよう、及位《のぞき》等でも、厳重に警備するよう話した。御使者が来たからである。

御備頭の本陣に宿泊した。

六月七日　陰る

一、新庄詰の全員へ御酒の頂戴と、御備頭（梁川播磨）から状況説明があり、御備頭へ行って御酒を頂戴した。それから御備頭から、大番組の組頭、御備目付、御帳付け、御医師等を呼び、御備頭が酒を飲ませた。大いに酔った。

このように、仙台藩の新庄派遣部隊は六月七日にいったん戦闘態勢を解除している。これは当面戦闘が回避され、仙台から出された指示に沿った行動だろう。飯塚・秋山の任務は成功したことになる。「日新録」の五月二十三日の記事は、九条・醍醐両卿の秋田転陣情報に対応したもので、六月六日の記事は飯塚・秋山の仙台・米沢出張に対応したものと考えられる。飯塚・秋山の二人は新庄で梁川播磨と交渉した。江間伊織は飯塚伝也の要請で新庄に一泊して待機した。翌朝に梁川播磨の挨拶（返事）を確認して秋田への旅を再開した。岡百八は「公私日記」に飯塚・秋山の仕事は既に江間伊織によって達成されていて無駄だったように書いているが、実際は彼等二人が佐竹義堯の親書を伊達義邦に届けたことが、当面の危機回避に貢献したことが仙台藩側の史料からも窺える。

さらに、次に示す仙台藩奉行（家老）石母田但馬の戸村十太夫宛書翰からもこのことが窺えると思う。

「石母田頼至書状」（六月八日付）

（挨拶文省略）先頃（仙台へ）御出の時にはたいへん粗略な対応で失敬の段は御容恕ください。御帰国以後は疲労で引籠りとのこと。今頃は御快復のことと存じます。さてこのたびは軍事多端に加え、引続き九条総督の御転陣等については、皆様の御心配の程をお察しします。またこちらでの申し合せの件を始め、その後の展開なども、委細右京大夫様（佐竹義堯）へご報告なされ、さらにこのたびは（仙台から）使者を派遣しましたが、御返事も兼ねて御側勤の内から御使者としてお二人を御派遣くださいました。御面会の上全体について篤《とく》と承知し、今後取計うよう色々御直書の趣旨を詳しく承りました。その御使者の方へ昨日お会いして委細を話し合いましたので御聞取ください。（後略）

石母田但馬

六月八日

戸村十太夫様

追伸、厳暑中御自愛専要と存じます。同勤の（大内）筑後等からもよろしくとのことです。不備。

◎街道の難所（峠と渡し場）

江間伊織の日記に、大変な難所として記録されているのは、宮城・山形県境の笹谷峠、秋田・岩手県境の国見峠、そして玉川や岩見川の渡し場である。（秋田藩領内の三大渡し場のもう一つは、岩崎（湯沢市））。院内峠は難所ではなくなっていたようだ。伊織が久保田から仙台へ使者に立った時期はちょうど梅雨末期に当っていた。ただでさえ雨降りの時期に加え、この年は数十年ぶりの大洪水に見舞われて、久保田城下も家老の屋敷が浸水するほどの惨状だった。

伊織も六月三日から六日までは、玉川（雄物川の支流）と岩見川（雄物川の支流）を船が渡れず、大変苦労している。岩見川上流は城下で消費する木炭の産地であり、炭積舟（「岩見船」と言ったようだ）が往来していた。伊織はその炭積舟を利用しようとしたようだ。岩見川や玉川を含む雄物川水系の舟運については、『雄物川往来誌（上・下）』に詳しいので、興味のある方は参照していただきたい。

※「岩見川沿街道絵図」

国文学研究資料館所蔵史料の一つに、「出羽国久保田小貫《おぬき》家文書」がある。江間伊織の祖父源五右衛門の印鑑を探して、狩野亨吉《かのうこうきち》や安藤昌益《しょうえき》の関係で有名な「一関文書」を閲覧しに訪問したのだが、そこで偶然小貫東馬の日記に江間郡兵衛（伊織の父親）の記事を大量に見つけ、さらに東馬の嫡男久之進の日記もあり、伊織の記事があるかもしれないと思って読んでみたら、本当にあった。これは宝の山かもしれないと思って、目録を検索すると次々に関係のありそうな史料が見付かった。その中の一つが、「岩見川沿街道絵図」である。羽州街道を下ってきて、久保田城下に入る直前の岩見川に橋がなく、三ケ所連続の渡し場を舟で渡らなければならなかった。城下町の防衛のためにわざと橋を架《か》けなかったという。

伊織の日記を読みながら、そこは自分の生まれ故郷と言ってもいい場所なのに、位置関係がどうしてもつかめなかった（ただ、日記に出てくる「陣内村肝煎七兵衛」は、母方の直系先祖であり、「宮崎村郷人又兵衛」家には、母親が戦時中に勤労動員でお世話になったという。父方の先祖と母方の先祖は全く接点がなかったと思っていたので、この日記を読んだ時は本当に驚いた）。話を分かりやすくするため、この絵図に説明を加えてみた。図6（一一四～一一五頁）に示した絵図がそれである。

◎　数十年に一度の大雨と洪水

江間伊織は五月二十二日に久保田を出発し、六月六日に帰着した。その間ほとんど毎日降り続く雨と洪水に悩まされた。その洪水について、岡百八「公私日記」と「庄内御征討出陣日記」から一部抜き出してみる。まさに伊織の仙台への旅程と大雨・洪水が完全に重なっていることが分かる。

岡百八「公私日記」から、

六月五日
一、この間から連日の雨で昨今洪水になり……。
一、このたびの洪水で、播磨《はりま》守様・常丸様・奥方様・桂昌（寿？）院様も午後六時頃に角館屋敷へ避難なされた。川口の今の御住居の玄関・式台の上まで水が上ったため避難なされた。
一、下夕中島へ先頃から帰国した江戸定府の者に御長屋を立置かれ住居とされた所が、泉川もだんだん水位が高くなって、川端の土手が五間程（九ｍほど）の間が今朝の六時半前に切れて水が流れ込み、右の御長屋へ入り込み、だんだん裏坂近くまでも水位が高くなって二階にもいられず、全員避難し、寶鏡院《ほうきょういん》あるいは六郷町（保戸野《ほどの》）の中屋敷辺りの知り合いの家へ逃げて同居した。
一、先月二十二日から連日の雨で今日も晴れず、もっとも少しは晴間もあったが、全く降らない日はなく、特にこの二・三日は小気味よいほど降った。

※「播磨守様」（＝佐竹義諶《よしつま》）は、佐竹新田（椿台）藩主で、実子の義脩《よしなお》は本家義堯の跡継ぎ。

「庄内御征討出陣日記」（『戊辰戦争と秋田市』）から、

六月四日、雨

一、昼過ぎ、平沢へ行く。連日の雨で、今日の昼過ぎから下堀辺表町上町まで洪水、町川は満水。午後五時頃になって、本新町もすべて洪水で、薄暮《はくぼ》に実家へ見舞いに行った。門前は全域が洪水で戸口前まで参り、晩八時半頃に帰って寝たが、夜中に破竹の雨（音）で起きた。門前へ朝見に行ったら、石井家の門前まで洪水だった。それから床を懸け、畳を上げ、あれこれ取片付けて混雑のうちに暁になった。門前までの洪水。

翌五日も雨で、楢山《ならやま》辺りは全域が洪水。昼過ぎに出水。縁の下を通し一五㎝位の出水となり、板敷の上に上った。午後二時頃から水が引き、五時頃までには一五㎝余りの水が引いた。

翌六日、雨

朝六時半前以前、屋敷内は三〇㎝余りの水が引き、昼過ぎに屋敷全体から水が引いた。午後四時半頃には、門前も三〇㎝余り水が引いた。

六月七日、雨

一、朝には門前から水が全部なくなった。上町・広小路町・堀端辺は未だ洪水。

※大雨と洪水で足止めされた九条総督。『復古記』には奥羽鎮撫総督が仙台から盛岡に転陣する際に大雨と洪水

で水沢に三日、花巻に五日ほど足止めされた記事が見える。
※津軽藩の使者も、「六月三日に久保田に到着したが、洪水のため使者を勤められず、八日になって用人石井定之進が応接している」（工藤威『奥羽列藩同盟の基礎的研究』）。
※戸村十太夫宛山野主馬書状（六月五日付）には「今度同役が御使者を命じられ、昨日秋田に到着して多分今日か明日にその役向にお会いすることでしょう」とあるので、この使者のことが書かれているものと思われる。

江間伊織と根岸靭負が仙台に出向いていた頃に、表方（奉行と奉行格）の面々が協議して一つの結論を得たようだ。「庄内御征討出陣日記」の六月二日の記事に写しが載っているので、紹介する。

一方評定の書取りを申し立てた写
一、薩長人を領内に留め置かれないと言っては、彼らは何の面目あって、おめおめと帰国もできないはずです。筑前とても薩長を見捨てて傍観《ぼう》はしないでしょう。沢殿も朝延から付属された軍勢を手放されないでしょう。（官軍）一同は死を決するのは確実です。わずか三百人の人数です。彼らを討ち取るのはたやすいでしょう。しかし、彼等を討ち取ればたちまち朝敵の汚名を受けることになります。さらに仙台の意向を受継ぎ、薩摩・長州・筑前の深い恨みを受けるわけですから、会津・仙台・庄内を差し置いて、まず秋田藩へ官軍を差し向けることは見え透《す》いています。ならば奥州列藩の家老が今回仙台へ集会して評議一決したことは、そもそも薩長が朝命を偽《いつわ》り、私怨《しえん》を報ずる仕打ちであり、全く天皇の御意志ではない、との論から薩長を退ける趣旨であって、全く朝廷に対して敵対するわけではないが、京都（の朝廷）から見れば、朝敵と思われるのは当然のことです。仙台での評決のこと、実は各国上下一同が一致して、たとえ朝敵と言われても仙台へ堅く約束して、存亡を共にする覚悟ではないでしょう。一時仙台へ同意しても、官軍がやってくれば、瓦解《がかい》すると思われます。秋田藩が薩・長・筑の官軍を討ち取ったら、その時には孤立した上に朝敵となり、何代も続いた名家も汚名を後世に残すことになってしまいます。実に御先祖様に対しても済まないことです。さらに家臣一同の向背《こうはい》もいかがなものでしょう。国家の存亡に関る極めて重大なことと思われます。しかしながら現在は奥羽諸藩から離れ、薩・長・筑の小勢へ加勢しても、四方から敵を受けるようでは御意を怺《こら》えられず、すべて朝威を汚すだけでなく、国家（秋田藩）存亡の機会ですから、軽率な行動はできません。この場合は一時の権謀で、官軍を無事に撤退させる他ないと考えます。従って恐れ入ることですが、重大な局面ですから、沢殿の家来をお召しになり、（藩主）直々に別紙の通り御説得なされ、沢殿へ右のことを申し上げて、従える人々を御諭《さと》し下さるよう言い含めていただきたく存じます。

この評定書き取り写の内容をかいつまんで言うと、次のようになるか。

① 薩摩・長州の兵だけを秋田藩領から出したら、彼らは面目を失う。筑前も薩長を見捨てることはできない。

② わずか三百人の薩長兵を討ち取るのはたやすいが、それでは朝敵になってしまう。

③ 同盟諸藩は仙台と存亡を共にする覚悟はなく、官軍が来れば瓦解し、秋田藩は朝敵として孤立し

てしまう。
④　お家に朝敵の汚名を残しては、御先祖に申し訳ない、今は同盟を離れるのも危険で国家存亡の場合でもある。
⑤　軽はずみな行動は避け、一時の方便で官軍に撤退してもらうよう、藩主から沢副総督を説得してほしい。

当時の秋田藩を取り巻く状況は、分析されているが、その解決策を具体的に示すことはできず、結局藩主と副総督の権威と善意にすがるしかなかったように見える。長年の財政窮乏で、旧来の軍事力すら維持できず、ましてや近代的な軍事力の充実など及ぶべくもなかった。自力で対処できず、他力にすがるしかない状況であった。

（五）九条総督の秋田転陣（使者として盛岡へ）

秋田藩は家老岡本又太郎、用人平元正、評定奉行江間伊織を盛岡滞陣中の九条総督の下に派遣した。目的は会津藩・庄内藩の寛大な取扱と総督軍の秋田転陣の延期を求めることであった。その際は、前記「庄内御征討出陣日記」の「一方評定申立写」の内容も踏まえられたことだろう。可能性は低くても、最善を尽くそうとしたのだろう。

以下、盛岡への往復について再び「秋田藩士江間時庸日記」に沿って見ていく。

六月十二日
御用番小鷹狩源太殿に、仙台に御用があるので出かけること、二、三日中に出発することを指示された。

六月十三日
一、御用番源太殿の指示で、岡本又太郎殿が南部表の九条殿・醍醐殿への使者を命じられたので、その付添を命じられた。用人の平元正も命じられた。急いで明日出発、南部表の御用が済んだら、直ちに仙台に向かうように指示された。

六月十四日
一、午前九時頃に出立。戸島で昼食、刈和野《かりわの》で日が暮れてそこで夜食。角館《かくのだて》で夜中に又々食事を摂《と》って出掛け、途中の寺路で夜が明けた。

六月十五日
一、朝六時半頃に生保内《おぼない》駅に着き、そこで朝食を食べた。宿の高階囚獄《たかはしひとや》という生保内在住の人が、生保内山中は容易でない難所なので、床几《しょうぎ》を貸してくれるという。親切に言ってくれたので借りたがその床几のお蔭で大いに助かった。実に聞いた以上に険難な山道だった。
生保内（五里半、約二八・八㎞）

橋場　（家数二十四軒しかない）

雫石《しずくいし》　（二里半、約一三km　家数二百軒位）

（五里、約二六km）

南部盛岡鍛冶町金屋兼右衛門

右は四十八丁が一里である（江戸時代の一里は普通三六丁で約三・九km、四八丁は今日の約五・二km）。

一、橋場で夕飯を食べ、日暮に雫石に着いた。南部盛岡には十六日の暁午前二時半頃に到着した。（総督府の）御旅館は、

一、九条殿が、本誓寺　同じく、

一、醍醐殿が、東賢寺

一、平元正と拙者は十六日の暁に着いたが、岡本又太郎殿は朝の六時半頃に到着した。

※総督府の本陣が本誓寺、あるいは東賢寺の二説あるようだが、この日記では総督が本誓寺、参謀が東賢寺を旅館としたとしている。

六月十六日

一、九条殿の用人茨木舎人《とねり》からの呼出しで、河野総一郎が出向いた。九條殿と醍醐殿は生保内から秋田藩に転陣するとの仰せだった。

一、今日の昼過ぎ岡本又太郎殿と拙者（伊織）と平元正は、九条殿と醍醐殿への使者を勤めた。服装は裃を着用した。御留守居の岡内之丞（平服襠高《まちだか》袴割羽《さき》織）が付き添った。九条殿は御病気でお会

いせず、御付の塩小路刑部権少輔殿を通じて、主君（佐竹義堯）の建白書を差上げた。九条殿が御覧の上、返事をするとのこと。
一、九条殿が御病気で御会いできず、塩小路刑部権少輔殿と（参謀）前山清一郎に揃ってくれるように頼み、自分たち三人は主人からの申し付けで御話があると、用人茨木舎人に申し入れた。間もなく参謀前山清一郎がやってきた。塩小路殿は御用でいつ手があくか分からないと言うので、清一郎に対面して交渉した。
「九条殿は八戸から乗船して土崎湊から秋田藩に入られるとのお話で、それぞれ手配をしました。（次に）盛岡到着前日に、津軽に転陣して松前の函館副総督清水谷之宮様の所に入られると言い出され、秋田藩には入られないことになりました。さらに今度は又々生保内から秋田藩に入られると言いだされました。秋田藩に入られた沢殿の参謀大山格之助が、御三方御揃いの上で、会津と庄内を征討し、疑いのある藩については問い糾すべきと書付で言い出されたが、秋田藩に対しても右の通りの達しなのか」と伺ったところ、全くそうではなかった。

「沢殿に御供の長州藩・薩摩藩・筑前藩等の心得の為に申し渡したので、秋田藩への達《たつし》ではないとのことですが、もっぱら開戦を目的にしている趣旨かと思われます。御三卿が御揃いの上で、秋田藩を足掛かりとして御征討に一端勝利したとしても、秋田藩は海岸線が四十里余り、奥羽の諸藩を敵としては四境の防禦も行き届かず、瓦解するでしょう。越後でも戦闘があり、白河でも戦闘があり、江戸でも賊徒が蜂起しています。この状況で何が鎮静というような状況に陥り、外国勢がその隙《すき》を窺うのは必然で、実に皇国（日本）の大事と思います。右京太夫は右の状況を深く考究し、まず奥羽の一州で武器を使わずに、御鎮撫の道を尽されて、鎮静させるような取り運びを歎願する他ございません。このことを御聞届けいただけなければ、恐れながら秋田藩に入られることを承知できません」と話しているうちに塩小路殿も御用が済んで列座された。

参謀前山清一郎が言うには、「初めから九条殿は鎮撫の本志は言うまでもなく、奥羽鎮撫の命を受けて下向したところが、現在の状況になってしまった。職責を果たせないのは、結局自分の不行届きで、そのことを謝罪し、京都に御伺の上帰京したいが、（朝廷の）指示に従いたいので、その間は秋田領に転陣したいとのお言葉で、この節御征討や御鎮撫ということは全くありません。沢殿はどのようなお考えで、参謀大山格之助と率いる三藩にそのような申し渡しをしたものか。九条殿はそのようなお考えは少しもなく、たとえ格之助が何と言っても、秋田藩が出兵に不同意ならば、（沢殿が）何と言われようとも、戦争の致しようもなく、薩長がいかに騒いでも不安心に出兵すべき様もなく、この所を御考えになって下さい」と言う。

一、最初は南部八戸から乗船して秋田湊（土崎）に入ると言われ、また延期して秋田に入らず津軽から函館に入られると言い出され、今度は生保内からお入りとのこと。このようにその都度変更されて人心が動揺し、国中の者がどうなるかとても心配しています。さらにこの上ない御方が秋田藩にお入りなので、家老も詰めているとはいえ、主人（佐竹義堯）に報告・（総督府の）受入のために、日程を教えてほしいと言った。（前山の答えは）実は十七日に出発の予定で、蒸気船を雇いその船で八戸から秋田湊へ入られる予定だったが、（九条殿の）病気のため延期になった。蒸気船は一日当り六百両で、何日もかかっては容易でなく、兵器と兵隊は船で土崎湊に回し、九条殿は生保内を通って秋田藩へお入りという趣旨の参謀前山清一郎の返事だった。その旨飛脚で秋田へ申し送った。

六月十七日

一、十五日出立の飛脚が昨夜到着し、（平元）正に連絡してきた。

九条殿が秋田に入ったら、各藩が出兵して討ち入りかねない勢いだと、ただ今飯塚伝也と秋山直が仙台から帰着して話した。御上（佐竹義堯）が深く御苦労されている。全ては参謀の姦計《かん》だ。奥羽で互いが武力行使をしては、御鎮撫の精一杯の主張も虚《むな》しくなるので、九条殿の御入は受入れられないという筋で、岡本又太郎殿へ御伺の上で対応するようにと言ってきた。なお、沢副総督へもこの取り運び方で、手強《ごわ》く主張する。御三卿の気受けに拘って、京都向がうまく行かなくても構わない、との仰せなので、その心得で取り運ぶようにと言ってきた。

※実際に家老石塚源一郎は沢副総督に対し強硬に領外退去を求めた。それが十月二十七日の家老罷免の要因の一つかもしれない。

岡本又太郎殿の旅宿に拙者（伊織）・平元正・岡内之丞・河野総一郎が集って協議した。十六日に交渉したところ、九条殿は御鎮撫の思召しで戦闘を始める気は全くなく、隣国諸藩が出兵して（秋田藩に）打ち入っては済まない。その件は九条殿が秋田から（京都へ）御転陣ということに仙台で（同盟諸藩が）話合いの上決定したことなので、そのために秋田に入るなとは言えない。仕方ないので、平元正から国許の用人たちに伝えたのは、（九条殿の）秋田入国の具体的な支障を示して入国を断る言葉の立てようを子細に連絡してほしい、そうでなければ御入国を引受けられないとは言えないので、（藩主に）御伺の上早く返事をくれるように報告した。飛脚は今日差立てた。
※この飛脚に託して、江間伊織から同役（評定奉行）に書状が出されている（全文は一五八～一六〇頁）。詳しい内容は後述するが、この日の交渉内容も反映されている。

六月十八日

一、右は拙者（伊織）の旅宿へ見舞に来てくれ、御用があれば遠慮なく申付けてほしいと言ってくれた。
町奉行添役　米田勇助
御用人　米田貞機
右は拙者の旅宿に見舞にやって来た。
学館祭酒（外向の御用を勤める時は大目付）江幡《えばた》五郎
右は拙者の旅宿に見舞に来た。同人は元々大館家（佐竹西家）の家人で、諸国を遊学し、ついに南部家へ召抱られ、今度学館の造営で祭酒《さいしゅ》（学長）に任命されたそうだ。
一、夕食後に平元正の旅宿に咄《はなし》に行った。
※江幡五郎（通高《みちたか》、五郎は通称）は、生前の吉田松陰とも親交が深く、戊辰戦争後に処分を受けるが、その後釈放され、那珂通高として新政府に出仕した。

六月十九日

一、九条殿からの呼出で河野総一郎が出向いた。この二十二日に醍醐殿が出発、二十四日に九条殿出発の日程が示された。

その件で、岡本又太郎殿の御旅宿へ拙者（江間伊織）・平元正・岡内之丞・河野総一郎が集まって協議の上、参謀前山清一郎に問い合わせた。

「先日秋田藩に御入を仰出された時に、飛脚を国許《くにもと》に走らせました。その返事が二十二日ごろまでに来るでしょうから、その上で日程をお示し下さいと申し上げた。さらにいったん御入と言われ、又延期と言われ、又御入と言われたので、領内の者も甚《はなは》だ疑い、動揺もあるでしょう。その上脱走者など心得違いの者もいて心配です。ですから、御入の件は国許に連絡して、受諾の上で日程をお示し下さい。入らないでと言うつもりは全くありません。二十二日までにはきっと返事が来るはずなので、日程はそれまで待ってほしい」とお願いしたが、

「いったん日程を示された以上はどうしようもない。万一御入国の際に生保内《おぼない》辺りで騒ぎがあれば、戻っても構わない。もちろん待遇はどのようでも、後で不都合があっても構わない」、と言うので仕方なく岡内之丞・河野総一郎が受諾した次第だ。

一、今日南部家の御用人・御留守居や下役まで出会したいと申し入れがあった。

右は隣領でもあり、かつ昨年両家が関係を結んだので懇親したいと、柳川とかいう所に来てほしいと、江帾五郎がわざわざ来てくれた。午後二時半頃に柳川に行った。芸者らしきものが一四人程来た。夜十時半頃に帰った。

六月二十日

一、十八日の御用状が昨夜届いた。諸藩の形勢が変わり、仙台で決まったのは、秋田へ御三卿が纏《まと》まっても少しも心配ない。かえって列藩からの頼みもあり、かつ列藩が藩境に出兵した部隊もそのうち解散と探索の者が言ってきた。そこで今は何の問題もないので、秋田へ御両卿（九条総督・醍醐参謀）が転陣して鎮撫されることを（藩主が）言われたような取り運びを、小野岡右衛門殿が指示したと言ってきたので、平元正と協議した。先日の演説で、御両卿が秋田に転陣したらひたすら御鎮撫（に取組んでほしい）とお願いしたら、その御考えだというが、口上だけでは証拠にならないので、文書にして差出し、それに付札《つけふだ》を付て渡してくれるようお願いするのがよいと話合い、岡本又太郎殿に申し上げた。

※この記事は注目すべきだと思う。官軍受入に消極的だった秋田の藩論が、受入に転換したことを示している。その理由として「列藩からの頼み」を上げているが、その根拠は今の所見当たらない。また、この記述を読むと、方針が二転三転する官軍を、秋田藩サイドとしては口約束では信頼できず、書面での確認を求めたようだ。さらに、後述する会津藩士の官軍不信と同様の感覚があったのかもしれない。

六月二十一日

一、十九日に秋田を出た飛脚が午後十時頃に到着し、御用状が届いた。仙台で諸藩が話合い、九条殿と醍醐殿が秋田に入られても、諸藩は少しも疑念を持たず、かえって秋田に入ることを諸藩から頼まれた筋があり、他に支障もなく、御入国を受諾するように言ってきた。御留守居河野総一郎に受諾させた。

そうなれば、岡本又太郎殿・平元正・拙者（江間伊織）も他に御用もなく、その日の昼過ぎに南部表を出立（ただし、自分たちの出発は河野総一郎が届け出た）、雫石に一泊した。

六月二十二日曇夕後より大雨

早暁午前二時頃に雫石を出立。出立前に南部表詰の河野総一郎が言ってきた。

「南部藩御用人の米田貞機が、醍醐殿に付き添って生保内まで行き、（そこで醍醐殿に）使者を勤めたいと言ってきた。生保内に着いたらそこの見廻役黒沢祐蔵に話して、旅宿の世話をさせてほしい。なお南部様に自分たちが訪問した際は、六日間の食事の世話と帰国の際の人馬の賃銭まで下された。米田貞機殿が行った際は食事の世話を始め人馬の賃銭までもてなすよう、御役頭（郡奉行）小野崎要殿に伝えてほしい」（小野崎要は、小野崎通亮の父親）。

河野総一郎殿の手紙も小野崎要に渡して（生保内を）出立、日暮れ頃角館町に着いた。角館に一片からの御用状が届き、南部表での御用が済み次第（仙台に向かわず）帰るようにとの命令だ。岡本又太郎殿も生保内で御両卿を待受け、付添うよう命じられたと今日家老衆からの御達。それについて拙者（江間伊織）も同じく御両卿への付添を命じられたと言ってきた。又太郎殿に伺うとその通りということで、すぐに詰合吟味役の渡辺彦八郎が出かけて、明早朝に岡本又太郎殿と野拙（江間伊織）が生保内に戻るので人馬を提供するように交渉したが、

「明日は物頭が二人と二小隊で七十人余りが継立てる。それに石塚源一郎殿と駒木根昇殿もここで御昼と継立と言うことで、人馬が大変に不足している。ここは郡方ではなく、角館町で別の支配地で

もあり、加えて村の人馬の提供も難しく、二、三日前から指示されなければ提供できません。なお生保内は小さな村で醍醐殿の御宿にできるような家もありません」と言われた。

それで平元正の所に行って協議し、元々醍醐殿は生保内村に逗留して九条殿を待ち受け、二人揃って久保田（秋田）に行かれる予定だが、生保内は小さな村で滞在は難しく、角館に醍醐殿が逗留して九条殿をお待ちして一緒に秋田に入られることになる。であれば石塚源一郎殿が今日生保内に出向いて醍醐殿を出迎え、そのまま生保内に滞在して九条殿を出迎えて付き添うべきだ。醍醐殿は岡本又太郎殿が角館に待機して出迎え、醍醐殿が生保内から角館に入られる途中五里の間は、郡奉行小野崎要殿が付き添うべきだ。

生保内から引添うように命じられたのに、このようにしては恐れ入るが、二人の家老が手分けして付き添えば却《かえ》って丁重にもなり、人馬の費用も少なくて済む、そのようにしよう、と平元正殿が今日出立して、秋田に着いたら戸村十太夫殿にも報告することにして、それぞれのやり方を岡本又太郎殿に申し上げて、その通りに決めた。今日御城下（秋田）に向けて飛脚を差立て、その旨を同役（評定奉行）に報告した。

六月二十三日大雨

一、石塚源一郎殿・御用人石井定之進・御副役駒木根昇がここ角館で昼食をとり、生保内に行った。

一、醍醐殿は午後六時頃に御着きと駅場方に言って来たと、角館詰吟味役渡辺彦八郎から言ってきた。

六月二十四日

一、醍醐殿は今日（生保内に）御逗留だが、生保内に行った者たちから何とも言ってこず、岡本又太郎殿に断って左の通りの御用状を（生保内への出役に托して）出した。

（挨拶文省略）。岡本又太郎殿は今月二十一日に南部表を出立、二十二日に当駅角館町に到着。秋田から二十一日付の御用状が届き、生保内で御両卿を出迎えて付添うよう命じられ、自分も同様に命じられたと、戸村十太夫殿の御指示を秋田の同役（評定奉行）から言ってきました。それで昨日の朝生保内へ出立するはずが、人馬の都合がつかず、石塚源一郎殿・駒木根昇もここで昼食後、生保内に向かうので、岡本又太郎殿は当駅（角館）で御両卿を出迎え、そのまま付添うよう指示されました。なお平元正殿は昨日こちらを出立して帰りました。醍醐殿は昨日生保内に到着されましたが、今日は生保内御滞留のようです。何か訳あって御滞留なのか連絡があるでしょう。皆様いよいよ堅固で御勤め珍重です。拙者は変わりありません。

六月廿四日　　　　伊織

長瀬兵部　殿

小野崎要　殿

右は拙者に付けられた御小人運吉一人を生保内に向かわせた。

一、郡方吟味役渡辺彦八郎が、御両卿の通行には手不足、仕方ないので御用係を一人任じてほしいという。小野崎要殿にもそう伝えたそうだ。左の通り岡本又太郎殿に申し上げて、佐竹河内《かわち》殿(北家)

の家来小林惣助に申し渡した。

右は御両卿ご通行中、臨時郡方御用係に仰せ付けられる。

河原田数馬

※河原田数馬の屋敷は、角館武家屋敷で有名な「河原田家」。数馬自身が日記を残したが原本の所在は不明。山崎真一郎氏がこの日から八月十日分までの部分を書き抜いて「河原田家日記」の名前で残している。

一、佐竹河内殿の納戸《なんど》役川崎信助が言うには、
「御両卿の御泊所前の左右四ヶ所の番所・辻固め用の香図《こうず》羽織が四枚しか渡されず、当面どうしようもなく、御紋繁御験羽織を、兵隊には着せない指示ですが、今回は臨時に着せたい」、と願い出たので岡本又太郎殿に申し上げて、当座のことなので臨時に着せて、今後の例にはしないように記録して、そのようにするよう小林惣助に申し渡した。なお御紋繁御羽織を着る者にだけ御渡しの金笠を用いたいとの趣旨も臨時に許可した。これも今後の例にはしないよう申し渡した。

一、角館給人（佐竹氏の直臣で、北家や今宮家の組下になった家臣）石川新蔵人から真綿と笠が贈られた。息子の順治に花笠と旅胴乱《どうらん》が、御小人の敬三郎にも笠根花が贈られた。

※秋田藩では、知行地を与えられた家臣（「給人」）と扶持米《ふち》（月俸）を与えられる家臣の区別があった。給人の中で久保田城下に居住する「旗本」と、横手・大館など「所預《ところあずかり》」の指揮を受けた組下給人があった。

※香図羽織は、源氏香などの図柄の羽織で、必要な時に貸与されたようだ。因みに、秋田感恩講発祥地の記念碑にもその図柄（「花散里《はなちるさと》」＝藩主から下賜された拝領紋）が使われている。

一、生保内駅へ出した御用状の返事が届いた。
醍醐《だいご》殿は昨二十三日、生保内山中で険阻《けんそ》の場所を自分の足で越されたため、疲労で一泊御逗留と仰せ出されたと言ってきた。なお明二十五日に醍醐殿が角館町に御着きの節は、佐竹河内殿が城廻本町へ御出迎え（礼服で）するはず、その節貴殿（江間伊織）が付添って河内殿の名前を醍醐殿に披露し、そこから旅館に同道して万事お世話するようにと、石塚源一郎殿が指示されたのでお伝えします。

一、岡本又太郎殿は以前に御目通りしているので、御旅館前で出迎え（旅装で）、その節長瀬兵部が先着して披露し、そこから本陣に出かけてご機嫌伺いをした方が良いと、石塚源一郎殿が命じられたのでお伝えします。

六月二十五日　夕方五時頃から雨雷鳴
一、醍醐殿は今日午後二時頃に角館町に御着陣。その節佐竹河内殿は城廻本町まで出迎えた。拙者（江間伊織）が引添い、河内殿の御名前を披露した。そのまま御本陣まで同道し、ご機嫌伺いのために奥田左衛門尉殿に対面した。同人は諸大夫と長瀬が言っていたが、同人は諸大夫ではないはず、不審だ。
一、九条左大臣殿がこちらに到着まで、醍醐殿は御逗留とのこと。

六月二十六日

一、九条左大臣殿は二十四日に南部盛岡を出発して雫石《しずくいし》に御着陣。昨二十五日に雫石を出発して生保内に御着陣になった。今日一日御逗留と生保内に出役中の長瀬兵部・小野崎要・河野総一郎・駒木根昇から言ってきた。

六月二十七日
一、今日、九条殿は生保内を出発、梅沢村で御昼、午後二時半頃に角館に御着陣。その節佐竹河内殿へ引添いを命じられ、城廻本町まで出迎えた。九条殿御本陣へ御機嫌伺の節も引添いをした。
一、今日、九条殿への御目通りを命じられた面々は左の通り。醍醐殿へも同じ。
佐竹河内殿（裃着服）
岡本又太郎殿（旅装のまま）
石塚源一郎殿（旅装のまま）

右の三人が終って

御勘定奉行　長瀬兵部
郡奉行　小野崎要
御評定奉行　拙者（江間伊織）
御留守居　河野総一郎
御副役　駒木根昇

一、南部藩との釣合で係役から二人の騎馬御供を九条殿から命じられた。生保内から角館までは河野総一郎と駒木根昇が御供を勤め、角館から刈和野、刈和野《かりわの》から戸島、戸島から御城下までは、長瀬兵部・拙者・河野総一郎・駒木根昇の四人から二人ずつ御供に立つよう、石塚源一郎殿が命じられた。

六月二十八日

一、午前五時過に一番貝の合図、ほどなく二番、午前六時半頃に三番貝で、御両卿は角館町を出発、高野で野陣（御昼）、午後三時半過頃に刈和野駅に着陣。騎馬御供は長瀬兵部と駒木根昇で、拙者（江間伊織）は後から出立した。ただし角館町はずれで、岡本又太郎殿・河野総一郎・拙者が御見送りした。

六月二十九日　朝雨昼から晴

御両卿はますます御機嫌よく刈和野を出発。境で御昼、午後三時半頃戸島駅に着陣。その節長瀬兵部と拙者が騎馬御供を勤めた。

一、当駅（戸島）まで自宅から若党が二人、幕・看板類・合羽籠《かっぱ》まで持参した。挟み箱も取寄せたので明田《みょうでん》村の長吉も来た。

七月一日　天気

一、御両卿は戸島を出発、横山と二ツ屋《ふたつや》で小休、御昼をとらずに正午頃に御学館（藩校明徳館）に御着陣。騎馬御供は長瀬兵部・河野総一郎。石塚源一郎殿・小野崎要・拙者（江間伊織）・駒木根昇は戸島村はずれで御見送後に出立し、御両卿が二ツ屋で小休中に先に駆け抜けて、秋田城下に到着した。

一、沢殿も能代表を出発、今日明徳館に着陣。御三卿は三人とも今日から明徳館を宿陣とすることになった。
一、御三卿それぞれに御目通りを命じられ、表方の奉行や係役人たちと、東家（佐竹将監）・家老衆は礼服で、御供で着いた長瀬兵部・小野崎要・拙者（江間伊織）・河野総一郎・駒木根昇は旅装のままで、さらに沢殿に付添で着いた細川官助・萩庭彦七は旅装のままで御目見えした。
一、御三卿の御出迎えに縁まで御上《かみ》（藩主佐竹義堯）が御出でになられた。御三卿は唐門前で下馬された。
一、九条殿の諸大夫・参謀・会計・御用人に対面して今日の御喜びを申し上げた。次いで沢殿と醍醐殿の御用人に対面して午後六時頃に退出した。

七月二日
一、今日出勤すべきだったが、昨夜から腹痛と下痢で保養御暇（病気休暇）をいただいて、出勤しなかった。

七月十日まで保養御暇をいただき、十一日から出勤した。
※ここまでが「秋田藩士江間時庸日記」（第一冊）の後半部。

ここからはこの間の動きについて、「江間日記」以外の記録と対照しようと思う。

秋田藩の「御評定所日記」によると、

六月十二日

右は御用があるので仙台への出張を命じられたと、御政務所で月番の家老が直々に申し渡した。

御評定奉行　江間伊織

六月十三日

右は南部へ御使者として明十四日に出発し、南部の御用が済み次第仙台への出張を命じられたと、御政務所で月番の家老が直々に命じた。

御評定奉行　江間伊織

江間伊織は六月十二日に仙台出役を命じられ、翌日には併せて九条総督への使者岡本又太郎の引添として盛岡出張も命じられた。盛岡での御用が済んだら直ちに仙台に向かうようにという含みだった（『復古記』などいくつかの史料は、江間伊織の名前を欠くが、『維新史料綱要』や『秋田県史』の年表では江間伊織も明記している）。

この慌しい変更が腑に落ちなかったが、次に紹介する戸村十太夫の書状に関係するかもしれない。

「鶴山・右衛門へ十太夫より登城催促」（戸村文書六一『秋田県史資料　明治編上』）

追伸、御連名で申し上げるべきですが、それでは間に合わないかもしれませんので二通別々で差上げます。

（挨拶部分省略）。只今石井定之進が来て、途中で塩小路（光孚）へ対面して談判した次第を話しました。至急の事態です。早速登城して話し合いたく存じます。詳しくは御逢いして申し上げます。私もこれから登城します。早々敬々拝。

六月十三日

この件を『復古記』の「塩小路光孚筆記」では次のように記述している。

沢副総督に向けて六月九日盛岡出発、十一日久保田（秋田）経由で能代在陣の沢副総督と連絡に成功した。十二日夕方能代を出発、十五日に無事盛岡本陣に帰着した（とても公家の家臣とは思えない強行軍だ）。

その途中で、十一日に久保田で仙台藩・米沢藩の使者に見つかって衝突しかけたが、秋田藩の役人の仲裁で逃げることができたと書いているが、十三日に石井定之進や平元正と会見した記事はない。

工藤威氏は、「このような状況を受けて秋田藩は、同日、家老岡本又太郎を能代の沢副総督、さらには盛岡の九条総督のもとへの派遣を決定し、用人の石井定之進を能代へ先行させた。石井は途中で、能代より盛岡へ向かう塩小路の帰途に会い、その用向きを確認の上、秋田に引き返して復命し、秋田藩では急使を派遣して塩小路を停《とど》めた上で、用人平元正を急遽派遣して応接させた。この際に平元は九条総督の秋田への転陣の意向を伝えられたものと思われる」（『奥羽列藩同盟の基礎的研究』）と述べている（平元正「献芹録」の中に、その関連記事らしき記述が二行だけ書かれている）。後でこの時の塩小路の記録を載せるが、そこに石井や平元との話は一切なく、何事もなかったように「十二日午後四時頃、沢家御用済、能代を出発、忍びにて無事、十五日午前十時過頃、恙《つつが》なく盛岡本陣に帰着した」と述べている。

この状況で、恐らくは戸村・宇都宮・小野岡会談を受けて、盛岡在陣の九条総督に向けて、岡本又太郎・平元正・江間伊織の派遣が決定されたようだ。三人はほとんど不眠不休で険しい国見峠を越えて盛岡在陣の九条総督の下を訪れた。秋田藩内は「佐幕派」と「官軍派」が対立抗争していたように言われる。しかし実際は、「奥羽列藩同盟派」と「官軍を背景にした勢力」の主導権争いで、どちらも「勤王」を標榜した。当面どちらに味方するか、秋田藩の権力をどちらが握るかの対立抗争だったのではないか。

岡百八「公私日記」によると、

六月十三日

一、南部に滞在中の九条総督と醍醐参謀への使者に岡本又太郎殿を命じ、能代滞在中の沢副総督には石塚源一郎殿を命じた。明日出立するよう御用人金大之進と御膳番根岸司の取次で命じられた。それについて岡本又太郎殿へは御用人平元正・御評定奉行江間伊織が引添い、石塚源一郎殿へは御勘定奉行佐藤時之助・御用人石井定之進が引添いを命じられ、明日一緒に出立すると吹聴《ふいちょう》があった。

但し江間伊織は盛岡での用事が済んだら、直ちに仙台表への出張を命じられた。

平元正「献芹録」によると、

六月十四日

岡本又太郎殿・江間伊織（御評定奉行）・拙者（平元正）は九条殿への御用を命じられ、南部盛岡へ差急で出発、十五日夜に着いた。出発前に命じられて草稿を書いた御建白は左の通り、（一部抜粋して要約する）

「罪があっても悔悟《かいご》すれば寛典に処し、又万民の苦しみを除くとのお話です。願わくは松平容保《かたもり》（会津藩主）は先日降伏謝罪を嘆願しました。なにとぞ格別の御仁慈で御許しください。酒井忠篤《ただあつ》（庄内藩主）も罪状を一応御推問の上、その罪が明らかと悔悟すれば、寛典に処していただきたく存じます。有罪の者も追々お許しになっている折柄、松平容保だけは降伏しても許さないのでは、人心は方向を失い、混乱は収まらず、外国勢力がこの隙に乗じるかもしれません。なにとぞ大きなお心で、御鎮撫なされ、大乱の芽を摘《つ》み、聖徳を四海に光らせられるよう、伏してお願い申し上げます。皇国の御為に敢えて申し上げます。頓首《とんしゅ》謹言」。

官軍（奥羽鎮撫総督軍・副総督軍）の奥羽制圧は各地で抵抗に遭《あ》い、順調には進まなかった。旧幕府や大藩を相手にした危うい戦いでもあった。『復古記』の記事には、情勢の変化に対応して揺れ動く総督府の方針も記録されている。

五月十八日、仙台を脱出した九条総督一行の当面の目的地について、前々日の十六日に、塩小路刑部少輔は秋田藩の仙台詰留守居役岡内之丞に、「南部藩を経て秋田藩」に向かう旨通告した。

五月廿二日、一時帰国した岡内之丞はその旨藩庁に報告している。秋田藩庁は九条総督・沢副総督・奥羽列藩同盟の三者へ使者を派遣して当面の対応を図った。仙台に江間伊織・根岸靭負を、盛岡に河野総一郎・高久祐助を、大館在陣の沢副総督に川井小六・石井定之進が派遣された。

また久保田にはさまざまな情報が伝えられた。岡百八「公私日記」から一部抜き出すと、

五月二十二日、角館から次のような連絡があった。

このたび、九条様は南部から生保内《おぼない》へ来られ、二十四日は生保内泊まりとのこと。

五月二十三日には、その対応として御境目奉行奥山五平の派遣を決めた。

五月二十四日、新庄藩（戸沢家）家老からの書状。

九条殿は、当十八日仙台表御出立。尿前《しとまえ》から新庄領の小国《おぐに》を通り、新庄城下を経て、秋田領へ御立越、能代湊から御乗船なさるべき旨。

※このルートは「羽後街道」（「北羽前街道」）で、三月末～四月の川井小六・岡内之丞のルートを重なる。

※この点を問題視する議論は知らないが、九条総督一行は、さまざまな可能性を考慮して手を打っていたようだ。

九条左大臣を総督とする奥羽鎮撫総督府は、梅雨末期の大雨と洪水に妨げられながらも六月三日に盛岡に入った。総督府は南部盛岡へ沢副総督を呼び寄せようと、南部藩に打診した。藩主は受諾の意

向だったが、家老達の反対で断念したという。

六月五日、南部藩の拠点化に失敗した総督府は、津軽藩に弘前転陣を打診するとともに、秋田藩の拠点化に向けて本格的に動き始めた。さらに、官軍への協力に消極的だった南部藩でも、総督府滞陣の影響か、次第に変化してきた。藩主一門の南部監物が総督府を訪れて官軍への全面協力を申し入れたという。

この上は各藩の協定を破り、勤王のみに尽力し、その上で藩が滅んでもよい、と藩論が決まりました（『復古記』）。

この時点で南部藩は白河口への、仙台藩の応援要請を総督府滞陣を理由に断ったという（六月十七日付「会田多仲宛江間伊織書状」東山文庫）。

勝つためには手段を選べない局面があったことは、『復古記』を見ればよく分かる。最初は甘い言葉で誘い、後で話を覆《くつがえ》すくらいのことは多かっただろう。仙台脱出交渉時の九条総督らの態度の変化、南部盛岡での官軍の方針の変化、秋田藩への対応もその一環で捉《とら》えると分かりやすいだろう。その前にある会津藩士の認識を、『米沢藩戊辰文書』六月六日、三六「会津藩士柏崎才一報告書」から一部を抜粋して現代文に直してみた。

一、（前略）官軍のやり方は、最初は都合よく言うのでこのことは心得ておく必要がある。このたび仙台から佐賀勢を差回《さしまわ》し、九条殿以下すべて佐竹藩内に滞在の様子、全く彼の姦計に欺《あざむ》かれ残念至極と林三郎も悔しがっている。この辺りは皆が心得ておくべきだ。

確かに五月十八日に仙台を脱出した総督一行は、六月六日時点では秋田入りしているはずだった。しかし、実際は方針が二転三転してまだ盛岡滞在中だった（この報告書は、厳密には実態を反映してはいないことになる）。

長年京都を舞台に薩長勢と渡り合ってきた会津藩士は、「官軍」の表裏も見透《す》かしていた。しかし、秋田藩士は「同盟派」も含めて無条件に朝廷を尊崇《そんすう》していたように見える。（それは他の東北諸藩でも同じだったと思う。だからこそ、朝廷の命で高貴な公家を守衛する薩長兵の乱暴な振舞が東北諸藩の人々に極めて悪い印象を与えたのだろう）。

このように激動する情勢の中で、岡本・平元・江間三名は盛岡在陣の総督府への使者として派遣された。盛岡では会津・庄内への寛大な取扱と、武力を使わない東北平定を求めた。また、沢副総督滞在中の秋田領内への転陣はしばらく見合わせるように求めた。

岡本・平元・江間三名に対する総督府の対応（「塩小路光孚筆記」『復古記』）

六月十七日、秋田家老（原注、名忘却）と用人平元正が盛岡本陣へ来て、能代の沢様御本陣へ秋田藩から出役の者へ、参謀大山格之助から非公式にだが、総督が合流したら、会津、庄内に早速打入、奥羽各藩の中で嫌疑《けんぎ》のある藩に、問罪《もんざい》の使者を派遣するという話です。右の趣を右京太夫（佐竹義尭）が聞いて驚きました。これまでは、合流して直ちに御帰京の筈と聞いていたのに、右の大山格之助の演舌《えんぜつ》では、たちまち秋田藩は各藩からの怒りを受けることになります。（戦いには）きっと勝つでしょうが、万一うまく行かない時、（官軍は）きっとどこかに撤退するでしょう。そうなれば、佐竹家はたちまち各藩から攻撃され、一時に滅亡してしまいます。その辺りを右京太夫は特に心配しています。合流してどうするのか伺いたいと演舌した。それに対して、総督にそのようなお考えはなく、直ちに御帰京のはずだ。しかし太政官・大総督府から御帰京までに状況が変わって通達があればどうなるか、そこは何とも言えない。と返答した。

この筆記に江間伊織の名前はなく、岡本家老も名前を忘却されている。総督府側には平元正が実質的な中心人物と認識されていたようだ（また、この日付が「江間日記」では、十六日と一日ずれている）。沢副総督と参謀は、九条総督と連絡が付き、しかも総督が秋田に向かっていることを知って俄然強気になった。帰京を取り止め、所期の目的（会津・庄内の征討）に加えて、仙台・米沢などの征討も言い出した。秋田藩から盛岡に派遣された岡本以下三人は、それに強い危惧《きぐ》を示して総督の考えを質《ただ》した。それに対して、総督にそのような考えはなく、沢副総督と合流してすぐに帰京するつもりだ。と答えている。

秋田藩としては、何とか中立を保って戦争は避けたいが、平元正も江間伊織もそれが極めて困難なことは痛切に認識していた。「献芹録」によれば、平元自身は九条総督受け入れに傾いていたようだが、沢副総督が率いる薩長兵との合流を防ぐのは至難《しなん》のことだった。

この時、江間伊織が（慶応四年）六月十七日付で盛岡から久保田の会田多仲（評定奉行）に宛てた書状には、再度の仙台出役を命じられた際の進退窮まった立場や、（出役が中止されて）二度目の仙台詰が中止になったことへの感謝などが詳しく認められている。伊織は盛岡での用件が済み次第仙台出役を命じられていた。その後戸村十太夫の書状で仙台出張が取り消され、岡本家老と共に秋田藩領に戻り、改めて九条総督・醍醐参謀への応接役を務めるように指示されている（戸村十太夫から岡本又太郎に宛てた正式な指示の前に、内々に会田多仲からの知らせがあったようだ）。

もし、最初の指示通り仙台に向かっていたら、久保田での仙台藩使節襲撃の時点で、江間伊織一人だけが仙台で孤立し、その命も風前の灯だったろう。会田多仲宛の書状を示す。

会田多仲宛江間伊織書状（六月十七日付）
（内々で御披見を　　　伊織）
お手紙を差し上げます。甚暑中ですがいよいよ御安泰で御勤務、大変喜ばしく存じます。この大暑の中で日々の御出勤ことさらに御辛労千万と存じます。こちらも昨日申した通り、参謀前山清一郎と塩小路殿へ昨日色々と談判しましたが、沢殿の御考えはいかがなものでしょうか。九条殿には、鎮撫総督の職責を果たせず、近頃は鎮撫御征伐のお考えはなく、ひたすらご自身の不甲斐なさを（天皇に）謝罪の他は御考えにないようです。
それで（天皇に）御伺の上帰京したいが、その間は秋田へ転陣したいと色々お話しなされ、それを拒む言葉も見つかりません。そのうちに探索の者から岡（内之丞＝留守居役、少し前まで仙台に派遣されていた）が聞いたところでは、九条殿の御本心はそれに間違いないようです。しかし、沢殿・醍醐殿は会津と庄内は必ず征討し、仙台と米沢は厳しく問質《といただ》した上で征討の意気込みのようで、御二人は（御帰京を）御承知にはならないでしょう。仙台藩には奥羽合従《がっしょう》（奥羽越列藩同盟）の申し合せに見過せない嫌疑があるとのことです。南部藩の江幡《えばた》五郎という人、元は御国（＝秋田藩）の大館家人で、現在南部に召抱えられ学館の祭主（学長）に任命され、仙台藩へも度々《たびたび》派遣されて奥羽の一人と言われているそうですが。その江幡と平元が会談して、九条殿と醍醐殿は津軽から松前に向かう様子に取り計らえないか相談しましたが、中々難しいようです。しかしながら、九条殿は近々（秋田へ）ご出発と仰出されましたが、その中に秋田藩としては受け入れがたいことがあり、何とか御出発を延期するうちによい工夫方便があるのではないか……。

外部の話では、白河口（福島県）から官軍に侵攻され、官軍は既に桑折《こおり》（桑折町）近くまで進み、仙台藩は千人余り出兵しているそうです。その応援を願いに、昨夜当地へ仙台藩の使者が早駕籠《かご》で到着したそうです。南部藩は九条殿御滞在を理由に出兵を断った模様です。万一御二人が御出発になれば、白河口に応援の兵を出さねばならないので、お二人を引留めているようです。

江幡が平元と談合し、九条殿の出発を延ばしているうちに工夫もあるに違いないという具合を考えれば、外部で話されていることもあながち偽りでもなさそうな気配です。何とか平元の周旋《しゅうせん》が効果を上げるようにしたいし、それ以外の手段もなさそうです。しかしながら何とも取り留めもないので貴所様（会田多仲）だけで御心得ください。

一、仙台詰の命令が撤回され本当に虎口《ここう》を脱した心地です。命が惜しいわけでは全くありませんが、九条殿が秋田へ入国なされば、諸藩の軍勢が藩境から攻め込むという衆議(奥羽越列藩同盟の決定)があり、またお二人の御入国がなければ、越後へ応援の出兵を願われるだろうし、どう返事したものか困惑しております。その上大事件まで。

仙台出役に関して、色々取決めるべき都合も御伺せず、どう決めて返事をしたものか、たとえ家老衆が詰めたとしても、ことによっては困難なことに、自分ごとき分際《ぶんざい》の者が何と出役できるものか、恐縮の至りです。とにかく派遣が中止されて有難いことです。

結局の所は貴所様の厚い御引立てのお蔭と存じます。他に変わったこともありませんが、仙台藩への出張が中止された御礼に短文を認めました。遠からず帰った上できちんとお礼をするつもりです。頓首《とんしゅ》拝。

六月十七日　　　　　　　　　　(江間) 伊織

(会田) 多仲様

なお、息子さんの病気は全快したでしょうが、大暑中ですので、御大事にお気を付けください。

この時は、家老岡本又太郎 (元賢) に用人平元正と評定奉行江間伊織を添えて南部盛岡在陣の九条総督と参謀に対して会津・庄内への寛大な処置と開戦防止の建白・談判が目的だった。藩命に基づき、九条総督ら官軍本隊の秋田転陣を食い止めようと必死の工作をしていた三人は六月二十二日になって、総督一行の受入れを表明するように秋田からの指示を受けた。

この方針転換の説明として、仙台で前山清一郎の工作で、九条総督の秋田経由での帰京が了承されたこと等が挙げられる。だが、結局のところ、前山清一郎に仙台藩の重役が騙され、秋田でも沢副総督が「領内を通過できるだけでよい」と言って領内に入り込み、江間伊織らには「津軽経由で帰京するつもりだ。護衛の津軽藩の隊長も了承して津軽に向かっている」と言っているが、その後秋田城下で御三卿が合流すると、秋田藩に庄内藩への攻撃を強要した（形式的には、庄内攻めの先鋒を申し出た佐竹義堯の希望を認可した）。

つまり言葉は悪いが、秋田も仙台も官軍参謀等の策略に踊らされたのではないか。もちろん、仙台も秋田もそのことには気づいていて、何とか阻止しようと動いた形跡も窺える。しかし、結局は周知の通りになってしまった。先に引用した会津藩士の言う通りになってしまったわけだ。

盛岡で岡本・平元・江間らが九条総督一行の秋田転陣を穏便に阻止しようと苦心する中で、秋田藩は情勢の変化により総督府受入に転換した。

岡本又太郎宛戸村十太夫書状（控）（六月廿一日付）

（書出しのあいさつ文は省略）

一、今日の昼に岡内之丞が帰着。盛岡で取運んだ次第を委《くわ》しく報告しました。それで貴君（岡本）は二十一日に盛岡を出発。江間伊織を連れて、生保内で醍醐様の御入領を待受けて、九条様の二十五日の御入領まで逗留するよう命じられました。詳しくは両殿（佐竹義堯・義脩）へ報告して御承知で、急に御両卿（九条・醍醐）へ付添を命じられました。石塚源一郎殿が今日能代から帰るので、こちらも前もってお知らせの通り御出迎えと御付添を命じられたので御承知ください。

一、源一郎殿へは銃隊足軽を十人付けられ、調《ととの》えは御一同の通りです。貴君へも十人付けられるので、二十四日までにその地（生保内）へ派遣するつもりで命じましたので御心得ください。その他御供《とも》立《だて》のことも源一郎殿との振合も聞いて差支えないように、その向々から御家来へ言ってやるでしょうから御承知ください。なお毎日暑い中、とりわけ御辛労のこと深く御察しいたします。

一、江間伊織については急に御付添を命じられたと言っておいてください。平元正は盛岡で御用済ならば秋田までの御付添をせずに帰るように言ってください。それを申し上るためにこの手紙を書きました。近くお会いしましょう。敬々拝。

六月二十一日　　　　　　（戸村）十太夫

（岡本）又太郎殿　　　　　　　連名

岡本・平元・江間の三名は、この書状が届く前に盛岡を出発して秋田に向かっていた。伊織の日記によれば、岡本は翌二十二日に、角館でこの書状を受け取った。伊織の仙台駐在の解除はこの書状で正式に伝えられた（会田多仲の内報で、江間伊織は事前にこの指示を知っていたと思われる）。

角館への九条総督・醍醐参謀の受入と江間伊織たちの活動について、「北家御日記」と「河原田日記」から、一部抜き出してみる。

（なお、六月廿二日、平元正が久保田へ帰る途中、角館で北家当主佐竹義尚《よしひさ》に御機嫌伺に出ている。）

六月廿四日
一、打合せの用向きで（小林）惣助が昼前に江間伊織の旅宿に行き、午後六時頃に帰って詳しく報告した。
　※小林惣助は、佐竹北家で家老職を務めていた。

六月廿五日
一、醍醐殿は生保内村から今日角館へ御出なので、午前六時半頃の供揃で城廻村本町まで御出迎えに行った。同所の橋向へ陣屋を構えさせて控えていた。御評定奉行江間伊織が私の付添を命じられたと陣屋に来た。茶菓子などを出した。御行列が見えて、私は裃で同処橋のたもとの東の方へ、（江間）伊織の付添で出た。菊之御紋旗から下座した。御供の内から来た人に手札を渡した。ただし「秋田中将一門佐竹河内」と認《したた》めた。披露は伊織だ。御行列が通ったので、元の所へ引取り、着替えて帰館した。裃を着用して間もなくの供揃で（醍醐殿の）御旅館へ御機嫌伺いに行った。お疲れとのことで御逢いできないとお断りなされたのですぐに帰った。

六月廿七日
一、九条殿が生保内村から今日角館へ御出なので、午前九時頃の供揃で城廻村まで御出迎えに行った。（江間）伊織が来たので、茶菓子など弁当の料理で酒を出した。出張の場所などその様子は醍醐殿が一昨日御通行の通りで、御供の内から私が控えている所へ、手札を取りに来た人に渡した。その人が「秋田中将殿一門佐竹河内」と披露した。御行列が通って元の所へ引き取り着替えて帰った。裃を着用して間もなくの供揃で、九条殿の御旅館へ御機嫌伺いに参上したが、少し早すぎたようで、家老岡本又太郎と石塚源一郎の二人が、新町の武村屋喜兵衛宅に控えていると（江間）伊織が言うので、ちょっと同人宅へ立寄った。（以下略）

郡方が人手不足ということで、角館給人の河原田数馬を臨時に郡方御用係に任命した。彼はその頃の日記を残し、一部を山崎真一郎が書き抜いている。「北家御日記」は『秋田県史』などに引用されているが、「河原田日記」は見た記憶がない。一部を紹介したい。

（六月廿六日）
醍醐殿が生保内から梅沢村の清右衛門方の御小屋に御安着。宮田治右衛門（御本陣）へ、手札を認めて（長瀬）兵部殿と一緒に用人奥田左衛門尉を訪問した。

（六月廿七日）
醍醐殿が（角館に）御滞留し、九条殿が生保内を出発して梅沢で御昼を摂《と》り、もうお着きなので（佐竹）河内殿、（岡本）又太郎殿を初め諸役人が武林喜兵衛の店へ控えた。それから小林治右衛門方へ御出、台所座敷で控えた。九條殿が御目見を命じられた。河内殿・又太郎殿・（石塚）源一郎殿・御勘定奉行長瀬兵部・郡奉行小野崎要・御留守居河野惣一郎・御評定奉行江間伊織・御用人石井定之進・御副役駒木根昇・武将簗《やな》早太・田中數馬・御医者近江周達、大忙しだ。生保内へ出した御駕籠が間違っていると兵部殿から指摘され、宮田（本陣）の方へ御駕籠を引替のことを八木□《不明》助へ話して御伺済み。兵部殿から「御用の節はこの者に命じて下さい」と御断りなされた。岡本又太郎殿が御出になり、二階へ案内して御休息、（奥田）左衛門尉へ御伺した。河内殿も御出、手元（自分）が御刀を持ち、（江間）伊織殿が御付添、（奥田）左衛門尉へ御通しした。醍醐殿は御休息のため後でということだ。御馬と乗替の馬二頭を馬屋の外へ小屋掛したが、御馬屋の者が右小屋のため柵が外せないと言って、治左衛門の蔵の廊下へ急にこしらえる差図をした。

焼酎五合・玉子三十・糀《こうじ》（粕）三貫目必要とのこと。その他大豆・莨《たばこ》等さっぱり手配してなかった。馬盥《たらい》等もなくて大慌てだった。御夜食をお召上の時まで詰合ってから退き、小林治右衛門方を指図した。馬屋を始め台所へ板敷・上座敷をこしらえておいた。

御前へ差出すので、御詰所から付添い、伊藤某が御風味をさし出した。……（略）

両殿へ付添って出府の向触《さきぶれ》を指出し、（長瀬）兵部殿の旅宿である平福へ招かれて酒を飲んだ。

（六）藩内闘争と仙台藩使節襲撃事件

七月一日、九条総督と沢副総督は秋田の久保田城下で合流した。これは薩摩・長州・筑前の三藩に佐賀・小倉二藩の兵力の合体を意味する。倒幕の中心薩長に加え、近代工業の導入と兵器生産に成功していた佐賀藩の合体は、戦闘経験においても軍備の質量においても秋田藩を圧倒した。

新式銃で武装し、戦闘経験豊富な千数百人の官軍に砲術所生など秋田藩内反体制派（彼らは近代戦の訓練を受けていた）が合体した勢力が、旧式の秋田藩の軍事力を圧倒したことは容易に想像できる。

その圧倒的な軍事力を背景に、秋田藩を拠点にして、会津・庄内・仙台などへの攻撃に着手した。結果的に三か月前の大村益次郎の演説「秋田を足掛かりに……」（『復古記』）が成就したことになる。久保田で合流した官軍は、（五）で述べた秋田藩との事前の確認に反する行動に出た。そして秋田藩に対して庄内出兵を再度迫った。それでも秋田藩首脳部の腰は重く、しびれを切らした官軍首脳部は付属の五藩兵（薩・長・筑・肥・小倉）に先鋒願を出させるとともに、砲術所生など秋田藩内の同調勢力に対する働きかけも強めた。官軍への合流に慎重な重臣の襲撃を画策していた砲術所生らの動きを、久保田滞在中の仙台藩使節襲撃に方向転換させて、秋田藩全体を官軍側に引き込む策略を講じた。

秋田藩の戊辰史は、藩論の統一と仙台藩使節襲撃について、以下のように理解されてきたように見える。

七月一日から城中で奉行などの表方（「外官」）が機密会議を開いた。議論は難航したが、三日目にようやく「勤王論」でほぼ一致を見た。結果は家老に報告され、家老が藩主に報告しようとした。しかし用人・膳番に拒絶されて引き下がった。怒った奉行たちが刀を提《ひっさ》げて御用局に乱入しようとした。その時藩主の官軍に同調する決意が示されて、秋田の藩論は「勤王」で一決した。

さらにもう一つ、砲術所生らの決起に促《うなが》された家老小野岡右衛門が早朝に登城して藩主佐竹義堯を説得し、その指示を受けて砲術所生らに襲撃を許可した。

この時点で藩権力の主導権争いで「中立」派の優位が失われ、さらに仙台藩使節の暗殺によって、藩を挙げて官軍に合流することになった。秋田藩は奥羽越列藩同盟諸藩を攻撃する先鋒となった。

根本通明「従軍経歴」などいくつかの史料では、御用局に乱入した奉行として江間伊織の名前もあるが、この頃、評定奉行江間伊織は、夏風邪《かぜ》による腹痛と下痢のため十日間の保養御暇を取っていた。伊織が病気休暇中に、官軍への合流が決まり、砲術所生らが仙台藩使節を襲撃した。秋田藩庁の何人かは、仙台藩使節襲撃の動きを察知して、彼らを無事に逃そうと努力はしたが、結局襲撃を防ぐことも使節一行を逃すこともできなかった。その顛《てん》末も少し紹介しておきたい。

岡百八「公私日記」の七月四日の記事から、

（家老小野岡右衛門が佐竹義堯に官軍への合流と仙台藩使節襲撃を迫った後）、

一、右以前に御用人平元正が思い付きで御学館へ行き、参謀大山格之助へ内談の上、隊長二人へ大山の指図《さしず》で談判したそうだ。帰って交渉経過を詳細に用人・膳番へ伝えた。もっての外《ほか》不届きの交渉内容で、皆が当惑した。（平元）正の参謀等への交渉内容は失言というべきか。この談判は皆にも全く相談せず、同人の一存で他に致し方もなく、同人だけの無調法《ぶちょうほう》というものだ。

一、御用人・膳番皆が（藩主から）呼ばれ、御居間で御用があった。今朝（小野岡）右衛門殿が参上した件についてだ。

ただし、その時平元正は御学館へ参上していなかったので出なかった。

一、（戸村）十太夫殿から日暮に、御用人根岸靭負《ゆきえ》・膳番拙者（岡百八）を御呼出。（藩主に）仙台使者云々の件は一通りお知らせせし、詳しくは調査の上言上しますと仰せ上げた。

一、右以前夕方五時半頃、（藩主が）拙者を召出され、仙台の使者は何とか助命したいので、人数を出して説諭させるように家老達へ申し渡すように命じられた。両人（根岸・岡）が揃って家老衆が御列席の所へ申し達した。

ここには、平元が官軍参謀に働きかけて、砲術所生らによる仙台藩使節襲撃を阻止しようとして失敗したこと。戸村十太夫が用人・膳番を通して佐竹義堯に仙台藩使節襲撃を報告したこと。佐竹義堯も仙台藩士らの命だけは助けたいと望んだこと、は窺える。それを具体的に実行する手段として、平元正「献芹録」には、仙台藩士を舟で御物川を遡上《そじょう》して逃そうという試みが書かれている。また砲術所頭取見習の佐藤日向《ひゅうが》（信昭）の日記によれば、根岸靭負がそのような事態を避けるために、砲術所の幹部である佐藤日向に助力を依頼している。しかし、その努力は実を結ばず、仙台藩使節襲撃は実行され、秋田藩は全藩を挙げて官軍に加わり、奥羽越列藩同盟に戦いを挑むことになった。その結果、藩内の三分の二を戦火で荒らされ、多くの犠牲を払うことになった（使節襲撃の様子と助命の試みを、実行者の手記で後述する）。

江間伊織の日記の二冊目は、これ以降の秋田藩の動きを記録している。

第二冊は、第一冊と違い江間伊織自身の記事はほとんどなく、藩士への申し渡しや官軍からの「達《たっし》」がほとんどである。これは「役前《やくまえ》日記」・「評定処日記」のための記録を基にまとめたものか、あるいは軍事係として受理したものと思われる。同盟諸藩との開戦初期の秋田藩の動きが分かる史料だと思う。

「秋田藩士　江間時庸日記」（第二冊）から、七月一日～四日まで抜書。

（御三卿への敬称が「殿」から「様」へ変化している。）

七月一日

九条左府様、醍醐少将様、右御両卿様への御付添を命じられ、戸島駅村外れに（石塚）源一郎殿・小野崎要・駒木根昇・拙者（江間伊織）が出て御見送りの後、戸島駅を出立した。

一、御両卿様は横山で御小休、二ツ屋で御小休、その節拙者どもは追い越して先に御学館（明徳館）に到着した。

一、沢三位様も能代から今日御学館に御着陣され、御三卿様は一時に落合われ、それから御学館が御三方の御陣営とされた。

一、御三卿一人一人に御目通りを仰せ付けられ、一片係役々と待機していた面々は裃着用で、御付添として到着した者は旅装のままで御目通りを仰せ付けられた。

七月二日

一、今日出勤のところ、昨夜から夏風邪のため腹痛下痢で、保養御暇をいただいた。

御政務所物書　浅利総助

右は（岡本）又太郎殿に引添いを命じられ、南部表へ向かい、角館駅に宿泊中の先月二十七日から逆上を煩《わずら》ったので、保養御暇を願い出て同二十九日に帰ったと昨日届け出た。

右同人（浅利総助）

めまい煩で医者児玉三省の療治を受けていたが、出勤の見込がないとの診断で、願の通り右の御役御免。代理人田中忠太郎へ、（菊地）長右衛門が（渡辺）多門の立会で申し渡した。

鈴木吉左衛門

右は御評定奉行で御小人差引役支配を勤めているが、昨一日から中気煩で、医者吾妻道益の療治を受けていたが、この節出勤の見込がないと同医の診断を受け、御役御免を嘆願したところ、ゆるゆる保養するようにと代理の大内武治へ（菊地）長右衛門が（渡辺）多門の立会で申し渡した。

御評定奉行
鈴木吉左衛門（五十二歳）

高五十石（本田）
大御番一番
嫡子
鈴木直治（二十六歳）

右は昨一日から中気煩で医者吾妻道益の療治を受けていたが、この節大病になり、自分（吉左衛門）が病死の時は嫡子直治へ相続させたいとの意向なので、そのように命じて下さるよう願っているとのこと。（御上に）言上の上、追って仰せ渡されるだろうと、（菊地）長右衛門が（渡辺）多門の立会で申し渡した。その日に病死と嫡子直治が届け出た。
※この件に関して、鈴木吉左衛門は城中会議の成行きに憤激して切腹したとの説がある。また会議の参加者として、根本通明は鈴木を含む七名、会田多仲は鈴木を除く六名を記載している（脳卒中での急死を切腹としたか、あるいは逆か）。山崎真一郎氏は会議そのものに疑念を呈している。

御勘定吟味役
川崎久左衛門

右は御勘定奉行兼銅山奉行を命じられたと、御茶屋上ノ間で月番の家老が直に申し渡した。

右同人（川崎久左衛門）

右は田所《たどころ》勘兵衛と交代して、大坂一年半詰を命じられた。仕度ができしだい船で出足するようにと、御政務所で月番の家老が直に申し渡した。

七月四日
宇和島の御前様が御逝去。広間に御機嫌伺いの御帳を差出されたので、休日だが御用のある家老と役人が出席した。
一、今日午後五時頃だろうか、仙台藩の使者、御用人の志茂《しも》又左衛門と応接係の内崎《うちがさき》順治、右の両人と供の者まで合せて八人を討ち留めたという。実は御三卿の内命との言い訳で、砲館員の仕業という。二人を生け捕った。
その中の一人は南部藩下人を間違って討ち殺してしまったそうだ。右の討ち取った者を五町目橋

詰に梟首《きゅうしゅ》した。捨札《すてふだ》は左の通り、（以下原本ナシ）

※『大日本維新史料』の写本では「（以下原本ナシ）」と記載されている（併せて「原本江間寛治所蔵」との記載がある）。

七月一日に、総督府と副総督府が久保田に着いて、御三卿（九条・沢・醍醐）が合流した。その同じ日、仙台藩使節（正使志茂《しも》又左衛門、副使内崎順治）と共に根岸靭負が帰着した。根岸靭負が仙台藩使節を案内してきたことになる。会田多仲の覚書でも狩野徳蔵『戊辰出羽戦記』でもそう記されている。

この前後の沢副総督・大山格之助らの画策と砲館員らの動きを、砲術処総裁見習佐藤信昭「御用日記」（東大史料編纂所蔵）から見てみよう（井口糺の日記にも関係する記述がある）。

七月三日

一、同日午後四時過ぎ手紙で催促。その文言は左の通り。

御用があるので早々登城して下さい。（中略）御書付を渡された。左の通り、

沢殿から御学館に詰合役人を御催促だが、他にいなかったので長瀬兵部を出したら、庄内征討の先鋒を五藩（薩・長・筑・肥・小倉）から願い出たので、願の通りに命じられたと御達があった。ついては四方の御境口を固められるので、これまでの通り鎗隊では不安に思われるので全て銃隊になされるので、早々に人数を取調べて指出すこと、以上。

七月

一、同夜、沢殿から命じられたことについて、役所で相談があったが、断って出勤しなかった。

七月四日

一、昨晩、役所で相談した件で、砲館の人数が（石塚）源一郎殿宅へ迫って騒々しく、配下のことなので今日欠勤届を出していたが、直ちに出勤した。（中略）、昼過ぎに惣評になって、評儀一決した。

一、その昼後、官軍の岩谷季三郎・金輪五郎の両人が、沢殿から言ってきた。

一、午後二時頃に登城し、御用番（小鷹狩）源太殿へ、砲館の人数が、拙者共は押し留めたが、強引に仙藩（仙台藩使節）を討ち取ると言って制止できず、同人共はもうやって来たと御届けした。それから下城の途中に、御用人根岸靭負へも右の様子を内談した（靭負への内談では元々そうならないように頼まれていたが、制止できなかったと言った）。

一、その晩、仙台藩使節を討ち取った。

根岸靭負も仙台藩使節襲撃を防ぐ手段を講じていた。佐藤日向（信昭）への依頼もその一環と思われる。しかし、砲館員たちは上役である佐藤日向の制止も聞かず出動してしまった。佐藤日向はその事を御用番の家老小鷹狩源太と襲撃の防止を依頼した根岸靭負に報告したことになる。

官軍の力を背景に砲術所員らが蜂起した訳だが、彼らの認識を見てみよう。

「正義（勤王）」派の蜂起と重臣の対応（秋田藩士宇野弥三郎の手記）から

宇野弥三郎（秋田藩士）手記に言う。七月一日、御三卿が久保田へ御転陣。同二日に旦那（原注、佐竹義堯を指す）を招いたが、病中で家老石塚源一郎が参上したところ、賊徒征討のための出兵命令、石塚源一郎は承り、旦那へ報告しようと退出した。又々御陣所へ参上し、重臣共で相談して答えたいので、返事を少し待ってほしいと願って退出したと聞いた。同志の者共が重臣の相談の趣旨を探索したら、翌三日になっても御答がなく、その頃仙台藩の用人志茂又左衛門という者が来合わせており、奸吏《かんり》共と万事相談して、内実は奥羽各藩の盟約をもっぱらとして、表には弱兵と言って、反対意見を封じ込め、内外の奸吏共が奸舌《かんぜつ》を振って、前九年・後三年等の古実《こじつ》を引き、彼等の謀言を上意（藩主の意向）と世間に流し、「奥羽の多くの国境に強力な兵力があり、征討といって領外に微弱の兵士を出撃させても、対応できない事件なので、ひたすら国境を守るより外なく、御三卿へそのように願い出るべき」との趣旨の御答に決断したと伝え聞き、当惑のところ、薩、長、筑三藩の内から、先鋒を願い出ていると聞いて恐惑し、国家の大事件で天朝に対して恐れ入るので、一人一人奸吏を誅《ちゅう》し、旦那へ迫って、速《すみや》かに出兵、賊徒征討の建言をいたすべく同志共が相談した。よくよく考えたら、奸吏共を誅すことは簡単だが、その仲間も多く、もし蜂起したらさらに国乱が生じ、賊徒征討の大事を誤り御三卿へも申し訳ないので、ひとまず重臣へ談判を尽くし、止むを得なければ、その重臣から手始めに奸吏を誅し、旦那へ迫っても遅くないので、なるべく平穏に行動して、急ぎ出兵になるように取り運ぶことに決めた。同夜家老小野岡右衛門へ行ったら、外出中で行き先不明と取次の者が言ったので、仕方なく引上げ、探索したら、石塚源一郎宅に奸吏共が集まっているという。直ちに行って面会し、同志共の思いを談判し、国家はもとより天下の大事、天朝に対して実に恐縮の次第、又御鎮撫使である御三卿はどのように取扱われるか、かつ仙賊志茂又左衛門や付添の者共に天誅を加えなければ、勤王の実情が通じない等、いちいち議論してようやく小野岡右衛門が承服し、ならば同志の考えを言上するので、ここに控えているように言って登城した。旦那は以前から勤王無二、朝廷のために国を尽して亡びることは覚悟の趣を前もって布告していたので、早速同志共の建言を取上げて、このような大事件とは全く知らず、始めて驚き落涙したそうだ。すぐに旦那の直書で左の通り申し渡された。

　天朝の御為と当家存続の申出の趣旨は神妙の至り、頼もしく満足している。ついては朝七時頃に御三卿へ参上して先鋒を願い、早速出兵を命じるので、沙汰があるまで静かにしているように。なお詳しくは演舌で申し含める、以上。

　　七月四日

　演舌

　この上ながら、国家のために尽力し行動すべし。かつ仙賊へ天誅を加えるよう命じられた。

　そこでその日の内に志茂又左衛門始以下付添の者共へ天誅を加えた。（以下略）

（「宇野弥三郎手記」『復古記』十二冊』）

※宇野弥三郎は、能代在住の藩士、維新後の藩治日誌に名前が見える。

　この三週間ほど前に、事件の前触れと言えそうな出来事があった。六月十一日、秘密裡《り》に沢副総督と連絡を付けようとした総督府の使者が久保田城下で仙台藩や米沢藩の使者に見つかって危機に陥り、秋田藩の役人の仲裁で何とか逃れるという事件があった。

塩小路光孚家記に言う。六月、…（中略）…十一日午前十一時頃、秋田城下茶町の旅籠屋《はたご》に着いた。…（中略）…、食事中に仙台藩だと言って案内もなく、内崎順治、石森詰之助が提刀で推参し、乱暴に言った。…（中略）…内崎、石森両人が言うには、「今の話は通り一遍の御答、どうか本当のことを細大漏《も》らさず話してほしい」、と暴言を以て厳しく迫ってきた。（福島）礼助、（塩小路）光孚は大いに心を痛めた。それに続いて名前は忘れたが、米沢藩の某《なにがし》が来て、その際福島礼助が大声で、「総督府の用向きを取糺《ただ》すのは失敬だ、控えろ」と、互に抜刀しそうな勢い、そこへ小木山平右衛門がしかるべく挨拶に及び、その透間《すきま》にその場をかろうじて遁《のが》れ、早足で湊宿を経て順路を取り、同夜十二時過に無事に能代の沢家在陣へ安着した。今日の秋田城下茶町の一件は、実に大苦痛だった。町掛り役小木山平右衛門は誠義の人と察せられた。（「塩小路光孚筆記」『復古記』十二冊）

※「小木山平右衛門」は小貫山平右衛門の間違いか。「貫」を「メ」に似た表記をする例があり、「江間日記」の写本では「小ノ山平右衛門」と表記されている。小貫山平右衛門は銅山方吟味役として院内銀山に詰めたこともあったが、仙台藩使節襲撃事件の後、七月十七日に町所取次役から郡方吟味役に抜擢されている。

仙台藩使節襲撃について、岡百八「公私日記」には、次のように記している。

七月四日（小野岡）右衛門殿が、今朝御門明ごろに御出勤。御茶屋上の間で、当番の同役（膳番）を呼出して（義堯へ）御目通りを願った。直に御居間で御用を申し上げたと（前沢）東市から伝えられた。右の御用筋について、右衛門殿へ御直筆で御書付を渡されたと伝えられた。但し渋江内膳を始め、右衛門殿の御宅へ、昨夜半に来て申し立てた事柄についてのことだ。又仙台からの使者について云々、これも東市から伝えられた。その節、御用人・膳番共一同を御催促で、早朝に出勤して右の伝を一同承った。石井定之進・根岸司は不始末で少々遅刻して出勤。午前七時前、右衛門殿が退出された。右の御用筋を申し渡した様子だ。嘆息の至《いたり》だ。

佐竹義堯が仙台藩使節殺害まで命じたかは分からない。しかし砲術所生等が使節を襲撃すること、その陰で官軍参謀大山格之助らの使嗾《しそう》があったことは承知していたと思われる。官軍に与《くみ》して庄内征討に出兵はするものの、仙台使節の命は助けたいと望んだようだ。助命の試みの一つが砲術所総裁見習佐藤日向への根岸靭負の働きかけで、今一つは（藩主・内官一同の意向を受けた）平元正が官軍本陣に乗り込んで行った談判だったと思われる。しかしこれらの試みは失敗し、官軍は秋田藩に対し、さらに強圧的に臨むようになった。官軍参謀の工作が彼等の最も望ましい形で成就したことになる（『復古記』では「東征日誌」を引用して、使節襲撃は沢副総督の家臣の脇屋式部・滝川内蔵介らの行動としている）。

平元正「献芹録」によると、仙台藩使節襲撃は事前に察知されていた（小野岡が佐竹義堯に話し、義堯から用人・膳番に伝えられた）。義堯は勿論、用人・膳番とも使節の襲撃には反対なのだが、薩摩・長州・筑前・肥前・小倉の五藩の精鋭部隊と秋田藩で蜂起した勢力を前に彼らは無力だった。それでも努力だけはしようと、平元正は彼等の期待を背負って官軍の本陣である御学館に向かった。平元正

「献芹録　信」から、その部分を引用する。

七月四日朝、当番の膳番岡百八からすぐに登城するように言ってきた。午前七時前に登城したら、両役（用人と膳番）が盛んに話合いをしていた。いきさつを聞くと、薩長人が仙台使者を殺す企てがある。砲術所の面々が、官軍にやらせては立場がない、こちらから先に手を下そうと騒ぎ立てている様子だ。これを阻止《そし》しては、おのずと戦争になってしまう。どうしたよいか分別が付かない様子だ。それでさしあたっての考えだが、両参謀へ談じて阻止させるのはどうかと発言したら、全員が同意して、少しでも早く談じるようにとしきりに急き立《せ》て、今にも使者を襲撃するような勢いだから、早く早くと言われ、取り急ぎ御学館へ行き、大山格之助・前山清一郎へ談じた。

「聞くところ、薩長の面々が仙台使者をどうにかなされる様子です。合戦《かっせん》中は矢石相交るの間にも使者の往来があるのは、昔からの習わしですが、未だ戦争にもなっていないのに、先頃から来ている使者を城下近くで害されては、右京大夫においても見過ごせません。御二人の御働きで何とか阻止するよう幾重にも御願いします」と申し入れたところ、

「それは旅宿の者等（仙台藩の使者）が狼狽《ろうばい》して言っているのだろう」と（大山）格之助が言うので、

「拙者は使者の懸念から言っているわけではありません。ともかくよろしくお頼みします」と申し入れた。しばらくして、

「薩長の両隊長が来ているので彼等の話を聞いてほしい」と格之助が言うので、対面して姓名を訪ねると、

「薩州和田五左衛門、長州桂太郎」と答えた。さて桂太郎が言うには、「これまで薩長人が粗暴だと方々で言われて、主人（長州藩主）に対しても申し訳なく思っている。しかしその話の本《もと》が不確かなため放置していた。只今の件は太守様（佐竹義堯）の御耳にまで聞こえて、御使者に御出ということならば確かなことで、これこそ穿鑿《せんさく》の絶好の機会です。徹底的に取り調べてほしい。自分たちもぜひ吟味に加えてほしい」。（以下略）

と開き直られ、情報の出所を追及されてしまった。綿密に打合わせて談判に行けばよかったが、藩主が小野岡右衛門から聞いた話だとは口が裂けても言えない状況だった。万事休した平元は引き下がるしかなかった。しかし全く手を打たなかった訳ではない。「献芹録」からさらに引用する。

右両隊長へ対面する前に、同役（御用人）への書状を御城まで持たせて、両隊長へ談判している間に、砲術所の人数は誰かによくよく説得させ、仙台御使者は船で御物川を上《のぼ》って立退《たちのか》せるよう言ってやった。

（一度原稿を出した後）後藤寅之助（亩外）『秋田戊辰勤王史談』も読み直した。七月四日の仙台藩使節襲撃事件の顛末について、当日実際に参加した遠山規方《のりまさ》（直太郎、大正四年当時陸軍少将）の手記を基にまとめた記事があった。仙台藩使節襲撃を防ぐ、あるいは救出を図った動きについても書かれている。以下に概略を示す。

まず、狩野徳蔵『戊辰出羽戦記』への批判として、以下三点を指摘している。

① 当日の襲撃メンバーの氏名が違う。

② 川田五郎太夫（新庄藩士）呼出の事実はなかった。

③ 藩論勤王一決の顛末と海岸戦争の記事が間違っている。

次いで、仙台使節襲撃当日の動きを具体的に回想している。

• 吉川《きっかわ》類助（忠安）の指示で、豊間源之進が襲撃メンバー十人を選抜した。惟神《いしん》館員が多く、砲術所員が三名と少ないと不満が出て一部入れ替えた。

• 決行日時を七月四日八ツ時（午後二時頃）とし、駅場方の豊間が仙台藩使節の宿を変更させ、移動の途中を襲う手はずとした。しかし、予定の刻限を過ぎても連絡がないので、八ツ半（午後三時）頃に二手に分かれて旅宿に向かった。途中、急ぎ足で来る豊間に出会った。（豊間に）「今時何で来たのか」と言われ、訳が分からず互いに言い合った。怒った豊間が刀を抜きかけ、対する遠山も構えて睨《にら》み合った。豊間はそこから急いで砲術所に向かったようで、数人がその後を追った。遠山たちは旅宿の隣家の庭に潜んだが、豊間の異常な様子に合点がいかず、乱心あるいは異常な事態が起こったかの判断もつかず、刺客一同は逡巡していた。遠山が先陣を切って突入した。正史志茂《しも》又左衛門らが見付からず、旅館の主人親子を責めたが、「知らぬ存ぜぬ」の一点張り、刀の棟で殴ろうとしたところに、豊間が戻って仲裁して旅館の親子を助けた。その後志茂らを見付けて討ち果たした。

最初に襲撃したのは五人だった。豊間と共に来た者や見物に来ていた者が加わり、人数は大きく増えた。

- 決行直前に、戸村十太夫の命令で、足軽を三組出動させ、「市中取締」として茶町に派遣し、襲撃を妨害しようとした。当番の副役信太《しだ》房之助がその命令を取り次がず、物頭を欺《あざむ》いて呼び出し、戸村の命令を阻止した。戸村は、吉川忠安を呼出し、襲撃中止を厳しく命じた。吉川は出頭を引き延ばし、出頭してからも抗弁して時間を稼ぎ、その間に襲撃は実行された。報告を受けた戸村は閉口嘆息、吉川は静かに退出したという。

これは後年の手記だが、実行者による回想なので重く受け止めるべきだと思う。砲術所や惟神館の関係者ら多くが参加したが、実際の襲撃に際しては様子見の者が多く、見極めがついてから加わった者が多かったと暗に指摘しているようだ（ただし、事件から五十年近くが経過し、当人の人生経験も微妙な影響を与えているだろう）。

また、この本は、全体として根本通明「従軍経歴」とそれに基づく記事を否定し、砲術所員など吉川門下生の活躍を顕彰する傾向が強い。その点も留意が必要だろう。

角館給人の河原田数馬は総督府の付添として久保田に来たが、用事が済んだので角館に帰るように言われ、駅場方に人馬の手配を求めたが応答がなく、七月五日の朝に駅場方へ直接出かけた。（以下日記から紹介する）

駅場役所へ向触を出したが、直接出向くか手紙を出せというので、手紙を出したが返事がなく、取込の様子なので直接出かけた。茶町の庇《ひさし》に死骸があった。駅馬方の豊間某（源之進）へ交渉した。馬一疋でいいだろうとの返事だ。明朝は（官軍が）御出兵繰出とのことで人馬が差支える様子だ。

※河原田数馬も惨劇の跡を目撃していた。駅場方の豊間源之進は、使節襲撃に加え、翌日からの官軍の出陣に備えて人馬の割当て・動員に忙殺され、手紙などへの対応は後回しにしたが、本人に直接来られたので、何とか馬を一匹手配したのかもしれない。豊間源之進はこの後佐藤日向隊に属して出陣し、七月十六日（このわずか十一日後）に女鹿《めが》村（山形県遊佐《ゆざ》町）で戦死した。嫡子彦太郎はわずか八歳だった（二〇〇頁参照）。

家老戸村十太夫は仙台から戻った後は体調を崩して引籠《こも》る状況だった。この時の戸村十太夫の病状はかなり深刻だった可能性もある。そう判断するのは、戸村宛の書状（金大之進・小野岡右衛門・石母田但馬・山野主馬らから）で例外なく病状を気遣《づか》う表現が見られるからである。また小野岡右衛門の病気申し立ては、自分に無断で平元を官軍参謀に派遣した藩主佐竹義堯への抗議だったようだ。

戸村十太夫はこのような体調不良を抱えながら、厳しい内外情勢に対処しなければならなかった。代々の十太夫は大坂冬の陣・銀札騒動（秋田騒動）など秋田藩の危機回避に貢献してきた実績があった。今回も藩主佐竹義堯は全幅の信頼を寄せ戸村を頼りにしていたようだ。しかし、外からは官軍と奥羽越列藩同盟、内からは砲術所生らという内外の圧力で身動きが取れなくなっていく。それでも身分（佐竹一門）・実力（前横手城代・組下預で実戦部隊を擁していた）・識見・行動力（藩主名代などとして京都・江戸・仙台にも実際に駐在している）を具《そな》えた人物は他に見当たらない状況だった。秋田藩の指導者としては、内戦は絶対に避けなければならず、外からは「引籠り」の状態に見えても不思議はないように思われる。

岡百八「公私日記」は、先の「嘆息の至りに候」に続けて、次のように記している。

一、（戸村）十太夫殿から、日暮に御用人根岸靱負・同役（膳番）拙者を御呼出で、仙台の使者云々の件を一通りお知らせして、詳しくは調査の上申し上げる旨仰せ上げられた。

一、右以前の夕方五時半頃、（藩主が）（根岸）靱負と拙者を呼ばれ、仙台の使者は何とか助命したい。人数を派遣して説得させるよう家老衆へ申し渡すように仰せ出された。二人（靱負・百八）は揃って家老衆が列席の所へ行き（藩主の言葉を）申し渡した。

この記事と、前日夜から当日（七月四日）の出来事を時系列で見ると、

① 官軍と砲術所に仙台藩使節に対する「不穏な」動きが見えた。
② 砲術所生らが小野岡右衛門に強要して、藩主に官軍への合流と仙台藩使節襲撃を迫らせた。
③ 藩主側近（用人・膳番）は対応に苦慮し、平元正を総督府に派遣して説得を試みたが、失敗した。
④ 藩主佐竹義堯・家老戸村十太夫らが助命に動くが、砲術所生らが仙台藩使節を襲撃した後だった。

藩主義堯と用人・膳番たち、家老戸村十太夫、それに仙台藩使節と共に帰国した根岸靱負は、それなりに手は打っていたようだ。

藩主・家老・用人、それぞれの立場で仙台藩使節を無事に返そうという試みはあった。しかし、薩長に肥前藩が合流して強大になった官軍と砲術所員の蜂起に対抗することはできなかった。

この事件を境に、奥羽越列藩同盟の決定を守ろうとする人々は失脚し、秋田の藩論は官軍一色に染まった。すぐに「庄内征討」に向けて急速に動き始めた。

(七) 開戦と秋田藩の動き

七月四日の仙台藩使節襲撃事件は、秋田藩論を官軍支持で統一し、他の同盟諸藩への宣戦布告に等しい結果をもたらした。秋田藩を組込んだ官軍は、七月六日庄内征討に向けて海岸通りと院内口(山形県側からは新庄口)から攻勢に出た。岡百八「公私日記」七月十二日条では、次のように記録している。

昨十一日大山若狭が指立《さした》てた飛脚がただ今到着。十日夜に新庄領へ官軍が打入り、及位《のぞき》駅の後ろ山に仙台・米沢・庄内の兵が三百人余り駐屯していたので、放火して陣屋を焼払い大勝利と報告してきた。藩主に報告した。

その件を仙台藩で千石取りの目付役兼外人応接係であった渋川助太夫の日記(「日新録」)では次のように記録している。

岩手山《いわでやま》（大崎市岩出山）勢が新庄口の金山《かねやま》で戦争。新庄藩が官軍に抜け道を教えて秋田と内通。御国勢は挟み討になったそうだ。（御国勢が）十一日百三十人ほど到着、岩手山へ早着、直ちに岩手山から六百人ほどで出兵。新庄を乗っ取り、戸沢口へ進んだという。中山・軽井沢（大崎市鳴子）へ官軍勢が四十人程来たという。十四日夜から十五日朝まで、火の勢いが激しく見えたそうだ。新庄を焼払ったそうだ。梁川《やながわ》御備頭（播磨）は討死というが、実否は不明。

一、但木《ただき》左近殿からの返事で、梁川御備頭・五十嵐監察が討死したので、田村様（一関藩）が岩手山から御出陣と評決。私も今晩出立して岩手山へ行くことになるはずだと言ってきた。

金山の戦いで、先制攻撃した官軍は新庄藩の内通もあって最初は勝利した。この戦いで仙台藩は隊長の梁川播磨を始め三十六人もの戦死者を出したという。しかし、仙台・庄内・米沢など同盟軍の反撃で、官軍は敗北を重ねていく。

ここから再び「秋田藩士江間時庸日記」（第二冊）を見ていく。戦争中の秋田藩の戦死者への対応や人事異動などの様子がよく分かる。

七月五日　　　　平元正

右は追って仰せ渡されの旨があり、御用人を免職、遠慮を命じられた。

御財用奉行　石川東

右はこの節の形勢により、仙北筋（仙北・平鹿・雄勝三郡）への上使を仰せ付られた。御政務所において月番の家老が直に申し渡した。

御副役　駒木根昇

右は同様に下筋《しも》（秋田・山本・河辺三郡）へ上使を命じられた。

上意の覚

この度、奥羽鎮撫総督九条左府殿を始め、副総督沢三位殿・参謀醍醐少将殿が転陣して来られ、軍議の上庄内征討の先鋒を任され、今月の六日に軍将始め出兵を仰せ付られた。ますます切迫の形勢になったのでいつ出兵を命じられるか知れないので、以前から言われていた通り、急ぎ準備しておくこと。かつ又藩境向を始め一郷御警衛のことは、これまで御委任の所で現在の形勢についてはなおさら厳重に取締・防禦の手筈《てはず》を御聞きになりたく、上使として駒木根昇を派遣するので、総じて十分に話し合い、有事に当たっては迅速の手配を整え、各卿（九条・沢・醍醐））の応接等も事前に話し合っておくこと。国家の大事であり、少しも軽挙暴動の行為がないよう、皆の心を一筋にして忠勤を励むように仰せ出された。

七月

七月六日　　無役回座《まわりざ》　酒出《さかいで》和泉

右はこの度真壁安芸配下の検使を仰せ付られて出陣。小屋見継《みつぎ》（支援）のため実弟喜代治・季吉の二人を同道したいので差支えなければ願の通りに命じてほしいという。願の通り代理の佐野五郎太へ（菊地）長右衛門が（渡辺）多門の立会で申し渡した。

※回座は一門・引渡に次ぐ家格で、「宿老席」ともいう。

御相手番　梅津小太郎

右はこの度軍将を命じられて出陣するので、同族梅津久四郎の実弟富治を同伴したいので右同断（願いの通り申し渡し）。

※御相手番は家老に次ぐ重職。

※梅津小太郎は梅津本家（「大梅津」）の当主、久四郎は広小路家の当主で、共に梅津半右衛門憲忠の子孫。

平元正

右は不調法の儀があり、御条目によって蟄居《ちっきょ》を命じられたと、町所に於いて（菊地）長右衛門が（渡辺）多門と御目付（内藤）新一郎の引添で申し渡した。

七月七日

真壁安芸

右は軍将として新屋《あらや》口（秋田市南部）へ出陣を命じられたが、以前から脚気《かっけ》煩《わずらい》で岩屋省達の治療を受けており、すぐには全快の見込みがないとの診断を受けた。これによって出陣の免除を願い出たという。（藩主が）御承知と代理の湊助作へ（渡辺）多門が申し渡した。

古内左惣治

（真壁）安芸の代りに軍将に任じられ、この七日出陣を命じられたので、実弟富之助・慶治を同道したいと願い出たという。願いの通り代理の立原順蔵へ（渡辺）多門が申し渡した。

七月八日

佐竹将監

右は今度御取調の旨があり、大手内と渋江内膳脇へ士《さむらい》番所を建て置かれた。同所の御通行の際は笠を取ってお通りください。番人がお辞儀します。なお、駕籠に乗っている時は、そのまま御通り下さいと同人の家来へ（菊地）長右衛門が（渡辺）多門の立会で申し渡した。

※佐竹将監は「東家」の当主。東家は代々藩主と家老を後見する立場。

七月九日

御評定奉行　白土右門

右は御人繰《ひとぐり》で評定奉行を罷免と（菊地）長右衛門が（渡辺）多門の立会で代理の古尾谷喜右衛門へ申し渡した。

片岡龍蔵

右は先月二十六日、小宅三左衛門に代って勘定吟味役を仰せ付られた。

右は御人繰で勘定吟味役を免職。　　遠山理助

右は追って仰せ渡されの旨があり、遠慮を仰せ付られると。　　金大之進

右は不調法のことがあり、御条目で用人兼勘定奉行銅山奉行を解かれ、蟄居を命じられた。　　右同人

右は親大之進の無調法で納戸役を解かれ、親と同様（蟄居）を命じられた。　　金時之丞

七月十日

休日だが御軍事御用があり、家老と役（人）が出席した。　　佐竹大和

右は（佐竹）近江が病気で養生叶わず、当八日午後五時頃、病死したとの御届。（藩主が）御承知と代理の田中数馬へ御政務所に於いて月番の家老が直々申し渡した。

※佐竹大和は「西家」当主で大館所預。近江は大館第十代所預・佐竹義茂《よししげ》のこと。

七月十一日

一、拙者は夏風邪で当月一日から保養御暇（病気休暇）をいただいていたが今日出勤した。
加えてこの頃の形勢なので家老一人・勘定奉行・評定奉行・御副役一人ずつが泊番をすることになったというので今日直ちに泊番を勤めた。

御財用奉行　高久祐助

右は勘定奉行で銅山奉行の兼帯を仰せ付けられた。

御境目奉行見習　熊谷直之助

右は境目奉行を仰せ付けられた。

大御番　神沢龍蔵

右は小野宗蔵に代り大御番組頭を仰せ付けられた。

※神沢龍蔵の姉「ヒサ」が、伊織の嫡男「宇平治」の妻。神沢龍蔵は「素堂」と号し、明治時代には「四如堂」の再建や「責善学舎」の経営をした。

高瀬権平

布施銀平

右は去年の冬に（藩を）脱走したが、朝廷と国家の為に周旋尽力したことも聞えたので、格別の思召で前後の例に拘《こだわ》らず召返され、御宛行《あてがい》を下し置かれたことを親類へ仰せ渡された。

髙橋傅吉

右に同じ。親類の吉田均へ仰せ渡された。

右はこの秋から京都一ヶ年半詰。その間御留守居兼帯の心得で向かうこと。

高久祐助

なお明日十二日に土崎湊から乗船して京都へ登るようにと御用番（家老）が直に申し渡した。

御副役　樋口忠蔵

右は高久祐助に代って御財用奉行に仰せ付けられた。

御副役　渡辺多門

右は御取調のことがあるので貢士《こうし》と京都詰を隙明《ひまあき》にされると御用番が直に申し渡した。

※貢士は、明治政府の議事所に藩の代表として参加した藩士。秋田藩などは定員二名。

七月十二日

一、若殿様は八月中に御元服と以前から仰せ渡されていたが、延期し、（元服の）頃合《ころあい》は追って仰せ渡されるだろうと仰せ出された。

一代徒並《かちなみ》御中屋　渡辺総助

右は今年まで御奉公五六ヶ年、抜群の出精《しゅっせい》、深切に勤め少なからず御入劣等になる儀もあり、格別の御取調によって永近進並御膳奉に召し立てられる。同人は病気なので、親類渡部惣蔵へ（菊地）長右衛門が（駒木根）昇・（渡辺）多門の立会で申し渡した。

中山謙吉

右は親隆吉が先般の庄内征討の際に討死した。大坂御陣での討死と同様の取扱をされる旨を親類の田中喜八郎へ拙者（江間伊織）が（渡辺）多門の立会で申し渡した。

大御番　寺内久兵衛

右は嫡子郡司が討死、右と同じく申し渡した。

一、例年通り盆前の御用を仕舞《しま》い恐悦申し上げた。

七月十三日

例年の通り、休日だが御用のある家老と役人は出席した。

七月十四日

小鷹狩源太

この時期の形勢について、横手へ明日十五日軍装で出張と知らされた。

御軍事方頭取　藤井此面

右は（小鷹狩）源太殿へ引き添い横手へ右と同じ。

御目付　加藤左門

右と同じ。

御政務所物書　武所新右衛門

右と同じ。

七月十五日・七月十六日（記事なし）

七月十七日

御膳番大山学助によって渡された、

御直書（佐竹義堯の直筆の書）

このたび新庄で官軍が大勝利。快然のことだが討死者もいると聞く。西国からはるばる下って来て、天朝のため一命を捨て忠誠無二、実に悲しみ憐れむべきことで、厚く葬送したいが、時節柄資金が不足し残念である。

せめて魂魄《こんぱく》が安らぐように葬り、近くの寺院で供養させるよう係に命じた。

七月十七日

なお出兵将卒の内討死の者は右の趣意に基づきそれぞれ手当を申し付けること。

御勘定奉行　　川崎久左衛門

右はこの秋に田所勘兵衛と交代で一年半の大坂詰を命じられた。二十一日か二十二日の出発予定を申請し、二十日に許可された。

佐竹大和

右はこのたび御境取締のため矢立《やたて》峠へ番屋を立て、番兵組頭兼鉄砲頭一人・使武者一人・戦士二十五人・鉄砲与力三人・足軽十人を置いた。当十一日、陣場村へ出し番屋へ日々交代で詰め、間道《かんどう》の取締のために、大石渡《おおいしわたり》村・大野村・清水川村へ組下の者を二人ずつ、籠谷《かごや》村・赤沢村へ同じく三人ずつ、その日に出したと届け出たそうだ。（藩主が）御承知。

※矢立峠は津軽藩との藩境。秋田藩は津軽藩に対する警戒も強めた。

大御番　坂本銈治

右は砲術所詰役並への任命を拙者（江間伊織）が多門の立会で申し渡した。

大御番　石井銀治

同　谷田貝三之丞

右は砲術所物書に任命された旨拙者（伊織）が多門の立会で申し渡した。

御町所物書　石井監物

右は町所取次へ任命された旨を拙者が多門の立会で申し渡した。

駅場御用係　大川弥一郎

右は石井監物に代って町所物書に任命された旨同断。

大御番　那珂新之助

右は大川弥一郎に代って駅場御用係に任命された旨。

大御番　山本兵衛

右は戸沢中務大輔様（新庄藩主）が湯沢へ御到着につき使者に任命された旨、拙者が多門の立会で申し渡した。

小栗忠蔵

右は駅場御用係に任命された。

町所取次役　小貫山平右衛門

右は田代宇太に代って郡方吟味役に任命された旨。

大御番　出市太郎

右は町所取次役に任命されたこと。

大御番　安藤半助

小野崎新蔵（鉄蔵？）
青柳忠治

右は周旋方に任命し、岡本又太郎殿の差添《さしそえ》として上京を命じられた旨、多門が拙者（伊織）の立会で申し渡した。

大御番　加藤敬吉

右は鈴木吉左衛門に代り、御評定奉行に任じられた。御茶屋上之間で月番老中（家老）が直接申し渡し、大御番から抜いた旨を大御番頭福原敬助へ月番老中が手紙で申し達した。

青木左司馬

右は人手不足なので、申立遠慮を免ぜられた旨代理の小野崎直記へ（会田）多仲・（渡辺）多門が申し渡した。

七月十八日

小栗勇馬
瀬谷作左衛門
豊田直太郎
皆川金太郎
石井福治

右は御小人指引役加勢に任じられた。

右は御小人指引役に当座の加勢を命じられた。

渡部市三郎

七月十九日

右はこの秋京都一年半詰を命じられた旨、御政務所で月番老中が申し渡した。

御副役　萩庭彦七

御刀番　川井右馬助

右は新屋《あらや》口の軍将渋江内膳その他の御用を命じられ、明日二十日出発すること。

大御番　中嶋慶十郎

右は御小人差引役当座加勢を命じられた。

七月二十日

大御番組頭　飯村直蔵

右は金沢主税に代り市中取締回勤を命じられた旨、拙者（伊織）が（田代）宇太の立会で申し渡した。

津軽藩　白取惣四郎

昨夜（久保田に）到着した旨、町奉行に届けがあった。

鈴木忠助

右は奥付役に命じられた。

関久米助

右は先頃から眩暈《めまい》症で医者平川宗俊の治療を受けていたが、勤務可能な状態に回復する見通しが立たないと、同医師の診断を受け、親の藤太郎と親類の諸橋弥八・関伊三郎の添書で免職を願い出た。（藩主へ）言上の上許可する旨を、代理の石川豊太へ（会田）多仲が（渡辺）多門の立会で申し渡した。

七月二十一日

御用番（家老）は（石塚）源一郎殿、今日から拙者（江間伊織）と（田代）宇太が役前《やくまえ》。

川方本〆《しめ》役　杉山伊八郎

右は川崎久左衛門に代り御勘定吟味役を命じられる。

大木屋《おごや》御普請役　石川道之助

右は杉山伊八郎に代り川方本〆役を命じられる。

大御番　大野雄治

右は御記録方の御右筆《ゆうひつ》を命じられる。

知久平之丞

右は病院会計方下役を命じられる。

大木屋御普請役加勢　厚木数馬

右は石川道之助に代り大木屋御普請役を命じられる。

同当座加勢　安藤伝治

右は厚木数馬に代り大木屋御普請役加勢を命じられる。

大御番　仁平金弥

右は安藤伝治に代り大木屋御普請役当座加勢を命じられる。

筒崎宗順

右は御三卿様御旅館御用係を命じられる。

北条清治

右は鈴木忠助に代り薪方見回役を命じられる。

奈良岡才助

右は御人繰で御割役所定加勢物書を免ずる。

小田内源治

右は奈良岡才助に代り御割役所定加勢を命じられる。

御副役　萩庭彦七

右はこの秋京都一年半詰を命じられたが、吟味で隙明《ひまあき》の旨仰せ渡された。

御副役　渡辺主馬

右はこの秋京都一年半詰を命じられる。

近進御役者　関根永三郎

右は実弟甚八が今度佐藤日向隊に属して出陣し、この十六日に女鹿《めが》で討死。

豊間源之進

一、高百一石八斗七升五合

内九十三石四斗七升三合　本田

同　八石四斗升二合　新田

右は佐藤日向隊で六日出陣し、十六日に女鹿村で討死の届があり、今年八歳になる嫡子彦太郎が若輩なので親類の山下鶴治・藤井栄之進から御届して、嫡子彦太郎へ遺跡を相違なく引き継がせる旨、山下鶴治へ拙者（江間伊織）が（田代）宇太の立会で申し渡した。

嫡子　豊間彦太郎

御茶屋番　芹田佐太郎

右は荒川久太郎隊の銃隊兵士として今月六日出陣し、十六日女鹿村で討死の報告があったと、親類芹田多仲・真崎泰治から御届があった。身寄りの者に家跡《かせき》を継がせるように御膳番が代理の西村直衛へ（江間）伊織・（田代）宇太の立会で申し渡した。

山本兵衛

右は戸沢中務大輔様への御使者として湯沢駅まで出かけ、御用が済んで今日帰ったという。

七月二十二日

宇和島　御前様の御法事を闐信寺《てんしんじ》で御執行。今日同所で御帳を差し出されたので、参じた。今日泊り番なので、休日だが夕食後から出勤した。

七月二十三日

御政務所加勢物書　深谷和一郎

田崎官三郎

右は御政務所御物書を命じられる。

無役廻座　介川《すけがわ》作美《なるみ》

右は御評定奉行を命じられ、格別の思召で公務人に差し出される旨、御茶屋上の間で月番家老が直々申し渡した。

※公務人は、明治初期の立法府の議員。政府各官・諸学校・各藩から代表が送られ、審議を行った。

右同人（介川作美）

右はこの秋に上京して京都に一年半詰。なお岡本又太郎と一緒に出発するように、御政務所で同断。

川井小六

右は今日支配所（仙北郡・平鹿郡）を廻在した。

御用人　飯塚伝也

右は先頃から塞症で広瀬玄清の薬を服用していたが、早期には出勤の見込みが立たず、病気届を提出し、（藩主が）御承知。

小田野立栄

御小人　喜三郎
右は御人繰で本艸（草）兵頭を免職。
右は今月十六日、庄内三崎で苦戦して討死。喜三郎の跡株《あとかぶ》は子供へ下さるので、子供がいなければ身寄りの者を立てるよう御小人指引役篠田易五郎へ（会田）多仲が（田代）宇太の立会で申し渡した。

七月二十四日
御留守居にて御評定奉行助力　岡内之丞
右は金大之進に代り御用人を命じられた旨、御茶屋上之間で月番老中が直々申し渡した。
御茶屋坊主　小林清意　六十三歳
嫡子　小林勇喜　三十三歳
五人御扶持
御給銀七十目
右遺跡願は言上の上許可される。
辰七月十九日に長崎を出帆し同二十三日に秋田湊へ着船した、沢右衛門権佐様御使者。
土藩（土佐）　石田英吉
薩藩（薩摩）　大河平治兵衛
今日到着した長崎からの兵三百五十人、（全体では）およそ五百人位。

覚

筑州（黒田）　千人、　内六百人は遠からず到着の予定。
佐賀（鍋島）　千人。
島原（松平）　二百人、　ただし明後日頃当地着とのこと。
平戸（松浦）　二百人、　右同断。
大村（大村）　二百人、　同断。

右の官兵は全部当地に到着ということで、今日到着の分は長崎兵隊である。右は七月二十三日夜に萩庭彦七が出勤して、（沢）右衛門権佐様の直書を持参し、上（藩主）へ差上げた。「御国は奥羽の内一藩だけ正議」とのこと。

※この話が後年一人歩きして、秋田藩だけが奥羽越列藩同盟を脱退したような誤解につながったか。

一、（石塚）源一郎殿が（伊織を）陰に呼んで言われた。今月二十一日・二十二日に闐信寺《てんしんじ》での御法事の時、係は樋口忠蔵・川井新三郎で拙者（石塚源一郎）共が出席の際、係役人まで迎の筋なのか、上り口左の方三畳敷へ行くものと心得ており、かつ下座触《げざぶれ》も配慮がなかったとのお話を受けて話合った。色々説もあるようですが、心得違のないようによく伝えますということで、今回はそれで了承された。その旨を忠蔵と新三郎へ申し伝えた。

七月二十五日

一、武石角助がこの三月中に閉門御免になった際、御番入願を申し上げて「組外」と命じられるべきところ、勘違いで自分勝手に組外のつもりでいた。そこで、何とかとりなしをと御物書大越小吉から内談があり、同役で話合って、（戸村）十太夫殿へ拙者が内談して、三月中に申し立て、その際に「組外」と命じられたことで了承を頂いたことにして、その旨を大越小吉に申し渡した。

佐竹三郎殿組下湯沢給人　齋藤忠一郎
佐藤甚九郎

右は申立遠慮がこの二十三日で三十日になるので、この日に（家老に）伺いを立てるべきだったが、（自分の）勘違いで今日伺って遠慮御免を屋敷番に申し渡した。

七月二十六日

一、御政務所の御物書田崎官三郎を頼んで、左の通りの口上書を差出した。御用繁多という理由で、申立遠慮は即刻御免と仰せ渡され、十一時半頃に出勤して、老中に御会いして済み、下ってから直ちに御用番（石塚）源一郎殿へ出向き御礼を申し上げた。

口上

私は御副役田代宇太との組合で今月二十一日から役前を勤めている時に、佐竹三郎殿組下の湯沢給人齋藤忠一郎・佐藤甚九郎が六月二十二日に申し立ての通り遠慮を命じられました。そこでこの二十三日で三十日になるので、その時に遠慮御免を御伺せず延日なってしまったことは、不注意の極みであり恐れ入ります。このため遠慮を致しております。
※秋田藩の刑法では、謹慎処分が五種類あった。「申立遠慮」は最も軽く、日数は三十日以内であった。

一、御三卿様からの御達。
当藩へ
今度深浦湊《ふかうら》（青森県深浦町）で引揚げられたライフル銃百挺を下げ渡すので、残り百挺を急いで御本陣へ差出すこと。
辰七月二十六日
当藩

明二十七日八時頃、（藩主が）出馬して今度着陣した振遠隊《しんえん》の調練を御覧なさるようにと仰せ出された。もちろん戦地同様の心得で一切仕構（設営）等をせぬようにとのお達しである。
※振遠隊は、長崎で結成され、ライフル銃等で武装した最新鋭の西洋式軍隊。
右の通り仰せ出されたが延引、又々御夕飯後に御出馬、御覧になられた。

一、七月二十五日の夜明け時、戦争の状況報告が、今回は早打で来た。
一、及位《のぞき》から二丁（二〇〇ｍ）ほど向うの生根坂（主寝坂《しゅね》）へ院内・湯沢・横手勢八十人程の番兵を置いていたが、庄内藩が夜中から三、四十人も番小屋後へ忍回り、夜明け方に不意に攻撃したため番兵達も応戦したが、相手方の人数がだんだん増えて五、六百人となって前後から取巻かれ、弾薬も打尽していたため、仕方なく一方を切抜けて引き上げた。負傷者三人位で他に行方不明三人、この者は隠れてでもいるものか、あるいは向うへ捕まっているものか。

一、朝五時半頃旦那（大山若狭）の陣屋へ合戦の状況が注進され、直ちに出兵して杉峠下まで出張したところ、長州・肥前・小倉三藩の兵が追々駆付けたが、双方共引上げた後で、若旦那とその実弟とも杉峠の守備が手薄と判断してこちらへも出張した。時刻は九時過ぎ頃。

一、十時半頃に及位《のぞき》村の百姓から、庄内藩の兵士五百人程が只今及位村へ下り食事中と注進があり、三藩の兵が新庄勢と旦那の手勢と合せて四方から手配して押寄るはずです。その後はどうなったか、私は出発した（ので分かりません）。

一、朝五時半頃に御国御紋の御旗（五本骨月丸＝佐竹氏の家紋）が一本見えたので味方と思っていたら庄内兵で、この頃は（佐竹氏の）御紋の羽皮金笠で出兵しているそうです。

一、敵国は仙台・米沢・会津・山形・上ノ山と合せて六ヶ国であり、とても薩摩・長州・肥前・小倉兵では攻め込みようもなく、そのうち着船する上方勢を待つということです。（援軍が）着いたら、すぐに出兵を沢様へお願いしたいので昨夜到着して直ぐ（沢様の）御旅館へ申し立てました。以上。

大山若狭内　江畑孫兵衛

七月二十七日　太田茂治

沢様からの御達

この度諸口へ出兵の面々は戦士以外に無益の従卒等を多数連れていると聞く。長期の在陣中、費用等は勿論、そのうち官軍も到着するが、ついに国力も尽きてしまうようでは朝廷に成功の報告もできなくなる。早々出張先に（従卒等を）撤退させるよう命じるべきだ。旧弊《きゅうへい》に拘《こだ》わり軍将等も尊大な態度で無益の従者を従えることは厳重に禁ずると早急に申し渡すべきである。

秋田

辰七月

秋田江

右は院内口が手薄で応援のため出張していたが、しだいに官軍も到着しているので、以前の通り矢島口への出張を命ずる。なお別紙で命じた通り戦士までを引まとめ、無益の従者等は省《はぶ》くようにすること。

梅津小太郎

辰七月

※官軍の多くは、銃隊を中心に構成されていたが、秋田藩では、一騎の武士に数人の従者が従う戦国期以来のスタイルだった。銃砲の発達で戦闘が変化する中で、秋田藩の部隊は次第に足手まといになったようだ。

一、今日の夕飯後から、御三卿と御上（藩主、佐竹義堯）は藤森へ出られ、この度到着した長崎の兵隊三百七十人と調練を御覧になり、日暮に御帰城なされた。

若殿様は御服忌《ぶっき》で御延引なされた。

一、明日泊番の所（中川）健蔵と替り泊番を勤めた。

七月二十八日

来月五日（新規の）出仕を仰せ出された。御病後なので御長座は御迷惑のため二十人に限って出仕を申し渡すように仰せ出された。

※ここまでが「秋田藩士江間時庸日記」（第二冊）の内容。

日記の第二冊は、七月一日から七月二十八日まで約一ヶ月間の記録だが、ほとんどが評定所の申渡と官軍からの達で占められている。伊織自身が久保田にいて、評定所の仕事に専念していたようだ。また、ここに見られる人事の記録からは、藩内闘争の「勝者」と「敗者」の浮き沈みも窺われる。藩内闘争で多くの血が流される藩もあったが、秋田藩ではそこまではいかなかったようだ。明治維新後の秋田藩政に対して多くの批判がある。「維新の四大事件」などを見ると、未だ実態には謎があり、歯がゆい思いに駆られるが、それでも水戸藩や仙台藩のような藩内対立の遺恨から多くの血が流されるようなことは、（志賀為吉襲撃事件を除くと）避けられたように見える。

（八）軍事方兼小荷駄奉行として各地を転戦

「秋田藩士江間時庸日記」（第三冊）は、七月二十九日から十月七日まで（八月六日〜九月七日分が欠ける）の記録。

七月二十九日

（戸村）十太夫殿から呼出。昨今の情勢に対応して院内方面に出張を命じられた。藩境の取締と小荷駄奉行の心得で兵粮《ひょうりょう》の準備等万端支障なく取り計らうよう指示された。同役（評定奉行）中川健蔵も命じられた。横手を経て院内へ向かう途中、諸事相談することと、明日大急ぎで出立することを指示された。

八月朔日

一、朝七時過ぎに御城に出勤した。

一、戸村十太夫殿と真崎兵庫殿がお揃いで、大山若狭へ軍令と条目を執達・お渡しなされる。上使がお渡しすべきだが、至急のことなのでそのことを話した上でお渡しするよう指示された。なお書付は二通渡され、左の通り。

このたび庄内御征討で出兵を命じられた際、御条目と御軍令は一同心得ている通りだが、とりわけ御三卿も御在陣、官軍諸藩からも多勢動員されているので、家中の者はなおさら忠勤に励み、数百年の報恩はこの時と身命をなげうって奮戦するのは勿論だが、不取締の者もいると聞く。まったく不埒《ふらち》の至である。少しでも未練の働きがあれば、名家の傷となるたいへん大事な場合なので、皆々必死の覚悟を持つように。万一不覚の輩がいたら吟味の上厳罰に処するだろう。この旨を心得ること。

右の趣旨をそちらの手勢や陪臣《ばいしん》・足軽まで漏れなく厳重に申し渡すこと。

八月

諸隊ではだんだん戦争で討死や負傷者があり、申し立てがあるので吟味の上それぞれ対応の仕方もあるが、賞罰は重大のことなので諸隊長は素《もと》より、陪臣や足軽小人《こびと》に至るまで、その働きの様子を依怙《えこ》贔屓《ひいき》なく精細に吟味し、その時々に取り調べて申し立てるべきこと。

八月

右の御書付は軍将と出兵した番頭《ばんがしら》へお渡しになられた。

※この指示と、戦場が秋田藩領内に移ったこともあって、戦闘の状況・戦功・死傷者などの報告が詳細に行われ、一部は太政官日誌などに掲載されて広く知られることになった。江間伊織自身が「御軍事方」としてこのような届け出を受け付けて報告する立場だったようだ。

一、同日夕方五時過に久保田を出立。翌二日午後四時頃に横手に到着したところ、去る二十八日に院内の諸口三ケ所で戦争、翌二十九日には中村での大きな戦争で、官軍が一端は勝利したが、敵兵が山からも沢からも間道《かんどう》や小道からも押し寄せてきて、横堀村を自ら焼いて全員一日《ついたち》に引き揚げ、二日には横手で休息していた。そのため湯沢町全部の人家を明け渡して山野へ逃隠れ、大変な大騒動、容易でない大事になってしまった。

※横手に着いたら、前日に院内口を破られ、官軍は横堀（旧雄勝町、現湯沢市）を自ら焼き、湯沢を明け渡して、横手まで退却していた。伊織が命じられた、藩境の取締、秋田藩軍の督励は宙に浮いてしまった。

八月二日

一、（小鷹狩）源太殿へ伺い、院内へ出張して（大山）若狭殿へ軍令・条目・書付等を渡すよう命じられてきたが、院内は全て引き払ってしまい、若狭殿もどこにいるか分からないと申し上げた。（若狭殿は）金沢《かねざわ》（横手市北部）まで撤退したと聞いたと言われたので、この形勢では若狭殿への命令を伝えても詮《せん》ないようだが、いったん藩主から命令を受けて来た上は、申し渡さない訳にもいかず、どうしたらよいか（源太殿に）伺ったところ、今日は夜になってしまったので明日の早朝、馬で出向いて命令を伝えるのがよいと言われた。夜になって若狭殿は横手市中蛇《じゃ》ノ《の》先《さき》の町屋を宿所にしていると言ってきた。

八月三日

一、早朝に若狭殿に参上し、軍令・条目・執達と書付二通を御渡しして、命じられたことを一々説明した。若狭殿が言われるには、「何とも残念で言うべき言葉もない。組下の足軽から自分の家来まで全部調べても五、六十人しかいないが、どこへでも出張を命じてくださるよう（小鷹狩）源太殿へ申し上げてほしい」と依頼された。もっとものことなので（源太殿へ）その旨申し上げたところ、藤井此面と中川健蔵を呼ばれて、「どこへ派遣するのが良いだろう、余りに少人数で行き先を決めるのが難しい、小松川（横手市山内）辺りに南部領内から時々人影が見える。御国（秋田藩）が強ければ問題ないのだが、官軍が敗色になったらすぐに敵となって攻め込んで来ることもないとは言えない。同所へ横手の人数を十五人ほど番兵に出しているが、懸念もあるので、同所を固めるのが適当だ」と、（若狭殿の）家来を呼んで源太殿がその旨言い渡された。（それに対して若狭殿の家来は）「二百年にわたって院内の警衛を命じられて住居していたのに、敵軍が討ち入って戦争が不利で、ついに引き揚げになってしまい残念で言うべき言葉もありません。だから院内口の方へ差し向けていただきたい」と歎願した。余儀なき次第なので、「それならば元々院内への布陣は、すべて小倉藩隊長と打ち合わせているので、今回も小倉隊長と相談して一緒に出張するのが適当だ。（小倉藩の）出兵先へ使者を派遣してその上で決定する」と源太殿が言い渡された。小倉隊長へ何事もそちらの差図を受けて出兵したい旨、なお小倉藩から二、三人若狭殿の人数へ加えて万事よろしく差図を頼み、小倉藩も承知したそうだ。

一、（大山）若狭殿は出兵したが全く（資金の）手当がなく、家中に少しでも渡さなくてはならず、二十両も拝借したいと家来が来て頼むので、余儀ないことと源太殿へお知らせした上で、小荷駄方からまず二十両渡した。

一、今日久保田へ宿継《しゅくつぎ》を差し立てられたので御用状を同役へ差し出した。

一、源太殿へ引添で藤井此面が出張しているが、体調が思わしくないので同人と交代を命じられて細川官助が今日到着した。但し御財用奉行である。

八月四日

一、若狭殿の使者が小倉隊長に相談したら、柳田新町へ出張するように指示されたのでそちらへ出兵したと届けがあった。

一、（真崎）兵庫殿が至急で昨三日（久保田を）出発、今日横手の当地に御到着。同役（評定奉行）加藤敬吉が付添って到着。物書は立原順蔵である。

八月四日

（真崎）兵庫殿から茂木《もてぎ》秀之助への宿継（の書状）

横手から宿継で一筆差し上げます。先般江間伊織によって（戸村）十太夫より矢島口への応援を命じられたが、このたび角館の両組下給人の内戦士が三十人付属され、田代口へ出張を命じられたので早速出張すること。この話は軍事御用を命じられて出張向からこの通りです。恐々謹言。

八月四日　午中刻（正午）　兵庫

茂木秀之助殿

角間川行

※戸村十太夫に敬称「殿」が付けられていない（この二日後十太夫は公式に処分された）。

※「両組下」とは、角館給人は北家の組下と今宮家の組下の二つがあったから。

古内左惣治へも同じく、

横手から宿継で一筆差し上げます。貴殿に付属の物頭大越強太は未練の振る舞いで、陣幕を始め鉄砲・旗・馬具付馬等を奪い取られたと聞きました。遺憾なことで、吟味してその通りだったら同人（大越強太）は早速送り返し、その状況を久保田表へ連絡すること。その代り物頭代として戦士の内から命ずること。軍事賞罰のことは拙者へ任されて横手表まで出張したので、このことを伝えます。なお茂木秀之助に戦士四十七人を率いて田代口へ早速出張するよう命じたのでお知らせします。右の連絡のため出張向からこの通りです。恐々謹言。

八月四日　午中刻（正午）

兵庫

古内左惣治殿

大沢行

（梅津専之助へ）

手紙で命令を伝えます。官軍隊長から極密の連絡があり、今夜賊兵（列藩同盟軍）が湯沢へ夜襲の用意があると探策の者から知らせがあったので、本藩（秋田藩）の分はその手配をするように言ってきた。とりあえず出張するべきだが、先ほど当地に到着してお疲れと思うので、今夜は休息を取り、場合によっては明早朝出陣の心懸をしておくように。以上。

八月四日

兵庫

梅津専之助殿

なおこのことはあまり洩らさないようにして下さい。以上。

一、（真崎）兵庫殿が横手から餅田《もちだ》陣所へ出張し、引き合った各藩は左の通り。

小倉大監察　鎌田英三郎

薩州隊長　樺山忠右衛門

馬鞍《まくら》陣所で同断
長州隊長　淡野一太郎
横手会議所で、
長州隊長　石田永（英）吉
肥前隊長　竹野喜伝太
新庄隊長　吉高織部

※二〇二頁では「土藩（土佐）　石田英吉」となっている。石田の出身は土佐で、一時長州の奇兵隊に属していた。

※この頃、江間伊織は真崎兵庫と一緒に行動していたようだ。

八月五日
官軍の各隊長へ差し出した書付

大沢口
古内左惣治
小田野形（刑）部
寺崎藤九郎
田代口
茂木秀之助
石成口

梅津小太郎
当時横手　中安泰治
小野寺佐賀
当時持場なし　梅津専之助
横手
小安口へ派遣する予定　瀬谷和三郎
此表へ出役
郡奉行　川井小六
御評定奉行　江間伊織
同　加藤敬吉
御財用奉行　細川官助
御評定奉行　中川健蔵
川井小六
細川官助

御用の節はこの者達へお話しください。以上。

右は小荷駄奉行の心得で勤めるよう命じられた。

一、介川敬之進隊がこの五日に横手へ着いた。

右は勘定吟味役の代理で小荷駄方を命じられたと拙者（伊織）が申し渡した。

寺門健次

（梅津専之助へ）

手紙で命令を伝えます。浅舞街道の深間内へ肥前長崎の部隊がいるので、その応援のため早速出張すること。なお瀬谷和三郎も一緒に応援のために出張するので、そのように御承知ください。以上。

八月五日

兵庫

梅津専之助殿

瀬谷和三郎

右は浅舞《あさまい》街道の深間内《ふかまうち》へ肥前長崎部隊がいるので、その応援のため早速出張するよう会議所で決まったという。

梅津専之助一隊上下およそ　百人

瀬谷和三郎一隊上下およそ三十人

右の両隊共深間内へ応援、今晩明朝両館《やかた》の分をこの場所で兵粮を渡すこと。在陣中の米味噌を差支えなく供給すること。

これは拙者（伊織）と（細川）官助両名の手紙を小泉文内・杉山伊八郎へ申し達した。

八月六日
手紙でお伝えします。今暁《こんぎょう》湯沢方面で戦争（以下欠文）
※この後九月七日まで記載なし。

先制攻撃で緒戦は勝利した官軍も、同盟軍の反撃にその後は敗戦を重ね、一ケ月後には横手落城、二ケ月後には久保田城下近郊の椿台《つばきだい》攻防戦を戦うことになる。また、北部では十二所《じゅうにしょ》口から南部藩に攻め込まれ、大館城が落城した。久保田城下に攻め込まれる寸前で食い止めたが、侵攻された土地の領民はまさに「塗炭《とたん》の苦しみ」を味わわされることになった（また後述するが、一時的にしても庄内や南部兵に占領された地域では、秋田藩の領民への対応と庄内・南部のそれが比較されることになり、秋田藩の郡奉行らは危機感を強めることになった）。

横手城の攻防について、官軍は、角間《かくま》川（大仙市）まで撤退し、援軍の到着を待つ戦術を取ろうとしたようだ。院内境（国境）を破られて、一気に攻め込まれた官軍は横手城も放棄しようとした。「吉沢家（戦況記録）」（『横手市史』）によれば、江間伊織も軍事方の一人として城代戸村大学（十太夫の嫡子）に撤退を進言したという（しかし、この史料には疑問もある。まず、籠城に関する、「吉沢家〈戦況記録〉」に、秋田軍事方が手紙で戸村大学を呼出し、退城勧告した旨記載されているが、引渡一番座で横手城代である戸村大学を、いかに御軍事方とはいえ手紙で城外に呼び出すというのはあまりに無礼ではないだろうか。藩主あるいは家老の意を体して手紙を出すならあり得るかとも思うが。細谷則理「横手落城」〈『横手郷土資料（第8号）』〉に、「真崎兵庫、小鷹狩源太、加藤敬吉、細川官助、江間伊織、中川健蔵等が在って〈退城を勧めた〉」という記事があった。身分関係なども考慮するとこちらの方がより妥当と思われるのだが。吉沢氏も家老の同席は当たり前で実際に退城を勧める発言をしたのが御軍事方だったのでそのように書いたのかもしれない）。

この横手城落城の報告書を作成したのが、伊織の嫡男江間宇平治だった（井口正兵衛「御軍事係日記　明治元年」）。以下に一部紹介する。

八月十四日に「太政官並　御三卿江御届調係」に任命され、八月十五日に、「一、横手城落城の一件について江間宇平治に調査させて清書し、御双方様へとりあえず御届けした。九條様と参謀へは明日になると総一郎が言うので、このたび半紙に認《したた》めた」。八月晦日に「一、夕食後、昨日江間宇平治が、上遠野豊・青木理蔵が遣《つかわ》されて聞取った書面を提出したので調査に取り掛かった」。

反撃に転じた列藩同盟諸藩から見れば、横手城で初めて抵抗らしい抵抗に遭ったという。また、列藩同盟の内容に異議を唱えたが最終的には調印し、同盟を最後まで守ろうとした十太夫や、父の意を受けて城代の職責を果たそうとする息子大学の覚悟は、攻撃側から見ても意気に感ずるところがあったようだ。

庄内藩側の目で書かれた坂本守正『戊辰東北戦争』でも互いの武士道の発露のように書かれている。戦死者に対する庄内軍の丁重な弔《とむら》いなどは横手の人々を感激させたように書かれている。また、領民に対する取扱も、庄内藩の方が秋田藩より良かったと、当時秋田藩の郡奉行だった川井小六も認めている。

さらに敗戦と後退が続く中で、藩内でも官軍への疑惑と、官軍に同調して同盟軍を敵に回したことに対する悔悟の議論が起こった。『秋田県史』に八月十八日付の戸村邸への「投げ文」が載っている。

（端書）御直覧（親展）　再拝

尚々、読んだらすぐに燃やしてください。以上。

南部勢が押寄せてきたそうです。死ぬことが嫌とは言いませんが、朝廷の思召を、最初から御話合申し上げましたが、今更後悔の至です。人々（の気持ち）が変わってしまいましたが御尽力下さいませんでしょうか。（官軍に与して戦争を始めたことに）小言を言う者もあるようですが、小言どころでなく、全く当てが外れてしまいました。どうか内々で御尽力下さいませんでしょうか。今さら甲斐なきことですが、何とか御尽力下さいますようお願いします。御上（佐竹義尭）は川口から戻らず、御難儀という訳ではありませんが、恐れ入ることです。御三卿をうまく出発させるために、ならないまでも御尽力下さるようお願いします。上々様もいらっしゃいますが、どういう訳か、引籠られて全く分かりかねることになってしまいました。（大山）格之助のせいで（秋田）六郡を棒に振ることになるかもしれません。申し上げにくいことですが申し上げます。敬々拝。

八月十八日

尚々今からひそかに南部へ連絡のしようもあるでしょうか。そのため過失を命じられるのは言うまでもないことです。以上。（『秋田県史資料明治編上』）

※この投げ文について、同書の註では、「差出人名、宛先共に記載なし。（但し原本手蹟は小野岡右衛門義禮のものに似たり。）」と指摘している。

差出の名前がなくても、書いた人物とその意味するところは戸村十太夫にはすぐ分かったはずだ。山崎真一郎氏によれば、佐竹義堯はあくまで戸村十太夫を信頼して頼りにしていたという。（『秋田県史〈維新編〉』・同『資料明治編上』）

その間、肝心の「江間日記」は八月六日～九月七日までが欠けている。他の部分と比較してちょうど一冊分に相当する量だが、欠けている理由等は分からない。時期的には、戸村十太夫・金大之進等の処分と重なっているように見えるが、関係があるのだろうか。仕方ないので他の史料（「公私日記」・「征討記録」・「横手市史」・「新編北羽発達史」等）で補うことにする（欠けている約一ヶ月分を解明すれば何か見えるかもしれない）。

- 八月十日、横手で城代戸村大学（十太夫の嫡子）と会見。「総督府参謀の指示に従って撤退を進言（しかし、「日記」の九月十日の記事の内容から考えて疑問が残る）。
- 八月二十三日、小荷駄方高井堅治の討死の報告を送る。

※この一週間後には高井家の家督相続が認められ、その後「賞典米」二石が加増された。（「明細短冊」）

※江間伊織の届を佐竹義堯の名前で太政官に報告し、「太政官日誌」にも掲載されたが、『復古記』にはない。

・八月二十四日、沢副総督の公式な書状を古内左惣治・上田雄一（長州軍監）宛に託され、届ける。

※神宮滋『戊辰戦争出羽戦線記』に載っているが、国立公文書館の原本は未だ確認していない。

（※約一ヶ月の空白の後、九月八日「福部羅の戦い」から記述が再開している。）

九月八日

夜前から敵軍が押し寄せ潜伏中と見えて、梅津千代吉隊へ敵が十人ほど押し寄せて銃撃という注進があり、物頭蓮沼与市・赤須哲三郎隊を繰出すと、突然伏せていた部隊が起き上り、後ろの方にも多人数が見えたので、味方と思って旗を振り廻したら、思い違いで敵勢でたちまち銃撃され、哲三郎が負傷した。前後から囲まれたので川端へ退いたところ、敵は川向の山上からしきりに銃撃したので千代吉隊は身動きできず、散り散りになり、千代吉も負傷して退避したか確かには分かり兼ねるとの報告があった。

一、段々聞くと福部羅《ふくべら》に梅津千代吉、岩野（上）に戸村大学、中新田に信太内蔵助と三手に分れて守備していた。第一、中を堅める戸村隊は、敵が川を渡って来たのに番兵達が全く気付かず、急に銃撃されて防戦もできずに撤退したため梅津千代吉殿は敵に後ろから包囲されたという。信太内蔵助も同じく後ろを包囲され、梅津・信太の両隊は大変な苦戦で討死や負傷者も夥《おびただ》しくあった。結局は戸村隊の不覚から起きたことで、かつ梅津・信太の隊へ全く連絡なしに急に撤退したためと聞こえた。しかしながら急に撤退というのは言葉の綾《あや》で実は不意に銃撃されて動転し、散を乱して敗走したに違いない。右の成行きだから梅津・信太へ知らせようにもできなかった筈と考えられる。いずれにし

図７　雄物川を挟む攻防戦（角館・神宮寺～椿台）・矢印は官軍本体の進路（９月12～19日）

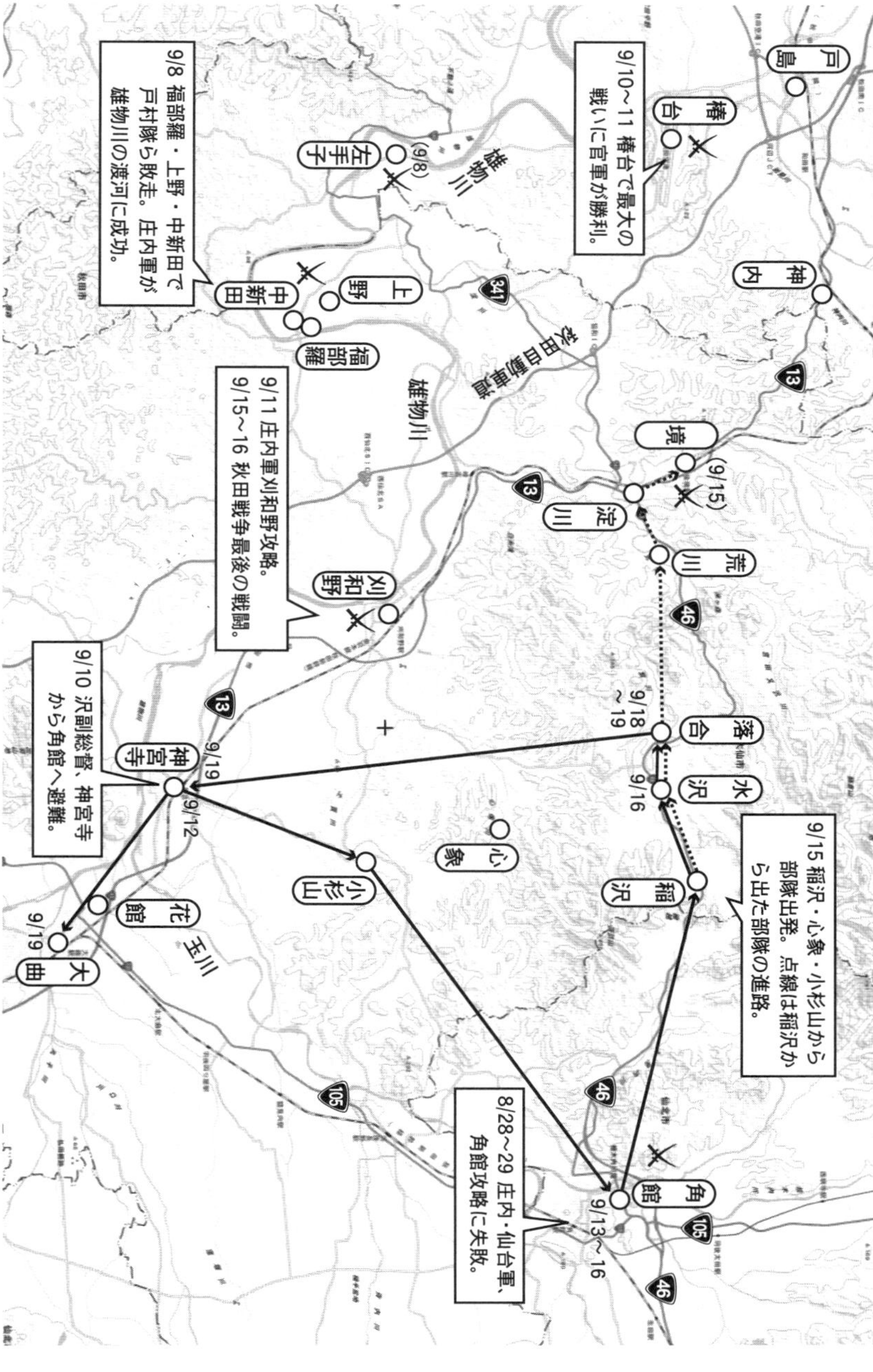

国土地理院ウェブサイト（https://maps.gsi.go.jp/#13/39.545088/140.407333/&base=std&ls=std&disp=1&vs=c1j0l0u0f0）を加工して作成

ても横手部隊の油断の上の大不覚とも言うべきで、同所の敗れから境・戸島迄討ち入られることになってしまった。

※戸村十太夫の処分の日から記録がなく、一ヶ月おいて再開した記事が戸村大学隊の失態から始まるのは不自然に思う。また内容も誰かの報告を記録し、そこから想像を交えて、ことさら戸村隊の「不覚」を非難している。伊織の日記は他にも何冊かあるが、自分が実際に見聞していないことをこのように断定的に書いてはいないので違和感を感じる。

九月八日

筑州二小隊
薩州三小隊
矢島大砲方

右は福部羅を梅津千代吉が守備、岩《（上）》野で戸村大学が守備、中新田で信太内蔵助が守備、並びに同所の近辺を町田小一郎・白土第力・筑州勢・本荘勢・唯神隊（五十人位）・仁賀保《にかほ》勢が、同日の朝八時半頃から亀田山・六ツ森辺から敵が舟で川を越え、およそ八百から九百人程襲来して苦戦との知らせで右人数応援、夜中に同所へ出張し、そのため左の通りの小荷駄方を命じ、同夜出張した。

吟味役代　茂又庫之丞
　　　　　大久保惣助

田口茂助
菅原斧吉
与力　川尻左右治

九月九日
一、沢殿から（高瀬）美濃によって左の通り命じられ、郡奉行へ申し渡した。
このたび副総督沢三位殿が（戦陣に）直接臨《のぞ》まれている時、速かに鎮定との御思趣で、当地鎮守の八幡宮に祈祷を命じられ、御尊の鏡餅を村民へ下される。有難く頂戴するようにとの御沙汰である。

戊辰九月（明治元年九月）　沢殿役所

宮藤官吉
下田東吉
湯口俊吉
藤井勇吉

右は左手子《さでこ》での戦争状況報告のため久保田表へ大至急で派遣するように、（真崎）兵庫殿に指示され、拙者（江間伊織）が申し渡した。

右は左手子（秋田市雄和）での昨日以後の戦争の模様を探るよう命じられた。一人は早速帰って報告し、一人は残って始終の様子を見聞して報知するよう拙者が申し渡した。

九月十日

一、沢殿の御旗三本に旗持が六人命じられていたが、寒くなったので衣裳持を久府（秋田）へ御暇で一人行かせたいと（高瀬）美濃へ申入れ、（美濃が）承知。後でもしもの時は郡方から一人指し出すことに（黒沢）文内へ申し入れ、郡方でも承知し、今日右の御足軽が一人出立した。

※伊織は旗奉行も兼務していたので、その職掌関連記事か。

一、八日に福部羅・岩（上）野・中新田で敗れ、敵勢が下淀川へ乱入との知らせがあり、諸藩が出兵して応援部隊を出して接戦になった。刈和野まで迫られ高野へ敵が打入ったら角館への通路がふさがれるだけでなく、前は大曲・花立（館）から打込まれ、刈和野から迫られ後の山手へ回られたら三方から迫られて進退窮《きわ》まってしまう。どこにも活路がないので各藩の部隊は必死になって、始めから覚悟の上だが、沢殿に万一のことがあっては、天朝に対して恐れ多いので、沢殿だけはひとまず角館へお立《たち》退《の》きいただき、残った各藩が大進撃して快く敵勢と戦争に及ぼう。しかし沢様が御立退では人心が動揺するだろうから、高瀬美濃が角館へ応援部隊を要請に行く形《なり》で、密かに宿《しゅく》駕籠で至って少人数で御引退《ひきのき》のことに会議所で隊長共が一決した旨、介川《すけがわ》作《なる》美《み》が言った。それでは横手撤退の例と同じでもっての外《ほか》のこと、きっと諸藩も引続いて立ち退《の》く判断をするに違いなく甚《はなは》だ不同意の趣を申し入れた。（真崎）兵庫殿も尤《もっとも》の筋とおっしゃられて、美濃を呼ばれて色々話合われたが、諸藩の隊長が評決した以上、沢様一人だけは御立退なされるより仕方なく、後で一統が進撃して敵を打払うことは間違いなく、万一敗れたら一同討死の決意で、約束を違えるはずはないというので、兵庫殿もやむをえず御承知なされて九日の深夜に沢様は角館へ入られた。

※この文面からは、会議所の隊長会議への秋田藩からの出席者は、介川作美・高瀬美濃で、江間伊織はおろか、家老の真崎兵庫すら出席してないことになる。会議の結果だけを知らされた兵庫や伊織は強硬に反対したが、隊長会議の結果として押し切られてしまった。特に真崎兵庫はこの際のやり取りで、官軍参謀ないしそれに近い秋田藩関係者と激しく衝突したようだ。このあと介川作美は兵庫や伊織たちと別行動を取り、兵庫は間もなく久保田に呼び戻された上で出勤を差し止められ、翌月に小鷹狩・石塚の両家老と共に罷免されてしまう。

九月十一日

一、今日は終日会議だった。前から大曲・花館の敵、刈和野から攻め寄せる敵、又後の山手へ回った敵を三方に受けては味方の勝利はないので、神宮寺《じんぐうじ》を引き揚げ小杉山から部隊を張り出して三方の敵を一方にして進撃すれば勝算があるだろうと軍議で決めて諸隊へ連絡した。

九月十二日

一、早暁に神宮寺を出発して小杉山で手分けして諸隊の守備場所を申し渡しただけで総進撃の様子はなくおのずと角館へ引揚になった。

※この情報が久保田に伝えられ、佐竹義堯らは不安を募らせていたようだ。

九月十三日

一、角館郷校に兵庫殿・拙者・御副役山本兵衛が在陣し、御物書三人は町宿にいたが一人ずつ郷校に詰めていた。介川作美殿は小杉沢で会議があるとのことで同所へ残った。

九月十四日

一、沢殿は角館を出立して桧木内《ひのきない》へ入られ、段々と久保田へ御帰りの御予定という。沢殿が角館で諸藩隊長と（佐竹）河内殿を呼び寄せて言われた。自分が神宮寺にいては何かと心配で大進撃もなり兼ねている、敵の勢いがますます盛んなので、一先《ひとま》ず自分だけは角館へ立ち退き、その後諸藩が総進撃して敵を追い払うというので、任せて引揚たら、少しも進撃せず共に引き上げて来たのはどういう訳だ。欺されたようで済ませがたいと仰せ出された旨、（佐竹）河内殿（＝北家）から兵庫殿や御国（秋田藩）の隊長衆へ会議所で申し伝えられた。この上は諸藩と秋田藩の隊長が申し合わせ、一歩も引かず大進撃を盟約し血判をした。

※この日記には記してないが、伊織は角館に引き上げた官軍の隊長達を沢副総督が叱責し、西国の隊長と秋田藩の隊長が、「一歩も引かず大進撃」の盟約・血判した様子を久保田の評定奉行に御用状で知らせている。御膳番岡百八は「公私日記」の九月十六日の記事で、その御用状を極内密に借り出して藩主義堯の御覧に入れたところ大いに安堵された、と記録している。この記事から覗われるのは、三方から攻め込まれて敗色が濃い中、前線の状況が藩主になかなか伝わらず、長年御刀番として身近に仕えた江間伊織の御用状によって、ようやく信頼できる情報に触れることができ、かつ内容としても安堵できるものだったのだろう。

九月十五日

一、今日次々と部隊を繰出し、分担を定めるつもりだ。

一、同夜六時過ぎだろうか、稲沢・心像《こころやり》・小杉山の三道から部隊を繰り出して進撃したが、稲沢から進んだ筑州の三小隊と新庄の二小隊が段々進んで、水沢から落合・荒川、それから境駅まで進んだ後に敵勢が荒川へ攻めてきたとの知らせがあった。水沢へ出られたら角館へ攻め寄せてきて、容易でなくなるので、荒川へ平戸の一小隊と兵庫殿が御出張のことに会議所から言ってきた。（兵庫殿は）元々兵隊を率《ひき》いておらず、中安泰治に属する（小鷹狩）源太殿の組下給人が出張し、残りは老人・病人等あれこれ三五人、槍・銃隊を取り合わせて、右三五人へ又鬼《またぎ》同心十人、大筒打六人、その他拙者・御副役山本兵衛・御物書萩津助吉・武石新右衛門、他に今村喜左衛門・古内左惣治が陣場奉行として指示を仰ぐ用事があって来ていたので同人も召し連れ、小田野刑部部隊の物頭代の仕事があいて来合わせていた谷田部新五郎も召連れて御出張なされ、夜明け頃に水沢へ到着した。

一、御物書立原順蔵も来た。

※家老真崎兵庫は部隊長ではない。またこの時に預けられた兵は全くの寄せ集めで、非戦闘員も多く含んでいた。庄内軍との戦闘では、とても勝ち目はないだろう。会議所（官軍）の参謀はなぜこのような命令を出したものか（後で触れるが、湯沢の兵を指揮していた早川輔四郎が、会議所の命令に従わなかったという理由で切腹させられている。真崎兵庫は会議所〈官軍参謀〉の命令通り庄内軍と戦って戦死するか、命令に逆らって切腹を強要されるかの瀬戸際に追い込まれたと言っても過言ではないと思う）。

九月十六日

一、水沢村で守備場所の地の利を見分した。

九月十七日

一、昨夜から、心像《こころやり》から山越の敵襲があるかもしれないと、同所へ平戸隊から番兵を五人派遣して、荒川から越えて来る落合の山出へ番兵として秋田藩の人数を七人出した。

一、その夜官軍参謀並びに大山惣太郎・石田永《(英)》吉の両人が不意にやってきた。守備の状況が案じられる様子で色々と手配等を相談していた。夜明け近くになった頃に左の通りの知らせがあった。刈和野と神宮寺の敵勢は皆、今朝から大曲辺へ一人残らず逃げ去ったとの知らせがあった。かつ長州・小倉その他の官軍が今日刈和野の梅津専之助隊を繰出しておいた。明朝はここを引払って神宮寺へ出兵（する相手）の敵勢だ。そう御承知いただき、そちらが手薄の時は今日の日暮前に栗谷市太郎殿を派遣する。しかしながら右の次第なので特に兵隊は差し向けないがよろしく御納得くださいさい。謹言。

九月十七日

木藤弥太郎
樺《かば》山忠左衛門

水沢駅御滞陣　官軍中

右の通りの報知なので、実は台場を築いて堅固に守備するつもりだったが、それには及ばず、落合村へ進んだ。先ず昨日今日の通り番兵を出して守るようにと、（大山）惣太郎・（石田）永《(英)》吉の差図だ。なお連絡があるまで堅固に守るようにとのことだ。

九月十八日

一、早朝から落合村へ移動した。

金沢林蔵
片野乙吉

右は荒川から境駅まで敵勢がいないか探索の御用を兵庫殿の指示で（拙者が）命じた。御用金は拙者が立て替えて二両渡した。

一、茂木秀之助が大斥候《せっこう》で神宮寺へ行ったところ、敵は一人もいないと兵庫殿へ同人から言ってきた。そこで直ちに同所へ進むように申し合わせたが、角館会議所から指示がないので控えて落合村に一宿した。

※前記十四日の諸藩隊長の盟約にもあるが、官軍参謀の指示によらない行動は固く禁じられていたようだ。

九月十九日

同所（落合村）を出兵して、神宮寺で昼食を細谷敬治（宅）で食べ、大曲で一宿した。

一、敵は自国に変事があったと見え、一昨日十七日から仕末したか昨日までにすべて引揚げた。余りに急変のことと見えて、取物も取敢《とりあ》えず出立して、神宮寺へ弾薬等を大量に残していったそうだ。

九月二十日

横手駅へ到着したところ、御城は焼け落ち、待屋敷は諸方で焼失していた。それでも十分の二程の焼失と見えた。焼けなかった家もすべて明け渡して、戸・障子・立具《たてぐ》がなく誠に淋しくしみじみと哀れを感じさせられた。

一、今夜兵庫殿へ御達。御沙汰（命令）があるので早急に（久保田へ）帰るように御達の趣旨を知らされて（兵庫殿は）直ちに出立なされた。

※日記には見えないが、陶《すえ》源三郎宛の指示書を、山本兵衛と連名で出している。

九月二十一日

御物書筆頭萩津助吉は（小野岡）右衛門殿へ引添って来ていたが、同人は御帰りで未だ御出がない。それならば長居する意味もないので、昨夜兵庫殿へ御伺して御承知なので今日出立して帰った。

※荻津助吉（勝章）は画家としても有名で、白銀町（現在の保戸野川反後町）に屋敷があったので、「白銀斎」とも称した。「秋田風俗繪巻」（秋田県重要文化財）などの作品を残した勝孝の孫。

※物書とは、書記（記録係）の事だが、江間伊織の日記には荻津助吉と立原順蔵の二人がよく出てくる。

九月二十二日

小貫《おぬき》又三郎が官軍の小荷駄以下すべて支障なく取運ぶように命じられて、今日こちらへ到着した。同人は新庄までも参るので筆の利《き》く吟味役を一人従えたいと（志賀）為吉へ話があったそうだ。そこで戸島へ出張していた大塚弥門へ御用状を出した。

図８　追撃（横手〜塩越〜久保田）

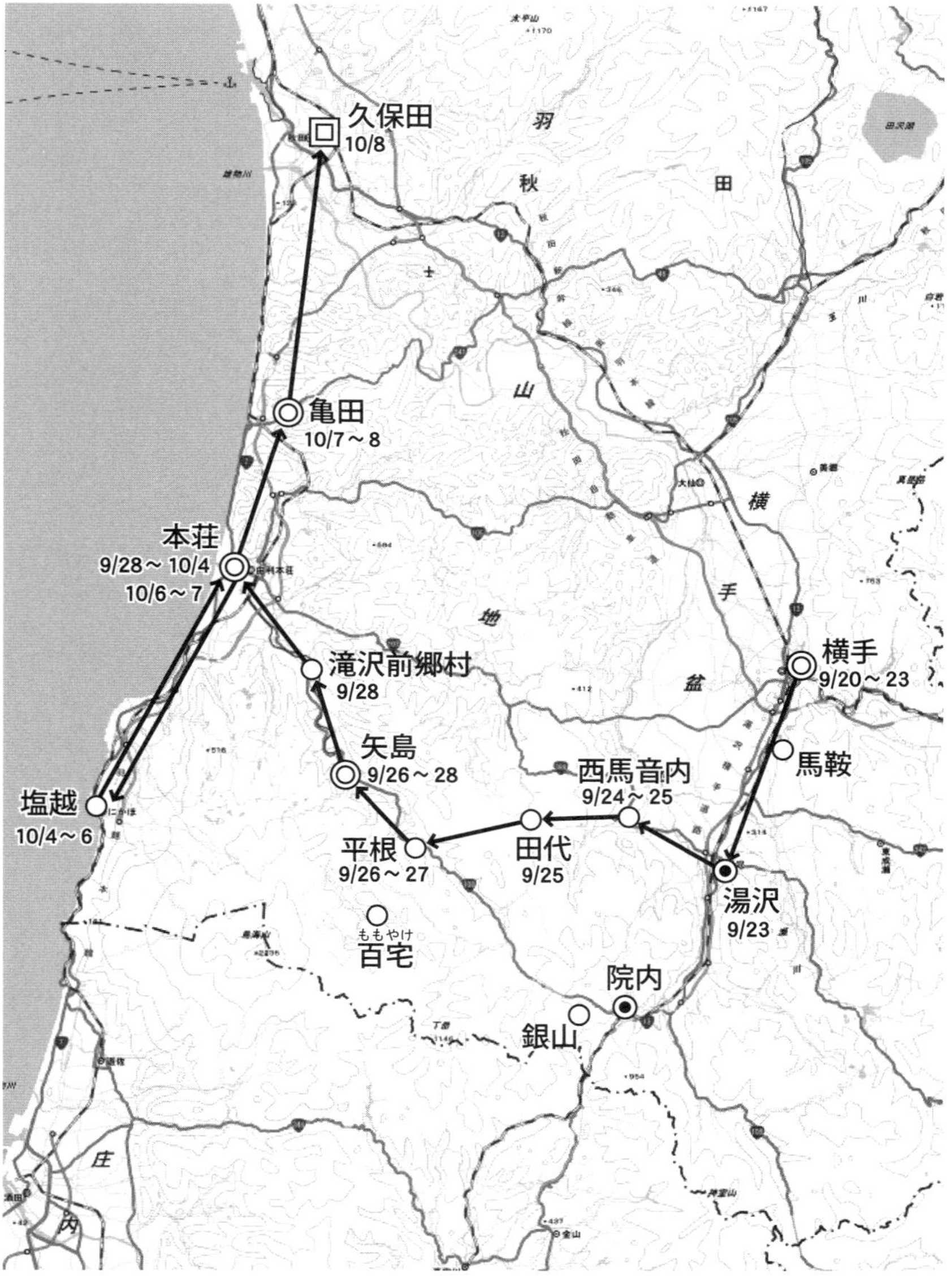

国土地理院ウェブサイト（https://maps.gsi.go.jp/#12/39.312519/140.905838/&base=std&ls=std&disp=1&vs=c1j0l0u0f0）を加工して作成

速やかに銃隊を編成して新庄口へ出張すること。　土屋弥五左衛門

九月二十二日　参謀局

銃隊戦士　齋藤栄吉

右は当十一日刈和野戦争の時に行方不明と御届したが、負傷してそこにいたとのこと。当十六日角館へ参ったので御届けします。

九月二十一日　今宮伊豆

湯沢会議所から左の通りの御達。

清川口

四百人　薩州（島津家）

四十人　佐土原《さどわら》（島津家）

十五人　長州（毛利家）

七十人　小倉（小笠原家）

松山

三百人　筑州（黒田家）

百八十人　大村（大村家）

百人　平戸（松浦家）

二百六十人　新庄（戸沢家）
　最上口
三百人　振遠隊（長崎）
百五十人　島原（松平家）
三百三十人　新庄
　海岸口
　矢島口
肥州（鍋島家）
因州（池田家）
秋田藩全軍
本庄（注）（六郷家）
矢島（生駒家）

一、火縄銃　三丁
一、同三十目筒　一丁

右は当村藤助・喜太八の両人が草刈に横手へ行った時拾ってきた。すぐに申し出たが、敵がまだいたため隠して置くように命じておいたが、敵が退去したので御訴申し上げます。

金沢中野村
辰九月十九日　伊藤清兵衛

伊藤兵吉

渡辺彦八郎殿

右の銃がもしや横手落城の際に蓄《たくわ》えていた品ではないかと、横手給人川上源三郎を呼んで見せたところ、四丁の内三丁が戸村家の品に間違いないというので、直ちに同人へ預けさせ、まさしく横手の品だったら拾った当人へそれぞれ御挨拶（御礼）するべきだと言ってやった。

九月二十三日

一、今朝横手を出立。湯沢表へ到着した。

亀田藩　矢島十郎

同給人　中村友蔵

同足軽　池田伊三郎

右の召捕った者は早速念を入れて城下へ連行し、入牢させるべきこと。

山形　水野好太郎

同　矢島市蔵

右同断

右は会議所からの指示で左の通りの人物を付添わせ、今日中に護送するつもりだ。

石橋五助

小田部時也

小田部司
川上兵太郎
池田鶴治

外に尻手縄取を一人ずつ派遣された。なお御小人も一人付けられた。

中安泰治隊の源太殿組下（給人）　金沢久兵衛
早川左五郎隊　湯沢給人　糸井茂助
梅津小太郎隊　角間川給人　日野新太郎

右の人数は出兵先の御兵具方が人手不足のため御兵具方の手伝を命じた。

※糸井茂助は維新後に帰農し、「四老農」の一人として活躍した。

会議所から左の通り。

秋田　飯塚岩吉
久野与五郎

分捕品《ぶんどり》の監察を申し付ける。

九月　横手　参謀局

別紙にて、

辻辰之助

丹兵助
長野喜助
久米直吉

右の者に分捕取締を命じた。
口上で、
右四人へも命じたので、四人を手付《てつけ》取締方を勤めるよう仰せ渡された。

九月二十四日（湯沢から西馬音内《にしもない》まで二里半）
一、夕食後に湯沢を出立して西馬音内（雄勝郡羽後町）へ暮時頃に到着した。
一、官軍の多くは新庄へ出たので、秋田勢は矢島口から海岸口へ手分けし、（介川）作美については官軍に付添って新庄まで行くつもりで、明日出立することに決めた。大山格之助も明日湯沢を出立の予定だという。小貫又三郎も一緒だそうだ。
一、湯沢を拙者・（細川）官助が出立。西馬音内へ行き、段々本荘辺りへ出張の予定だ。山本兵衛は大至急久保田へ行き、（小野岡）右衛門殿の出張の件で報告するつもり。なお私共は矢島から本荘へ回ることも報告するつもりだ。
一、途中で振武隊長寺崎藤九郎が九月十五日の境村戦争の次第届書を差出した。

討死　鎌田伊太郎
同　吉川勇五郎

右は敵三人を打倒し一人を（脱？）。足軽二人・郷夫二人・士分一人に切懸けた。
　　　手負い　石井勇治
　　　功名　　嶋田鉄吾

（仙北筋の村への布告）
敵軍は昨今敗走中だから百姓達はそれぞれ家に帰り、その職に勉《つと》めることは勿論である。是を苦辛、老人や子供はなおさら苦労だろう。かつは戦争で焼亡した屋敷等を取調べて差出すこと。必ず御指図があるだろう。愚かで文字も読めない者へはじっくりと言い聞かせて安堵させること。
　九月十九日　　六郷参謀局
　　仙北（郡）平鹿（郡）雄勝（郡）　　村々役人中
敵の分捕や預物等は早速調べて差し出すこと。後ほど御沙汰があるだろう。万一心得違でそのままにしていたら違法として罰する。
　九月十九日　　六郷参謀局
　　仙北（郡）平鹿（郡）雄勝（郡）　　村々役人中

九月二十五日　風雨
西馬音内駅を出立。田代《たしろ》駅（雄勝郡羽後町）で昼食。矢島領平根村で一宿した。

一、湯沢駅で河野隆之進が心配して、乗（馬）一疋を差出し、鞍は神宮寺村齋藤勘左衛門から借りて、その馬に乗って行った。
一、西馬音内から田代まで三里、田代から矢島領平根まで三里という。
※この時江間伊織は数え五十七歳。当時としては老年であった。戦争前は使者として各地を往復し、戦争中は御軍事方・小荷駄奉行としての活動に明け暮れ、周囲の者が気付くほど疲労していたようだ。

九月二十六日　風雨
一、朝早く出立。平根駅から矢島城下七日町まで行程三里ということだが、四十八丁道（四十八丁＝一里）なので秋田藩のちょうど四里にあたる。
※江戸時代、主な街道は三十六丁で一里だったが、地方の脇街道（小道）などでは六丁や四十八丁で一里の例もあった。

一、矢島へ着いたら、参謀局と札を掛けてあった。聞いてみると、植田《（上）》雄一（＝長州藩軍監、後参謀）がいるというので、細川官助と私の二人で見舞に行った。樽肴《たるさかな》代として五百疋（一両一分）を包んでいった。
一、森岡村（山本郡三種町森岳）の八十郎が出張部隊へ塩鰯二樽・海老二桶を差し入れたいと久府（秋田城下）へ願い出て許可を受け、自身の宰領《さいりょう》で運んできたという。同人はすぐにやってきた。

九月二十七日

一、矢島城下七日町に滞留した。

警備の部隊

黒沢　中安泰治

小松川　小野崎三郎

小安《おやす》　今宮伊豆

角館警備　大山左源治

小松川　佐竹河内

外山福満　茂木秀之助

四ツ小屋　和田掃部助

手倉　戸村大学

桧山台　早川左五郎（早川輔四郎の弟）

生保内《おぼない》　渋江兵部

同　和田小太郎

矢島口海岸口

進撃総部隊

古内左惣治

寺崎藤九郎
小田野刑部
添田清左衛門
土屋弥五左衛門
梅津専之助
渋江内膳
今宮大学
佐藤日向
荒川久太郎
町田小一郎
金安太郎
玉生六郎
惟神隊
椿台御人数（佐竹新田藩、後の岩崎藩）

秋田へ帰り

内膳殿へ合兵

今宮大学
椿台御人数
有志隊

一、長浜陣所総勢

右人数は二十二日、本荘で浜手と矢島口へ配置、左の通り。

遊撃隊
肥州（佐賀藩鍋島家）
因州（鳥取藩池田家）

矢島口
今宮大学
五十人計《ばかり》
椿台守備隊
百三十人位
肥州勢

三崎口
有志隊
遊撃隊
因州勢

九月二十八日　風雨
早朝に矢島城下七日町を発足。滝沢前郷村で人馬継立てと昼食。
日暮前に本荘城下古雪町の藤田治郎左衛門の旅宿に泊まった。同所に大小荷駄方の小峰小七郎が詰めていた。同所から三崎観音森へ繰出の部隊を聞いたところ、左の通り。

千百人
肥州（肥前）
七百人
渋江

因州　五百人
荒川　三百人
佐藤　三百人
筑州　五百人
雲州　百五十人
椿台　二百人
本荘　百人余
賄方《まかない》　三百人

一、当所（本荘）に着いたところ、（戸村）十太夫殿から使者が来て、今度再勤を命じられ、庄内出兵を命じられて今日こちらに到着する。このことをお知らせすると言ってきた。なお横手組下（給人）を従えての出張との御達だがその部隊はまだ到着していないので、隊の人数は全部で二十四、五人しかいないということだ。

※『秋田県史（維新編）』によると、横手組下給人を招集しようと、小田部五郎右衛門が使者に立ったが、介川作美に拒否されたという。結局、戸村隊は渋江内膳隊に合流して、庄内へ向かうことになった。渋江は政治的な立場は違うが、戸村に便宜を図ったようにも見える。それは武士の情けだったのか、何らかの事情を知ってのものか。戸村十太夫が久保田に帰陣した時もわざわざ使者を派遣している。

九月二十九日

一、本荘城下に滞陣した。

※この日戸村十太夫は嫡男の大学（横手城代）に手紙を書き、当地に江間伊織・細川官助がいることを伝えている。

十月朔日

一、同断（本荘城下に滞留）。そこで小野岡右衛門殿が阿気村《あげ》（横手市）まで御出張と聞いた。汐越《しおこし》（にかほ市）に出張政府を置いて秋田藩部隊の総括をするべきだと、（細川）官助と拙者（江間伊織）の二人で御伺いした。その飛脚として森岡村八十郎を足軽代に命じて他にもう一人添えて二人で夜通しで行くように命じ、御用金を二人に一両渡してやった。

一、（戸村）十太夫殿が三崎から出張して、渋江内膳殿に合流予定で今日当所を出立なされた。同人の小荷駄は渋江隊へ取まとめのことに小峰喜七郎へ申し入れ、同人から派遣するつもりとのこと。

十月二日

土屋弥五左衛門

右は元々新庄口へ出兵と会議所から指示があったが、矢島口へ出張になり同所へ行って参謀植田(上)雄一へ届けたところ、当所百宅口《ももやけ》（旧鳥海町、由利本荘市）は多く出張して来て人数が夥しく、兵粮も十分に出せないので、汐越の方へ回るように指示され、唯今《ただ》到着と届けがあった。

右の人数は左の通り。

銃士　三十二人

組頭　二人
斥候《せっこう》　二人
機械方　二人
　手付足軽二人
小荷駄方　三人
　手付新組二人
書役　一人
医者　一人
銃砲頭　一人
与力　三人
新組足軽十八人

一、銃五十丁御渡。内二丁損じ。
一、石井弥右衛門を鉄砲頭に命じたと届があった。その小荷駄仕出《しだし》方は当所の大小荷駄小峰喜七郎へ申し入れ済という。
一、今日（小野岡）右衛門殿が矢島から本荘へ到着した。植田雄一が到着したら両者を取り持った上（上）で汐越（にかほ市）へ繰越すとの御話だ。

※偶然か、この部分を読み直す直前に、「戸村家膳番日記」の一部に目を通していた。土屋弥五左衛門と配下の部隊が久保田に帰還して解兵する時に戸村十太夫に挨拶に来ている。確たる証拠はないが、介川作美に横手

給人の動員を拒否された戸村十太夫に、土屋隊が合流できるように上田雄一（軍監から参謀、長州藩士）らが配慮した可能性も考えられる。

十月三日
一、今日も本荘へ滞陣。

十月四日
一、（植《（上）》田）雄一は矢島からわざわざ汐越へ来て、本荘へは行かないというので右衛門殿と拙者・官助と御物書新右衛門・（立原）順蔵・探索方田口幸右衛門が汐越へ進軍した。
一、御副役山本兵衛が先月二十八日に久保田を出足して、今日汐越へ到着した。

十月五日
一、昨日から今日まで汐越へ滞陣した。
一、北陸道から進撃の官軍はすべて庄内へ打入り、参謀黒田良助（了介、後の第二代首相黒田清隆）からの指示の趣旨は、庄内は開城降伏した。公平至当の所置をするので、秋田藩から繰入の諸隊はすべて引揚げるようにと指示があった。

※言い換えれば、秋田藩が庄内に進軍すれば、「公平至当の処置」ができないということ。この裏に秋田藩による報復を危惧した庄内藩の働きかけがあったか（庄内藩兵は、略奪行為等はしなかったという記述を見た記

憶があるが）。

十月六日

一、昨日の（黒田の）指示により右衛門殿を始め一同汐越を引き払って本荘へ一宿した。

十月七日

一、本荘を出立。亀田（旧岩城町、由利本荘市）へ一宿した。

※「日記」に記載はないが、この日細川官助と共に小貫東馬（郡奉行、亀田へ出張中）を見舞っている（「江間伊織・細川官助が見舞に来てくれた」〈小貫頼誠「頭書日記」〉）。小貫東馬は伊織の父郡兵衛や嫡男宇平治の妻の父神沢昇のかつての部下で、後の秋田市長井上広居の祖父。

十月八日

一、亀田を出立。日暮前に久保田へ帰陣し直ちに登城して届け出た。家老が御逢いになった。下城後は（小野岡）右衛門殿にだけ伺った

※ここまで「江間時庸日記」（第三冊）の内容。

（九）戦い終えて

苦戦を強いられた秋田藩と官軍だったが、九月十七日に同盟軍の突然の撤退を知った。その日から

は逆に追撃戦になった。秋田藩も新庄方面と海岸方面を南下した。当然庄内藩の中心鶴岡・酒田まで進撃するつもりだった。しかし、北陸方面から庄内藩へ討ち入った官軍参謀黒田清隆から秋田藩は庄内領に討ち入らないように指令が届いて久保田に引き上げた。

先に処分を受けた戸村十太夫も赦免された。庄内攻めで戦功を立てたら本格的に免罪すると言われて、渋江内膳隊に合流して酒田まで進駐した。しかし庄内藩は既に降伏していて、戦功を立てることは叶わなかった。これが、反戸村派の口実となり、一ヶ月後に再度の処分が画策された。戦いの舞台は、「官軍」対「奥羽越列藩同盟軍」から、秋田藩内の権力闘争に移行した。かつて「中立派」との権力闘争に敗れて、藩権力から遠ざけられていた勢力が、戸村らの復活を阻止しようとした。江間伊織も無関係ではなかった。「秋田藩士江間時庸日記」（第四巻）は、軍事活動が終了して、久保田に戻ったところから始まっている。

官軍の勝利で、秋田領内の戦争は終結した。これを受けて、宇都宮帯刀（鶴山）・戸村十太夫・金大之進らの旧体制に取って代って、官軍に近い立場で活動した人々が藩政の中心に入ってきた。

この時期の秋田藩関係の記事を読んでいて、気になったことがある。仙台藩使節襲撃事件や庄内征討などの記事では沢副総督から指示が出ているように見える。そして藩主佐竹義堯や戸村大学などは九条総督を頼り、九条総督が秋田を去ることに強い不安を感じていたように見える。佐竹義堯の要請を受けた九条総督は、上京の途中に、沢副総督と連名で戸村十太夫らを寛大に処置するように書簡を寄せた。しかし、藩内の「反戸村派」は、反撃に出た。

引続き、「秋田藩士江間時庸日記」（第四冊）を見ていく。

十月八日
一、亀田を出立して、新屋《あらや》（秋田市南部）で昼食。午後四時半頃（久保田）に到着。直ちに登城して家老と面会した。

十月九日
一、午前七時半頃に出勤した。若殿様は新屋へ出陣し、午後九時半過ぎに御帰城なされた。一片は御白洲の腰前へ御出迎えした。
一、右の件で御政務所へ一片が恐悦を申し上げた。将監殿（東家）・（小鷹狩）源太殿が御供しての御帰陣なので御政務所で御 歓《よろこび》 申し上げた。
※表方（奉行と奉行格など）と側方（用人・膳番・刀番・納戸役など）の面々を一片（一方）と書いて「ひとかた」と呼んだようだ。また「関係者一同」の意味もあったようだ。

十月十日
一、御休日だが家老・一片は午前九時半頃出勤した。
一、これまで家老・一片は毎日支度（待機）しているが、今日からは特に御用がない時は待機せず御下りになるので、一片どもでも御用のない者は待機せず下城してよいということで（会田）多仲を呼び出して指示された。

一、醍醐殿は今日湊（土崎）から御学館御旅館へ到着とのこと。午後二時半頃同役（評定奉行）中川健蔵が到着した。醍醐殿は直ちに明日出発して上京の予定とのこと。

十月十一日

一、亀田・石脇（由利本荘市）鎮撫に出張した御財用奉行石川束は御用が済んで今日帰ったと吹聴《ふいちょう》があった。

御目付　江橋小三郎

右は吟味の旨があるので御役御免の上、遠慮を命じられた。

大小姓筆頭　山口亮之助

右は橋本助右衛門に代り御刀番を命じられた。

十月十二日

一、船山官平が差引役支配を命じられたと吹聴があった。

江橋甚吉

右は根本富治に代わり差引役を命じられたこと。

一、九条左府様が上京なさるので御付添は左の通り。

物頭の代理で江戸まで　　小野（貫）又三郎

※小野又三郎＝原本（写）でも「小野」だが、「小貫」かもしれない。

京都まで　御副役　泉恕助
　　　　　詰役　　岩堀源吾
　　　　　書記　　原田与助
　　　　　大御番　柴原才之進

一、沢三位様も上京なさるので、御付添は左の通り、
　　京都書記　　　　吉川和三郎
　　同　　学館目付　髙橋多記
　　物頭　山形まで　岡誠之助

一、町所から左の通り申し出。
以前報告した入港の蒸気船へ只今御小人又治を同道して（脱あるか？）。軍務官雇士野田大蔵他六、七人が上陸。段々聞いたところ京都を先月二十六日に出帆。乗船の人勢は福山（備前阿部）勢八百人、大野（越前土井）勢二百人の合計千人位。
一、天朝から拝領の鉄砲二千挺と弾薬も積み込んでいるというので、その品を只今陸揚げの人馬の手配を命じ、右部隊の上陸等の件は野田大蔵がそちらへ行って御旅館へ御伺するとのことだ。

赤須三蔵　居判

川井広馬　同

右は親類川井助蔵が梅津千代吉隊で出兵して討死。同人に実子がないと御届したところ、私の身寄りの者に家跡《かせき》を命じられ有難いことです。同人の実弟弥吉は今年十六歳になります。同人へ家跡を命じてくださるようお願いしますとのこと。親類赤須三蔵へ願いの通り弥吉に家跡を命じると拙者（江間伊織）が山本兵衛の立会で申し渡した。

山田易之丞
下田金五郎

右は親類で役中には近進鷹匠である高橋清八がこの八月中に町田小一郎隊で出陣、同八日に岩崎で討死した。同人に実子がなく私共から御届したところ、身寄りの者に家跡を立てて下さると命じられ有難いことです。そこで同人の叔父喜代治が役中近進の御鷹匠八嶋昇の娘へ婿養子になって歩行据《かちすえ》御鷹匠として御奉公しております。血筋のことなので喜代治を取戻し、相続させたいと存じます。問題がなければ願いの通りお命じ下さるようお願いしますとのこと。願いの通り右の喜代治は実家へ戻して相続を命じると（山本）兵衛が拙者の立会で申し渡した。

大部恒治
下田東吉

一、天朝から金二万両を下されたと承った。

右は仙台方面の探索御用を命じられたので、御用金を一人につき十五両宛渡してほしいとの申し出があり、御勘定奉行へ相談し三両宛の御預金もあるので十両宛渡したいとの返事。（二人に）そのように申し渡したら、不足だと言うので相役と話合い、本当に不足ならば明朝申し出るよう申し渡した。
一、今日は拙者が泊り番を勤めた。

十月十三日　下り番
今日は御旅館会議所へ出勤したので登城しなかった。
※御旅館会議所は、御三卿（九条・沢・醍醐）が滞在した学館（明徳館）に置かれた。

十月十四日
今日は御旅館会議所へ出勤した。

十月十五日
一、八時半頃に登城した。今日は御目見はなし。
屋形様（佐竹義堯）は今日横手から御帰り。鷹狩の御姿とのことで御出迎えはしなかった。
※「戸村家膳番日記」によれば、この日江間伊織は戸村邸を二度訪問している。一度目は帰陣祝だが、二度目は「定居」で酒を出されている。この日二回も訪問したのに、それも相手が先の家老なのに、「江間日記」に記載はない。これには記録が憚られる事情があったものか。

横手で九条総督と対面した佐竹義堯が、この日帰城した。伊織の直前に金大之進の嫡男が訪問し、やはり酒を出されている。鵜沼半兵衛も訪問したと記録されている。半兵衛は御刀番であり、この訪問は佐竹義堯の意を受けてのものと考えられる。酒を出さなかったのは、帰って報告することを考慮したものか。同じ日に、戸村十太夫・金大之進（嫡男の時之丞）・江間伊織・佐竹義堯（刀番鵜沼半兵衛）が情報交換していたとしたら、と考えた時、さまざまな思いが去来した。これまで秋田藩の戊辰史から受けたのとはまるで違う映像が見えてきた。

十月十六日
一、屋形様が今日会議所に御出になり、大御番組は今後一番隊・二番隊と改められ、総じて西洋銃隊に再編すると命じられた。
一、御足軽は一組三十人宛のところ今後は五十人宛一組にすると命じられた。

十月十七日
一、今日は休日だが九時半頃に出勤した。

十月十八日
一、御三卿御旅館取締御用係は（これまで）左の通り命じられていた。人別は、
石井縫之助

平元均
岡誠之助

右の通りだが、誠之助は九条殿の御供で出かけ、平元均は体調不良で、縫之助一人が詰切になった。かつ元々三人では足りず、五人にしてほしいと物頭河又運蔵の申し出があり、(御用番の)指示を仰いで左の通り申し渡した。

梅津久太郎
吉成弥門
河又運蔵

一、新組御足軽に取立てられ、土屋弥五右衛門に附属された二十四人。彼らは出兵の際に鉄砲一丁宛預けられたが、その鉄砲は回収された。実は右の鉄砲はまだ買上げておらず、急に九条殿から五十丁拝借して渡したので回収になった。それで三匁火縄筒を一ト先《ひとまず》渡すよう御指示を仰いだら御承知と仰せ渡された。

鈴木三郎太郎

右は昨夜御旅館御副役を命じられた。かつ明日南部盛岡へ出かけるよう指示されたと吹聴があった。実は沢様の若公《わかぎみ》が同所に御出でになり、御登京の予定なので付添で登るとのことだ。

吉川類助

右は御評定奉行格で軍務局主立《おもだち》勤を命じられた旨。

一、昨日御会議の節、御旅館へ取まとめられる区分が左の通り決められた。直接見分なされて御座敷割は張札にされた。

時務局
軍務局
会計局
民政局
刑法局

屋形様・若殿様は今日招魂場（後の護国神社）へ御出でなされた。

十月十九日

一、御城へ泊り番

一、御旅館へ出勤。同役から夕食後に一片（表方）全員出勤するよう言ってきたので午後三時半頃に出勤した。御評定所を始め御勘定方・郡方・御政務所を全て御旅館へ移転するように命じられたので、明日一統出勤して座敷割を見分し、二十二日に右の御訳合について御条目を指出され、二十三日から総じて移転の趣だ。

一、日暮に御旅館から直ちに登城して、御政務所の物書筆頭と先輩二、三人が明日御旅館へ出勤して座敷割を見分することを山田大作へ伝達した。

一、夜五時半頃南部盛岡の中安泰治から（佐藤）源右衛門殿への書状を持参して、同所の形勢探索の次第を野木午之助という人が到着して報告した。直ちに源右衛門殿を訪ねて報告するよう御副役信太房之助が指示して遣わした。

小野崎鉄蔵（通亮）

右は公務人に命じられて東京詰。準備ができしだい登るように仰せ渡された旨吹聴があった。

川尻五郎左衛門

右は郡方吟味役を御人繰で御免。

出市太郎

右は川尻五郎左衛門に代って郡方吟味役を命じられた。

十月二十日

一、このたび御政務所・御評定所を始め諸藩役所を御学館へ移転してまとめることになったので、その見分に一片は残らず御学館へ出勤した。

十月二十一日

一、(土崎)湊・将軍野で長州兵隊千人位が火入銃で調練するので、若殿様が御覧なされ御上(佐竹義尭)も御出のつもりのところ風邪気味で御出でになられなかった。

船山官平

右は先頃御小人差引役支配を命じられた。

梅津定之丞

右は今日同じく（御小人差引役支配を命じられた）。

会田多仲

右はこれまで差引役支配だったが今日隙明《ひまあけ》。

船山官平

中川健蔵

御副役　渡辺多門

右は片野源之進の御詮《せん》議《ぎ》係を命じられた。

熊谷万平

右は飯塚謙助に代り林取立役加勢を命じられた。

町所物書　山田謙蔵

右は出市太郎に代り町所取次役を命じられた。

駅場御用係　小栗忠蔵

右は山田謙蔵に代り町所物書を命じられた。

皆川金太郎

右は郡方駅場御用係を命じられた。戸島村へ行って昨夜帰ったと届けた。

小野崎信蔵

右は御使役は隙明、周旋方として上京を命じられた。なお準備出来しだい、立帰り登で登ること。

御勘定奉行　萩庭彦七

右は春中からの形勢・降伏御届、なお天朝から多くの官軍を派遣（されたことなど）万端の御礼かれこれ取まとめとして江戸表から京都まで派遣される。大至急上京するように御政務所で月番の家老が直に申し渡した。

十月二十三日

一、梅津只之丞から頼まれ、今日から役前《やくまえ》を勤めた。御副役組合は吉田敬之助で、御用番は（小貫）宇右衛門殿である。

大御番　石井新蔵

右は小栗忠蔵に代り駅場御用係を命じられた。

安立勇治

黒沢小太郎

右は御政務所御物書本役を命じられた。

御評定奉行格で軍務館主立　吉川類助

右は御評定奉行格で御兵具奉行を命じられ、砲術頭取と御境目奉行兼帯も命じられた。

大御番　松本菊太郎

右は実弟亀治が和田小太郎隊で南部方面へ出兵し、同所で割腹を命じられたので、遠慮を申し立て、申し立ての通り（遠慮を）命じられた。

十月二十三日

梅津只之丞
船山官平

御副役信太房之助
渡辺主馬

右はこのたび御学館へ移転の御条目を出されたので、御用係を命じられた。御物書も二人命じられた。

大御番　古尾谷八弥

右は御用局加勢物書を命じられた。

湊町　黒丸喜惣兵衛

右は冥加《みょうが》として御軍事方へ金子百両献上したく、支障がなければ願いの通り命じてほしいと願っているという。町奉行の添書で願いの通り受領する旨。

石井　監物

右は実兄東が当八月中和田小太郎隊で出兵したが、不始末のことがあり、南部で切腹を命じられた。私においても恐れ入り遠慮を申し立て、申し立ての通り遠慮を命じられた。

小山甚五左衛門

右はかねて預けられていた片野源之進を禁固していたが、先月中敵兵が押来て近村が動揺し、当人が出兵したいと願い出たが、御伺の上と取押えていた。その内囲《かこい》を出て出兵した。その節取押かねたのは不注意の至りで恐れ入ります。そこで遠慮したいと申し上げているという。申し立ての通り遠慮を命じられた。

小野崎藤四郎

右は支配所へ回在していたが、当月十日頃から水腫症で小田野立栄の薬を服用していたが治る様子がなく、当十九日病気届を出して保養御暇を下されたので、翌二十日に大館を出足して昨二十二日に帰ったと届けた。

十月二十四日

吉原靭負
福地新六郎
平元正
秋山直
金大之進
茂呂喜助
高宮小一郎

芳賀彦右衛門
金光栄
信太理一郎
八槻直吉
中谷易三郎
田中茂吉
飯塚伝也
加藤主鈴
片岡源輔
宍戸久治
小野崎源三郎

右は大御番入を命じられたと（長瀬）隼之助・（田代）宇太が申し渡しの上、御番繰《ぐり》のことは当番大御番頭へ月番の家老が手紙で伝えた。

田中藤左衛門

右は嫡子金之助が渋江内膳隊の戦士としてこの七月中出陣。河辺郡左手子《さでこ》村戦争の際に負傷して帰り、病院で死去した。慶応元年中に同苗（田中）伝左衛門の家跡《かせき》を立て下された時に相続を命じられていた二男顕吉を戻して嫡子にしたい、顕吉の家跡は三男多儀に相続させたいと願い出たという。願いの通り役前が組頭黒木造酒へ申し渡した。

高二十三石一斗一升六合　三人御扶持御給銀九十匁　吉川藤右衛門

右は信太内蔵助隊の戦士としてこの八月九日出陣したが、九月八日小種《こたね》新田戦争の際に討死したことを嫡子伝八から御届とのこと。嫡子伝八へ遺跡を相違なく命じられたこと。

高八一石二斗八升九合　朝日勇治

右は梅津千代吉隊の戦士を命じられて出陣し、去月八日福部羅《ふくべら》戦争で討死した。嫡子小太郎は十三歳なので親類から御届とのこと。嫡子小太郎へ遺跡は相違なく命じられたこと。

臼井源治

右は梅津千代吉隊で出陣し福部羅で討死した。同人に実子がないことをお届けしたところ、身寄りの者に家跡を相続させると仰せ渡された。同人実弟椿之助二十四歳に家跡を命じてほしいとの願い。願いの通り親類大野弁蔵へ申し渡した。

井山為吉

右はこの七月十八日梅津千代吉隊の戦士として出陣し、九月八日福部羅で討死したことを親の茂助から御届け。御承知とのこと。

高四十九石九斗八升　　　　横手戸村隊　赤尾関市兵衛

右は親市兵衛が（戸村）大学隊の小荷駄方として河辺郡上野へ出兵して討死したと、嫡子庄助が御届け。遺跡は相違なく命じられる段。

高四十石九斗七升六合　　　　　　　　　滑川藤五郎

右は親藤五郎が大学隊の戦士として上野で討死した旨を嫡子運八が御届け。同断（遺跡は相違なく命じられる段）。

高十六石　　　　　　同（横手戸村隊）　宮梯勘右衛門

右は親が当八月十一日横手城で討死したと、嫡子忠三から御届。同断(遺跡は相違なく命じられる段)。

渡辺喜一郎

右は梅津千代吉隊鉄砲与力として出兵し、九月八日に福部羅で討死した。同人には実子がおらず、親類から御届けした。身寄りの者に相続させる段。

石川忠吉

右は渋江内膳隊の戦士として出陣し、先月十一日椿台で深手を負い、同十五日病院で病死した。同人は実子がなく身寄りの者に相続させると仰せ渡され、実弟謙吉に家跡《かせき》を命じられたという。願いの通り。

岡島謹治

神保左記

右は当月十九日、二十日当番のところ、前もって御刀番町田小一郎から平当番十人が泊りをするように命じられ、当番に限り同役共から伝えるべきところ、心得違で十九日の晩に八人泊りをさせたことは不注意の極みで恐れ入ります。このため遠慮申し上げたいとのこと。申し立ての通り命じられた。

和田小太郎

右は南部領春木場（岩手県雫石町）に滞陣の時、石井束その他乱暴の所業があり、糾明中に脱走する仕末。結局は以前からの指導が行き届かず、終には総督府から苦情を言われることになり重ね重ね恐れ入ります。そのため遠慮しているとのこと。申し立ての通り遠慮を命じられた。

小泉政治

右は辰之助がこのたび出陣先で不始末があり、沢主水様から落髪を命じられて、当二十一日夜中に到着しました。私においても恐れ入ります。そのため遠慮しているという。申し立ての通り遠慮を命じられた。

小泉辰之助

右は追って言い渡されることがあるので、上から遠慮を命じられた。

吉成慶之進

右は寅之助がこのたび出陣先で不始末の事があり、沢主水様から落髪を命じられ、当二十一日夜中に到着しました。私においても恐れ入ります。そのため遠慮している旨。申し立ての通り遠慮を命じられた。

慶之進叔父　吉成寅之助

右は追って言い渡すことがあるので、上から遠慮を命じられた。

中村仲

十月二十五日

右は嫡子久太郎が七月中に古内左惣治隊の戦士として出兵し、同月二十八日矢島百宅《ももやけ》で討死した。右の届けを御承知。

高四十四石四斗六升九合　(佐竹)大和組下大館給人　田須七郎右衛門

同　佐太郎

右の遺跡願は言上の上追って仰せ渡される。

同断（佐竹大和組下大館給人）　柏喜衛門

右は嫡子勝治が討死したので、久保田の親類河又運蔵の実弟藤治今年三十歳を娘の婿養子にとの願い。言上の上仰せ渡される。運蔵からも同じく申し立て。

朝日小四郎

右は親勇治が先月八日に福部羅戦争の際に討死したので、先月十二日まで五十日の忌を届けた。

※九月八日から十二日なら五日だし、親の忌日なら五日では少なすぎる。「先月十二日」が「来月二日」なら理解できるが……。

平沢三郎右衛門実弟　（佐竹）河内組下角館給人　平沢宇吉

右は周旋方として早速東京へ登るように申し渡した。

一、十一時半頃、御広間へ（佐竹義堯が）御出座。引渡《ひきわたし》・廻座《まわりざ》・諸役一丁役まで詰めた。御条目は左の通り。

御右筆小野崎兵右衛門がこれを読んだ。

先般

朝政御一新。何事も簡易に、諸藩でも速かに政令を大変革して天朝の御心を安んじ奉るようにとの御沙汰である。先日賊徒が侵略して領民は塗炭の禍に罹《かか》り、かつてない恥辱を聞いたのも、結局は悪習を排除しなかったためと、天朝・御先代に対して恐懼《く》に堪《た》えず、切歯このことである。ついてはこのたび自分は格別の考えで悪習を改め、わずらわしい規則などを省き、格段に国体を更張《こうちょう》致したいので政事を初め、軍制に至るまで学館へまとめ、局々を分け、総じて簡易の取扱に一新するることを命じた。年寄共始め諸役人が日々その局々へ出勤して諸事延滞なく処理するようにしたいので、会議所を設け、自分が毎日出席して衆議を聞き、下情《かじょう》を通しその良いことを採用したいと思う。大臣は言うまでもなく、軽輩末々《すえずえ》に至るまで気付いたことがある面々は同所へ出て、忌諱《きたん》なく聞かせるように。したがって家中の面々は自分（佐竹義堯）の考えに基づいて国家（秋田藩）の為、精々その分を尽くし、いよいよ節義の風を崇《たか》め、士気をひとしお振起《しんき》いたすよう願っている。詳しくは年寄共から執達する。

十月

執達

今般重き御居《おすえ》を以《もっ》て朝政御一新。何事も簡易にとの御趣意に基づき、悪習を改め、煩《わずら》わしい規則などを省《はぶ》き、格段に国体を更張《こうちょう》致し、政事を初め、軍制に至るまで学館へまとめ、局々を分け、総じて簡易の取扱に一新された。家老以下諸役人が日々その局々へ出勤して諸事延滞なく処理すべし。なお会議所を設けられ、日々藩主が御臨席、衆議を聞かれ、下情に通じてその良いことを採用される思召《おぼしめし》なので、大臣は言うまでもなく、軽輩末々の者まで、忌諱なく心底《しんてい》残らず申上げるようにとの厚い思召である。したがって家中の面々もその御趣意に対して、さらに文を尊び武に励み、倹約に努め、非常時には一層奮発して忠勤を励むように普段から心懸けること。そこで執達はこの通りである。

右は御副役渡辺主馬がこれを読んだ。

十月二十六日

井口《いのくち》糺

右は御人繰で砲術所諸役を御免、大御番入を命じられ、周旋方として東京へ登ること。なお準備ができしだい道中大急ぎで登るよう申し渡した。

中村龍助

右は組の御足軽粂《くめ》佐市左衛門がこの二十三日夜に通町橋《とおりまちばし》御番所の当番の時、無調法《ぶちょうほう》のことがあり御奉公の御暇を命じられたこと、私においても恐れ入ります。これにより遠慮しておりますとのこと。即刻御免と代理の白土《しらど》第力へ申し渡した。

十月二十七日

石塚源一郎

右はめまい症で出勤の見込がなく、家老職辞職を願い出たので願いの通り御免。

小鷹狩源太

右同断（めまい症で出勤の見込なく、家老職辞職を願い出たので願いの通り御免）。

右は将監殿（東家）から御勘定奉行・同役（評定奉行）・御副役を呼び出されて、御内達で申し渡すように指示された。昨夜（志賀）為吉・（中川）健蔵・（信太）房之助が参上したそうだ。

真崎兵庫

右は出勤差留で差し控えていたが、今日思召により家老職を免じ遠慮を命じられたという。右の御三方ともお知らせがあった。

右御三方の御用判を中座において、御使番小頭を呼出して絶判にさせた。役前である拙者（江間伊織）・御副役吉田敬之助が立会って絶判が済んだ。右の御判は封じて直々右の御使番小頭へ渡してしまわせた。

一、相馬因幡《いなば》守様の御家老から年寄衆へ手紙が届いた。その御返書は拙者が草稿を書いて差上るよう、昨日（岡本）又太郎殿から指示された。右の草稿を同役（介川）作美・御留守居河野総一郎・長瀬隼之助・遠藤弥生へ見せて、これでいいか相談を尽した上で、又太郎殿へ差上げた。

梅津頼母
小田野刑部

右は親類真崎彦六の親兵庫が思召により御家老職御免で遠慮を命じられた。拙者においても恐れ入り遠慮しております。なお現在同人は遠慮中なので、拙者共が申し上げたという。遠慮を命じられるべきところだが、申し立て中のことなので、なおも慎むよう（小貫）宇右衛門殿が仰せ渡され、その旨を申し渡した。

十月二十八日（記事なし）

十月二十九日

一、今日から御学館へ移転。御用始めの儀式があり家老の部屋で、切熨斗《のし》の頂戴があった。

一、一片へ酒肴数の子浸《ひた》し一《ひ》と通《とおり》拝領した。今日から諸事御一新ということだ。御上（藩主）は日々会議所へ御出でになられる。

十一月一日

一、今日は出勤すべきだが風邪《かぜ》に疝気《せんき》が加わったせいか、昨夜から熱気がひどく頭痛寒気が強く、保養御暇を頂きたいと同役梅津定之丞・会田多仲まで言ってやった。今日は御休日なのでうまくやり繰りするとの返事だった。

十一月二日

一、今日もとても出勤できないので保養御暇を頂きたいと梅津定之丞まで言ってやった。（御用番に伝え御承知との通辞がきた。

一、夕食後、（梅津）定之丞殿から書状で、定之丞・拙者・御副役山本兵衛の三人を宇右衛門殿が御呼出だと言ってきた。拙者は保養御暇と申し上げたら（あとの）二人を呼出され、刑法局御用係を命じられた。なお拙者へは直ちに伝えるよう指示された旨言ってきたので、畏《かしこ》んで御受けすると申し上げた。

十一月三日

一、拙者は体調不良で未だ全快ならず、今日も出勤できない。昨日刑法局御用係を命じられたが、中々三人では行届くわけもない。つまり士分の御詮議《せんぎ》の節は奉行二人・御副役一人が御会所へ出勤する。（その）跡《あと》へ申立遠慮があっても取扱う者がおらず、せめてその御用係の奉行二人御副役二人も命じてほしいと。なお刑法局は御小人差引役支配でなければならず、船山官平殿も命じられるよう仰上られるべきと、同役梅津定之丞まで言ってやったところ、尤《もっとも》の旨返事（があった）。なお拙者が出勤して申し上げるべきなので、一日も早く出勤するように言ってきた。未だ出勤できかねている。

十一月四日（記事なし）

十一月五日

一、（小貫）宇右衛門殿が仰せ渡された旨で、拙者は御人繰で御評定奉行を免じられたと仰せ渡された。

一、御評定奉行梅津定之丞は（学館）助教へ帰役を命じられ、山本兵衛は公用人へ転役という。そうすれば二日に刑法方係を命じられた拙者を始め皆罷免されたことになる。これは訳のありそうなもの。その代り介川作美・加藤敬吉・御副役駒木根昇が命じられたという。

※最初に任命された刑法係三名が更迭《こうてつ》され、代わって介川作美ら三名が新たに任命された。伊織はこのことに不審を抱いた。任命してわずか四日目の罷免だから、疑いを抱くのは当然だろう。また、わずか数日の在任期間だったので、研究者にも見逃されてきたのかもしれない。（この後六日分の記録が欠けている。）

十一月十二日
今日若殿様が東京へ御登なされた。御供は全部で五十人ほどしか従えていないという。皆御一新の御振合ということだ。御供は御側の両役（用人・膳番）を始め皆徒歩で自身が銃を持参。御駕籠は御上だけで御家老（岡本）又太郎殿だけは駕籠を持参したという。

十一月十三日
一、拙者の御番入願を御物書立原順蔵へ頼んで差出したところ、大御番へ御番入を命じられた旨仰せ渡された。

十一月十四日
一、大御番（頭）玉生六郎殿の御用状で今日午前十一時頃の催促があった。拙者は病中で全快してないので、誰頼を差出したところ大御番五番へ御番入を命じられた旨仰せ渡された。誰頼は駒木根仲に頼み、同番組頭神沢龍蔵へ御番入を命じられた旨届けた。なお当番中のことなので、体調不良で繰合のことを頼んだ。御番頭全員に挨拶回りするように伝えられたので、直々同人を頼んで回勤した。家老への挨拶回りも直々同人へ頼んだ。

※「誰頼」の説明は見つけられないが、他の文書での使用例などから推《お》して、「代理人」ほどの意味で理解している。
※駒木根仲は、伊織の妹の孫で当時は御側小姓。
※神沢龍蔵は、嫡子宇平治の妻の弟で大番組頭。

一、勤功書と分限《ぶげん》書付を差出すよう組頭同人（神沢龍蔵）から言ってきたので、直ちに神沢へ頼んで差出した。

十一月十七日（グレゴリオ暦十二月三十日）
明達館から拙者と同姓宇平治を催促。拙者は病中、宇平治は遠慮中なので、駒木根仲を頼んで差出したところ、左の通りの御書付を添えて毛布一枚ずつ拝領を命じられ、有難き幸せです。
東地征討の諸軍は勇進長駆しすでに敵の本拠地に迫り、勝ち戦の知らせが続き、（天皇は）大変御喜びである。そして辺陬《へんすう》の地はそろそろ冬になり風雪の惨苦に至るのではと深く御心を痛められ、格別の思召で少しでも防寒のため毛布一着ずつ賜わるとのこと。

九月　　行政官

※藩校明徳館は、御三卿の「御旅館」として接収されていたが、十月二十九日からは秋田藩の諸役所が移され県庁の原型のようなものになっていた。その一時期は「明達館」と呼ばれていたようだ。

行政官の達書に見える「毛布」は、防寒用の軍用マントとして使用したようだ。「奥羽戦記」（『復古記』）によれば、「○久保田藩記に言う、十一月十一日、防寒のため毛布を一枚ずつ、諸隊長へ頂戴した」とあるので、職は解かれたといっても、江間伊織・宇平治親子は一応「諸隊長」として処遇されたように思ったのかもしれない。（しかし、「佐竹義堯日記」に「毛布八百枚」とあるので、それほど特別な待遇ではなかったように思われる）。江間伊織が、日記をこの記事で締めくくったのは、新政府（藩庁）から功績を認められたことを示し、その意に従うことを表明したものとも読み取れる。
十一月五日に江間伊織が評定奉行を罷免されたが、嫡子宇平治も翌々日の十一月七日に「吟味の旨これあり」として明徳館教授並の職を解かれ、「遠慮」の処分を受けている。「吟味之旨」も父親江間伊織との関連も不明だが、半年後の明治二年五月には教授として復職している。

※ここまでが「秋田藩士江間時庸日記」の全内容。

（十）秋田藩の戦後処理

戊辰戦争は戦いが終わっても尾を引いた。「秋田藩四大事件」が代表的かと思うが、さらに『秋田県史（維新編）』で山崎真一郎は「三ツの人事問題」として次のように述べている。

藩内には、戦況の好転を機にして、藩重役陣容の中にある派閥が抬頭し、政権の座を掌握しようとする風潮が動いており、義堯の容認し得ない方向を辿《たど》っていた。このことは、あるいは薩・長主戦派の強要により、あるいは又彼等を背景とする派閥運動家の越権行為によって行われたものであった。として、次の三点を指摘している。

- 早川輔四郎の自決命令
- 真崎・石塚・小鷹狩三家老の罷免
- 戸村十太夫・金大之進等の再度の処分

この三つの問題について、江間伊織の日記にもいくつか記述がある。例えば、江間伊織が明治元年十一月二日に評定奉行として刑法局担当に任命されたが、わずか四日後に評定奉行自体を罷免された。伊織自身が「何か訳がありそう」と疑問を述べている。自分なりにその理由を考え次の二つのケースを想定した。

① 官軍・御三卿への「御届調係」（連絡係）だった嫡子宇平治が何らかの対立に巻き込まれた（明確な史料が見つからないので、深入りしないが、井口正兵衛の日記に、中田錦江・狩野深蔵〈良知〉を排斥しようと、根本周助〈通明〉が動いたことを覗わせる記事がある）。

② この直後に戸村十太夫・金大之進らに対する再度の処分が画策され、刑法局がその任務を担《にな》うことになった。両者と近い関係（特に大之進とは親子二代にわたるつながり）があった伊織が担当するのは不都合と考えられた。

※伊織の父（江間郡兵衛）と大之進の父（金易右衛門）は、文化期〜天保期に共に「改革派」として藩政改革や殖産興業に力を尽くしている。

実際の経過でも、十一月五日、江間伊織が「御人繰《おひとぐり》」をもって評定奉行（刑法局担当）を罷免された。その日に介川作美・加藤敬吉が刑法局担当評定奉行に任命されている。平元正「献芹録」によれば、その介川らが戸村十太夫・金大之進・平元正（謹蔵）らの再度の厳重処分を上申したという。

山崎真一郎氏は、『秋田県政史』で、十月二十九日に設置された刑法係が戸村・金らへ寛大な処分を拒否して、厳罰を画策したことを指摘し、『秋田県史（維新編）』で、戸村らの再度の処分について、次のように論じている。

「戸村宥赦《ゆうしゃ》に関する総督等の存意書を知った刑法局（十月二十九日開局）係奉行副役等は、この無条件の十太夫宥赦を承服せず早くも十一月に内儀を尽くし、義堯に進言すべく左の案文を作成した」。「もし、この罪案が大山格之助あたりが起草したものとすれば了解されぬこともないが、十太夫の元輩下《はいか》たる刑法局奉行等の手によったことは真に不可解である」。

と述べ、白石同盟調印の際の事情も示して戸村十太夫の「無実」を主張している。

しかし、この部分は不正確である。刑法局担当の奉行・副役は、最初は梅津定之丞・江間伊織・山本兵衛の三人だった。彼らは任命後わずか四日目に全員更迭され、介川作美・加藤敬吉・駒木根昇の三人が代って任命された。どちらの三人も戸村十太夫の「元輩下」ではある。しかし、実際は江間伊織を含む三名を外して、十一月五日に新たに任命されたメンバーが厳罰案を作成したことは指摘されていない。

平元謹斎『献芹録』を参照すると、戸村・金《こん》の処分案と実際の処分には落差があった。佐竹義堯が彼らの処分を軽くするために奔走し、京都の九条通孝らにも働きかけた成果と平元は感謝している。しかし、処分は軽減されたが、彼らが政治的な力を回復することはできなかった。

① 戸村十太夫・金大之進等の処分案と実際の処分

庄内進軍の直前九月二十四日に、戸村・金・飯塚・平元・秋山らの蟄居《ちっきょ》処分が解除され、特に戸村には庄内進撃の先鋒が命じられ、戦功があればさらに寛大な取扱があるとしている。諸隊に対しても戸村への協力を指示している。しかし、官軍監察山本登雲之助や秋田藩参謀介川作美らは非協力の態度を示した。そこで戸村は渋江内膳隊に合流して庄内をめざした。庄内藩の降伏で「戦功」を立てることはできなかったが、佐竹義堯の働きかけもあり、九条総督らが示した戸村らへの寛大な取扱の指示を受けた。内容を要約すると、

「敵対勢力が降伏謝罪した。仙台や米沢の謝罪を受け入れた以上は、寛大な取扱をするのが当然である。今後は先頭に立って国家のために尽力してもらいたい。」

というごく穏当な内容であった。

しかし、これで収まらないのは、戸村らの追放によって権力を確実に掌握しようとする勢力だった。家老である渋江内膳・佐藤源右衛門はかつて権力闘争に敗れた経験があり、砲術所員たちは、不遇な扱いを受けていた。沢副総督が秋田領に入って能代に滞在した際に、砲術所員らが血誓書を出してまで副総督の滞在を求めたりもした。官軍が立ち去ったら、再び旧体制が復活して逆襲される恐れは多分にあった。

自らの立場を守るため可能な限りの手を打つのも当然だろう。彼らもまた必死だった（そもそも砲術所員の多くは、家督を継げず、したがって藩内で出世の望みも持てない極めて不遇な存在であった。そのような不遇な立場の人々をきちんと処遇してこなかったことが、七月四日の事件につながったとは言えないだろうか）。

これは時と場所を異にするさまざまな場面でも考える必要があると思う。社会の「安定」と「変化」

の匙《さじ》加減を間違えないことが為《い》政者に求められると思う。そしてそれができない時に、たまりにたまったエネルギーが爆発することもあるだろう。明治維新に際して「五か条の御誓文」で、「官武一途《いっと》庶民ニ至ル迄各其志ヲ遂ケ人心ヲシテ倦《う》マサラシメン事ヲ要ス」（誰もが自分の志を実現し、うんざりしないようにしなければならない）と述べているのは、倒幕がこのような人々の支持にも支えられて実現したことを受けたものかもしれない。

また後述するが、平元正（謹斎）は「献芹録」で、再処分の首謀者として、介川作美・中川健蔵の二人を名指ししている。中川健蔵は明治二年に宿老格に抜擢《ばってき》され、維新後の秋田藩の出世頭であった。『秋田人名大事典』（秋田魁新報社）でも元治元年の藩主上京建白書提出を使嗾したとか、志賀為吉襲撃事件や外山《とやま》・愛宕《おたぎ》による政府転覆陰謀事件の陰の人物と記述されている。介川作美について、同事典にそのような記述はないが、先述した早川輔四郎を切腹に追いこんだ事件やこの戸村十太夫の赦免につながる活動を妨害し、再処分を主導したこと等から考えて、平元は介川作美を陰謀の中心として認識していたようにも見える。

処分案と実際の処分を見ていきたい。

「明治元年十一月の刑法局よりの処分案（伺）」

戸村十太夫

右は今年夏の仙台表での会議の時、盟約書に調印した一条については、朝廷に対しても切腹を命じられて当然の処、格別に篤い思召で蟄居《ちっきょ》を赦《ゆる》され、庄内征討の先鋒《せんぽう》を命じられ、戦功を立てたらさらに御寛恕《かんじょ》の道もあったが、庄内藩が既に降伏し、他に戦う場所もないので戦功も立てられない。そこで本罪は切腹にあたるが、九条殿から寛大の御沙汰もあり、かつ先祖義国の大坂での戦功も考慮され、すこぶる御宥恕《ゆうじょ》を以《もっ》て、知行の半分を没収し、御預け（他家への禁固）の処分にするべきと存じます。

（原本は添削が入っているが、添削前の部分を収録）

金大之進

右は今年の夏、戸村十太夫と共に仙台会議で盟約書に調印した一条については、朝廷に対しても切腹を命じられて当然の処、格別に篤い思召で蟄居を赦され、庄内征討の先鋒を命じられ、戦功を立てたらさらに御寛恕の道もあったが、庄内藩が既に降伏し、他に戦う場所もないので戦功も立てられない。そこで本罪は切腹にあたるが、九条殿から寛大の御沙汰もあり、かつ数十年来重い御役目を勤めた事を考慮され、知行の半分を没収し、御預けの処分にするべきと存じます。

右の件を担当者が評議を尽した上で御伺いたします。以上。

十一月　刑法係
奉行
御副役

山崎氏によると、この伺は、藩主の意に真っ向反するものであった。そのため提出がためらわれたが、藩の機構改革の機会をとらえて実行された。平元正は「献芹録」で、佐竹義堯が京都の九条総督らに働きかけて、「軽い処分」になったことを感謝している。戸村十太夫は「半高召上御預ケ」から「三ケ壱召上」に軽減され、金大之進は伺の段階から「三ケ壱召上」に変更されたようだ。佐竹義堯の働きかけで、戸村は禄高の三分の二は保持し、身柄も他家に拘禁《こうきん》されずに済んだ。この動きの中に、戊辰戦争を経て藩主は引続き権威は保持しても、絶対的な「権力」は失っていった過程が見えるような気もする。

戸村・金と同時に再処分された平元正は「献芹録」で、次のように記している。

若殿様の御側小姓岡雄五郎が来た時に内々に話があった。当春（明治二年）の始め、介川作美・中川健蔵が（戸村）十太夫殿・金大之進を切腹でなくとも厳罰に処すべきと、飯塚伝也・拙者（平元正）・秋山直のことも厳罰にするよう申し上げた際、屋形様（佐竹義堯）は考えておくと言われ、京都の九条殿・沢殿へよくよく申し入れ、御上（佐竹義堯）へ御任《まか》せのことになって、軽い処分で済んだということだ。罪を受けた後でも藩主・世子《せいし》は皆尊い思召で、感泣《かんきゅう》に堪えない。（以下略）

官軍の力を背景にかつての「中立派」の排除を図った出来事であり、この直前にはその障害となる刑法係のメンバーを全員入れ替えている。刑法係担当の評定奉行を罷免された江間伊織は不審を覚えて、婉曲に指摘したものと思われる（言い換えれば、婉曲にしか表現できない状況だったのかもしれない）。

②　三家老の罷免《ひめん》

十月二十七日に、石塚源一郎・小鷹狩源太・真崎兵庫の三人が家老を罷免され、代わって（一部時期がずれるが）、佐藤源右衛門・渋江内膳が家老に再任、須田政三郎が新任された。

石塚源一郎は能代在陣の沢副総督へ使者に立った際に、強硬に領外退去（能代からの出帆）を求め、かなり相手の感情を傷つけたようだ。また、七月四日に砲術所員らが決起した際に、石塚邸が「同盟派」の拠点と目されていたので、それが理由だったかもしれない。

小鷹狩源太の罷免の理由はよく分からない。ただ、横手落城前後に横手方面に派遣されていたので、その時の何かが咎《とが》められたのかもしれない。

真崎兵庫は状況から見て、九月十日に沢副総督が神宮寺から角館へ密かに撤退した件で、「隊長会議」の結果に強く反発したことが直接の原因だろうと推察する（加えて、宇都宮帯刀の二男であったことも影響したかもしれない）。「戊辰秋田藩戦記（院内口）」（『新秋田叢書』第四巻）の九月十日の記事で、

副督転陣の件は、真崎兵庫を始め秋田藩の将士の多くの異論があったが、賛成者が少なくついには消えた。

山崎真一郎は『秋田県史（維新編）』で、次のように批判している。

何れにしても、この際の三家老の罷免は、全くその理由を見出し兼ねる不快な人事であった。

③ 江間伊織の罷免

そして江間伊織も評定奉行を罷免された。先の三家老ほどは注目されなかっただろう。だが、彼ら三名を刑法係から外し、新たに任命された介川作美・加藤敬吉・駒木根昇の三名が先に見た戸村・金の処分案を起草した。したがって、これが戸村・金を政治的に抹殺するための重要な布石だったことになる。伊織は介川作美らの意図を察知し、「不審」という表現で記録に残したものだろう。処分を受けた面々と伊織との関わり合いは次のようになる。

戸村十太夫と伊織の関り合いは、横手城代と御刀番、後に家老と評定奉行の関係だった。文久三年の佐竹義堯上洛に御供するために、久保田から江戸に向かった伊織は途中で横手城の戸村十太夫に挨拶している。その際に酒食の接待を受け、お土産までもらっている。五月の沢副総督の秋田入りに関しても使者の報告を、久保田にはいないはずの、戸村十太夫宛に出している。十月に戸村が庄内方面から引き揚げて久保田に帰着した際に、一日に二度戸村邸を訪れている。一度は酒を出されている。戸村と金ほどではないとしてもかなり親しい間柄ではなかったかと思う。戸村大学が十太夫宛に出した書状からもそのことが窺える。

金大之進と江間伊織は親の代からかなり親しかったようだ。伊織が側小姓・刀番の時に、大之進は膳番・用人として、共に藩主（義厚《よしひろ》・義睦《よしちか》・義堯《よしたか》）の側近く仕え、藩内の巡見などにも共に御供している。また、藩主の言葉として、家老宇都宮帯刀に伊織のことを有能だと誉めている。

飯塚伝也とは世悴《せがれ》小姓の時（十代前半）から長年藩主の側で共に勤務した。飯塚・秋山が六月一日に新庄で仙台藩隊長梁川《やながわ》播磨と交渉した際は同じ宿に待機して支援している。

真崎兵庫とは九月十日の沢副総督の角館退避を阻止しようと共に強く主張し、藩内の官軍関係者と激論している。ここまで見てくると、十月十四日に戸村邸を訪れた三人、江間伊織・金時之丞・鵜沼半兵衛の関係が気になる。時之丞は大之進の、半兵衛は佐竹義堯の代理のように見えてきてしまう。

④　朝廷よりの毛布拝領

「御人繰」といっても罷免されたわけで、家禄百二十石は保証されても、実質的には失業状態だったろう。嫡男の宇平治もほぼ同時に明徳館の教授並（准教授）を罷免されている。失意の状態だったと思う。その時に、明達館から連絡があり、行政官（政府）から戊辰戦争への貢献を嘉《よみ》して、天皇の気持ちを書いた書付と一緒に、「各隊長」に毛布を一枚ずつ支給された。伊織・宇平治親子にとって極めてうれしく、また有難い出来事だったと思う。その後新政府の下で二人はそれぞれの道を探り、伊織は帰農して西洋果樹・野菜の栽培の先駆者になり、秋田県で最初にりんごを栽培して成功した。宇平治は明徳館の教授からやがて、秋田県で最初の学区取締・教員養成学校（伝習学校・太平学校）の教員として新たな道を歩み始めることになった。

（十一）幕末・維新史についての疑問

幕末・維新史が書かれるとき、「〇〇史観」のように結論が先にあり、それに合わせた議論が展開されるような例をいくつも見た。著者の立場・利用できる史料の制約や社会的な圧力が記録や著述に影響し、それが「定説」として定着していくことが問題だと思う。

秋田藩についても、戊辰戦争前後の動きはなかなか判然としない。先人も疑問を持ち色々と検討しているようだが、諸事情で事実とは言い難《がた》い事柄もかなりあるように思われる。明治以来の主要な著作と『秋田県史（維新編）』、そして今回取り上げた「秋田藩士江間時庸日記」や書状類を比較してみると、一見些細《ささい》に見える食い違いなどから、それらの著作全体の信憑《しんぴょう》性に疑問が湧いてきた。たとえば、秋田藩の戊辰戦争史の記述に大きな影響を与えた根本通明「従軍経歴」では、江間伊織から見ると、やったことは書かれず、やっていないことが書かれている。同じ出来事でも、見方・立場でその受け止め方は違うだろう。さらには戊辰戦争の前後では国内や藩内での立場が逆転したり変化して、各勢力や事件に対しての評価が激変したことについても改めて注意する必要があるだろう。一面的な叙述は厳に慎まなければならないと思う。

それぞれの地域間でも対立抗争があったわけだが、それについても「官軍」対「賊軍」のような一面的理解に終始してはいけないと思う。藤原相之助『仙台戊辰史』に藤原氏の祖父の言葉、「官軍も賊軍もない」ということが書かれている。

戊辰戦争に関する書籍は多いが、東北地方については「会津戦争」以外にはあまりページが割《さ》かれず、秋田藩領内の戦いについてはとても少ない。まして一介の評定奉行に過ぎない江間伊織については、注意深く探してもほとんど記事がない。秋田県の人名事典にもなく、戊辰戦争関係の人名辞典にも載らず、江間伊織の日記は秋田の戊辰史の記述には活《い》かされなかったと、最近まで思い込んでいた。

しかし、実際は全く違ったようだ。偶然に仙台市民図書館で、『大日本維新史料綱要』を読み、「秋田藩士江間時庸日記」という記述に出会って驚いた。そして紆余《うよ》曲折の末、文部省維新史料編纂《さん》事務局から東京大学史料編纂《さん》所への『引継本』の中に「秋田藩士江間時庸日記」を見つけることができた。検索してもなかなか見つからず諦《あきら》めかけていた頃、「江間村」の隣に「秋田藩士　江間時庸日記」を見つけた（「間」は「間」の異体字）。データベースで検索しても見つからず、直接史料編纂所に手紙で問い合わせて、ようやく『秋田藩士江間時庸日記』四冊を入手できた。

奥書などから推測すると、伊織の孫である江間寛治が所蔵していたが、寛治は大正十二年に死去し、大正十四年頃には、「秋田図書館保管」とある。しかし、秋田県立図書館・秋田県公文書館の蔵書や史料を探しても見つかっていない。

その「秋田藩士江間時庸日記」を読み進むうちに、他の人の日記・記録類にも江間伊織の記事があるに違いないと思い直して検索を繰り返し、可能性のありそうな史料に片端《かたはし》から当たってみた。その結果、「戊辰戦争関係書類一ト綴」など江間伊織の日記の抜書資料を何点か見つけることができた。佐竹家が戊辰戦争を記録するにあたってもかなり重要な史料として取り扱われたことも分かってきた。併《あわ》せて大量に抜書参照されているにも関わらず、いくつか重要な部分が欠けていることに不審を覚えるようになってきた。例を上げると、五月二十三日に仙台への使者として出発した際の交渉内容がわずか一文落し、九月十日の沢副総督が神宮寺から角館へ転陣した顛末《てんまつ》等については、長文の内容が欠に圧縮されていた。その抜けている部分にこそ「勤王秋田藩」像を形成し、明治新政府内での立ち位置を少しでも有利にしようとした意図が隠れているようにも見え、今後の課題にしたいと考えている。

戊辰東北戦争に焦点を当てた書籍（特に、明治～昭和戦前期）では、書き手の属する地域や集団に強く影響され、客観的で事実を冷静に解釈したというより、予定調和的で情緒的な表現が多いようにも思われる。

自分も草稿を読み直していて、ふと不安になった。江間伊織と周辺の史料はともかくとして、戊辰戦争に関して参照した書籍が、（特に地域的に）偏り過ぎているのではないか。大山柏『戊辰役戦史』もきちんと読んでいなかった。青森県史・山形県史・岩手県史もきちんとは読んでいない。関係すると思われる部分に慌てて目を通した。一時に読んだせいか、同じ出来事に対しても、その土地土地で随分書き方が違うものだと改めて感じた。

『復古記』や『大日本維新史料』が、「官軍」側だけでなく、非「官軍」側の史料も多用して、使い方によっては有用な編纂《さん》物ではないかと思うこともある（もちろん、編纂目的が明治維新の正統性と功労者の顕彰にあり、決して客観的ではなく、箱石大『戊辰戦争の史料学』の指摘のように、できるだけ元の史料に遡《さかのぼ》って吟味することが大切なことは言うまでもない。ただ遺憾《いかん》なのは、そのような元の史料の多くが今日所在不明であること。「所蔵者」がその史料の存在自体知らなかったり、公的機関に所蔵されていたはずなのに検索しても見つからないことが何度あったことか）。

自分も戊辰戦争に関する書籍のいくつかに目を通したが、「秋田藩士江間時庸日記」を参照したと思われるのは、『大日本維新史料稿本』・『維新史料綱要』しか見つけられなかった。「戊辰出羽戦記」（『新秋田叢書』）では江間伊織の名前がいくつか出てくるが、日記が参照されているとは思えなかった。しかし、狩野徳蔵がこの書をまとめるもとになった史料には「江間日記」がかなり取り入れられているることが分かり、逆になぜ「江間日記」の影響が感じられないのか、そちらに興味が湧いてきた。日記をほぼ連日にわたって書き抜いているのだが、それは内容ではなく項目の羅列に近いものだった。それはそれで必要だとは思うが、十分とは言えないと思う。

昭和三十年代になってようやく、『秋田県史（維新編）』が戸村十太夫の子孫に伝わる古文書類を含めた形で記述された。著者山崎真一郎氏らの働きかけに応《こた》えて戸村十太夫の孫が公開に踏み切ったという。

『秋田県史資料明治編上』でも『戸村家文書』から多く採録されている。その中に江間伊織が登場する資料も何点かある。特に官軍（九条総督・沢副総督）や奥羽越列藩同盟との関りに関する部分が記述されている。『戸村家文書』の中に江間伊織の報告書や伊織に言及する書状が何通か含まれていて、この『秋田県史（維新編）』で初めて江間伊織の事績にも光が当てられたように思われる（旧『秋田縣史』にも「北家御日記」を引用する形で記述されていたが、前後関係や他の関係者との関わりはよく分からなかった）。

さらに、「東山文庫」その他で江間伊織の会田多仲宛の書状を見つけた。平元正「献芹録」等と併せて読むと、官軍と秋田藩の交渉過程や内容がより理解できたように思う。

第四章　明治維新後の江間伊織

(一) 明治維新期の秋田藩（廃藩置県まで）

戊辰戦争後、新政府は「尊王攘夷」から「開国維新」へと大きく舵《かじ》を切っていった。それは旧体制と戦った仲間がそれぞれ別の道を歩き出すことでもあった。今日の秋田県は、かつての秋田藩・本荘藩・亀田藩・矢島藩に加え、旧盛岡藩領の鹿角郡で構成されている。しかし、明治二年の版籍奉還、明治四年の廃藩置県までは、各藩がそれぞれ独自の道を歩んでいた。

秋田藩では、戸村十太夫・石塚源一郎・小鷹狩源太・真崎兵庫の四人の家老が罷免され、小野岡右衛門も明治二年に自ら引退した。彼らに連なる多くの人材も藩政から去った。そして、新たな人々が藩政の中心に進出した。しかし、戦争で荒廃した領内の再建は待ったなしだった。こうした中で、領民の立場に立つ再建を訴える民政担当者の姿も見られた。秋田藩は曲がりなりにも新しい道を模索《もさく》したが、「維新の四大事件」を始め不都合な出来事が相次ぐ中でその幕を閉じることになった。

戊辰戦争は武士・庶民の別なく大きな犠牲を強《し》いた。武士と農民について見てみよう。

「明治二年度家禄受取不足米下附《かふ》請願書」（大蔵大臣宛、明治二十六年）と同じ趣旨の請願書が何通か残されている。訴えの総代は小野岡義禮（右衛門）等である。その文面を見ると、秋田藩の武士（知行取）は、明治二年分の禄米を禄高の四〇％しか支給されていない。「当高」という独自の仕組みを持っていた秋田藩では、禄高の六〇％の「現米《げんまい》」に加え、定められた金額の「小役《こやく》銀」が藩士の主な収入になっていた。「請願書」では誰も気付かなかったように書いているが、本当にそんなことがあったのだろうか。あったとすればそれは何故《なぜ》か。一つ考えられるのは「指上高《さしあげ》」の存在。秋田藩でも財政が苦しくなると、藩士の禄高から一部借り上げる措置（表向き、藩士が「指上げる」形）を取った。「借上げ」といっても実際は減給だった。「半知《はんち》借上げ」は、禄高の半分を藩が借り上げることだが、秋田藩では「四六《しろく》」、つまり藩士が四割、藩が六割で分ける。つまり禄高の四割しか受け取れないことに皆が慣れていたせいかもしれない。後になって、政府からは正規の支給が命じられていたことに気づいて請求したが、時すでに遅く支給には至らなかったようだ（『秋田県史〈維新編〉』によれば福岡藩では支給された）。

秋田藩では「地方《じかた》知行制」といって、各藩士に「〇〇郡〇〇村で〇〇石」という形で知行が割り当てられ、その村から「小役銀」等も徴収できた。経済的に苦しい藩士たちは、割り当てられた村（知行地）に対してあの手この手で資金を出させようとした。上のしわ寄せを順々に下に押し付けていったわけで、これが農民たちを苦しめ、不満を高めていた。

そして、慶応四（明治元）年、数十年ぶりの大雨と大洪水で不作の中、戊辰戦争で藩内の三分の二にも及ぶ土地が荒らされ、戦争に駆り出されて大きな被害を受けた農民たちは、その被害への配慮を求めたが、藩も藩士もその戦争で莫大な出費を強いられ、年貢の減免は受け入れ難《がた》い状況であった。そうした状況で、領民の立場を政策に反映しようとする動きもあった。次に述べる郡奉行川井小六（忠諒）の建言もその一つ。これは、当時の社会矛盾を鋭く指摘し、自らも痛みを負う改革の必要を訴えた例だろう。次に川井小六の意見の概略を示す（全文は『秋田県史』で翻刻を確認していただきたい）。

◎川井小六の建議（「飛耳記《ひじ》」より）『秋田県史資料明治編上』

八八「郡奉行川井小六様被仰立書之写」（戦地減租及び給分地《きゅうぶんち》を蔵入地《くらいり》に改めるの件）の概略

私支配所（仙北郡・平鹿郡）は、一時同盟軍に占領されたので、鎮撫《ちんぶ》と処置のため役方一同の巡回を命じられ、横手まで行き様子を探った。賊（同盟軍）が侵入した際、領民は田舎《いなか》や山林に隠れたが、賊共が探し出して安心させるような書付なども渡した。庄内藩などはきわめて恩義を施し、人心を得るように待遇した。貧乏人たちを使うときは過分の金銭を与え、かつ今年の年貢は格段に免除すると申し渡した。貧しい者の中には、秋田藩では石高《こくだか》や家に応じて、手当もなくこき使われるのに、賊はかえって情け深くて有難いなどと言う者もあるとのこと。待遇によって右の様な不心得者が多くなっては、万一の節は賊の手引をしないとは言えず、御百姓《おんひやくしよう》共の気立ても以前とは違うので、時勢柄もじっくりと考慮すべきです。

（凶作に加え）、焼失や賊の略奪・人馬の使立《つかいだて》等で御百姓もきっと潰《つぶ》れるでしょう。御慈愛を頂かなくては立ち行かないので、凡《およ》そ三割か四割の減免でなくては行届かないと考えます。そんな時に、年貢収納の命令書が届いたので見ると、これまでと全然変わってないので、村方《むらかた》への命令書を出す前に、自分の考えを述べるため久保田（秋田）に一旦戻りました。

戦地になって塗炭《とたん》の苦しみを受けた百姓共が納得して従うほどの御取立《とりたて》ならば、支障もないでしょう。

とかく領民の心を失っては大事に至るので、今年の所は御百姓共は塗炭の苦しみなので、租税の半免を命じられるべきです。御百姓共の気立ても以前とは違うので、どこかに騒ぎがあれば、対処できなくなるかもしれません。

村役人たちの訴えを受けて、教え諭《さと》しはしたが、結局は地頭（知行取）共の無理非道な数々の行いを筋道立てて説明を受けました。言語道断の事共で御百姓共は本当につぶれる他ないような状況です。さてまた御蔵入（藩の直轄地にする）願の件は、仙北・平鹿に限らず、六郡（秋田藩）御百姓共全体の願筋で、元はと言えば、地頭共から無理な調達を命じられ、困窮したことから起こったことなので、地頭共へ今後は無理な調達を命じないよう、厳しく命じられれば良いのですが、地頭も手内《てうち》（家計など）が苦しく、もともと借財があるのに、（藩から）更に重ねて調達を命じられるので、何としても無理なこともするはずです。

また御百姓共には、右の苦しみをなくしたいと、各地頭へ用立てた多額の借財を村方で引受けた上、通例の御収納の他に御備《おそなえ》等まで献納しても、御蔵入《おくらいり》（藩の直轄《かつ》地）にしてほしいと、一同挙げての願いです。最終的にはどのようになされるか、いっそのことこれを機に来年から御蔵入と命じられ、御百姓共が安堵するようになされる方がよろしいと存じます。

自分を含む地頭にとっても大変苦しいことですが、民心を失っては、上《かみ》（藩主）の為にならず恐れ入ることです。

結局、御百姓共を説得できないのは自分の不徳の致すところ、自分を罷免して、もっと有能で徳のある人物を代りに任命していただくようお願いいいたします。

この建言は「飛耳記」という史料から『秋田県史資料明治編上』に収録されたが、原本は見つからない。

また、この文章を書き進める中で気になったことがある。それは庄内藩が官軍（秋田藩を含む）との戦いでなぜあれほど勝ち続けられたのかということだ。その理由として、酒田の豪商本間家の莫大な献金を使って軍備の近代化を進めたことが言われるようだ。確かにそれもあるだろう。しかし、庄内藩の戦術が巧妙というか、正攻法よりも、相手の後ろに回って攻撃したり、決死隊を編成して夜襲を敢行《かんこう》したり、意表を突く攻撃で勝利している印象もある。それは果たして庄内藩兵だけでできたことだろうか。彼らは外来者であり、土地勘もないはず。それがいかに決死隊とはいえ、夜襲で優勢な薩摩藩を破ることができたのか。勝利の美酒に酔った薩摩藩の油断を突いたとは言われるが、それだけでは説明できないのではないか。どうしてもその土地に精通した人間の協力なしには為《な》し得ないことではないだろうか。

川井小六の建言書にある通り、庄内藩の占領政策が、一部の領民の支持を得たものか。領民から見て、自分たちを守ることのできない領主より、よりよい（ように見える）占領軍の方が好ましく見えてもおかしくはないだろう。

この戦争では、新庄領の住民から秋田藩への内報があったり、仙台藩その他からの潜入者が送り込まれたりしている。当然秋田藩からも他藩へ探索の者が派遣されていた。伊織の手紙にもそのことは記載されている。さらにこの戦争では武士以外の多くの人々が動員され、あるいは志願して参加している。出陣した藩士の身の回りの世話や武器・食料の運搬はそのような人々の働きによっただろう。沢副総督には、「無益の従卒を多数連れている」と批難《ひなん》されてもいる。小荷駄《こにだ》奉行としての江間伊織はそのような人々の動向にも敏感である必要があったと思う。そういう意味では、「世論」の持つ意味がとても大きかったのではないだろうか。庄内藩軍は、横手城攻防戦の犠牲者を敵味方問わず手厚く祀《まつ》ることによって、世論を味方に付けたのではないだろうか。また、これまであまり優遇されなかった人々に働きかけ味方につけていったようにも見える。

莫《ばく》大な犠牲を払って、戊辰戦争の勝利に貢献した秋田藩であってみれば、戦後はそれなりの待遇を期待しただろう。しかし、案に相違、新政府に秋田藩出身者の入る余地はほとんどなかった。差し迫る問題の解決のため無理を重ねて失敗したり、徒《いたずら》に不満を高め過激な行動をする者も現れた。

明治二年九月に、戊辰戦争で官軍を指揮した大村益次郎が暗殺された。その実行犯の一人として秋田藩出身の金輪五郎が逮捕・処刑された。

明治三年～四年には、秋田藩で「維新の四大事件」とされる、「初岡《はつおか》事件（『外山《とやま》・愛宕《おたぎ》事件（二卿事件）』）、「八坂《やさか》丸事件」、「志賀為吉暗殺事件」、「贋《にせ》金鋳造《ちゅうぞう》事件」が次々と起こった。結局は明治政府のお荷物的存在となり、廃藩置県は秋田藩首脳にとっても「渡りに船」、「地獄で仏」のような出来事だったかもしれない。

自分としては、先人がこれまで取り上げられてきた史料に加えて、日記を始めとする江間伊織関係の史料を取上げることで、秋田藩佐竹家が戊辰戦争に引き込まれていく過程や戦争の様子、戦死者の報告と対応等が、より立体的に理解できるのではないだろうかと考えた。果して、少しでも成功しただろうか。

（追記）この草稿をまとめた段階で、江間伊織の日記の原本がさらに三冊見付かった。

そのうち、「文久二年明春御上洛ニ付御供被仰付急登日記」は何とか翻刻《ほんこく》・翻訳《ほんやく》して、前半に組み込んだ。後の二冊、第十一代秋田藩主佐竹義睦《よしちか》と十二代佐竹義就《よしたか》（後義堯）の御入部に関わる日記だが、これは今回のテーマと直接関わりがないので、別の機会に取り組んでみたい。

（二）りんご農家になった江間伊織

江間伊織は明治維新後に帰農し、荒地の開墾や養蚕《ようさん》に取り組み、政府や県の勧業政策に呼応して西洋果樹の試植などに取組み、秋田県で最初のりんご栽培者となった。また、八橋《やばせ》植物園建設計画にも参画した。

特に「苹果《へいか》」（西洋りんご）の栽培は成功し、「衣食之用以贍」（日常生活の費用は十分贍えた）、と伊織の墓誌には刻まれている。石川理紀之助『苹果品定《へいかしなさだめ》』でも、秋田県で最初の栽培者として紹介され、その品種「江間中手《なかで》」は最優良品種として最初に紹介されている。

また、戊辰戦争当時に評定奉行の同役だった会田多仲との交流も続いたようで、「素山《そざん》（多仲）宛時庸（伊織）書状」が残されている。また明治十年頃に出版された、文芸誌『羽陰小誌』にも何句か掲載されている。

秋田県庁と農林省（現農林水産省）に保管された史料を基に、江間伊織の活動を跡付けてみる。

①　**荒地を開墾**

戊辰戦争後、帰農した江間伊織は、「南秋田郡楢山《ならやま》村字石塚谷地《やち》」（現秋田市）に三町八反九畝二十二歩の開墾地を得た。伊織が秋田県に提出した「鍬下《くわした》年季継続願」が県庁文書にある。「旧藩許可」と書いているので明治四年以前に許可を受けたと思われる。開墾はかなり難航したようだ。今から四十年以上も前、高校生の時に金照寺山の開発のことを（全く別な意味でだが）祖母に聞いた時に、この時の様子を話してくれた記憶がある（公文書自体は省略）。

②　**秋田県で最初にりんごを栽培**

江間伊織は、新たな方向性を西洋果樹に求めた。内務省勧業寮から依頼を受けた秋田県庁に依頼され、西洋果樹の試験栽培を秋田県で最初に行った。その試験栽培は概《おお》ね成功した。特に苹果《へいか》（りんご）の栽培は後に石川理紀之助『苹果品定』に最優良品種として「江間中手」が紹介されるなど、大きな成功を収めた。伊織の墓碑には荒地の開墾《こん》・桑苗の栽培と共に、数百株の果樹栽培で生活費全般を賄うことができたという記述がみられる。

秋田県庁で作成された公文書から、主な実績を拾い上げると、

・明治七年、江間伊織が西洋果樹・穀菜《こくさい》の試培を引受ける

明七十一月廿九日　租税課十四等出仕笹本忠甫
(明治七年)

権令　印　　　　調査係

参事　印　　　　勧業係　印　印

別紙で本月七日・同九日の二度勧業寮から西洋果樹・穀采の試埴の件で依頼があり、貫属《かんぞく》江間伊織外一名が以前から果樹栽培を希望しているとのことで、呼出して尋ねたところ別紙の通り願い出ました。しかし、間もなく雪が降り栽培がうまく行かないので勧業寮へは一応の御回答をしておきましょうか。文案も伺います。西洋穀菜試埴の件について云々…（略）…

（別紙）

勧業寮から御達の趣旨についてお願いします。右の西洋果樹の埴付試検を致したく存じます。力の限り培養の上繁茂《はんも》の状況も詳細に報告いたします。以上。

第一大区三小区長野下堀端町百四拾番屋敷居住

明治七年十一月　　　江間伊織　印

勧業係　御中

・明治八年、西洋果樹・穀菜の種苗《しゅびょう》を受取る

御下渡《さげわた》しの外国果樹は遠着のせいか、根は乾燥し枯れたものがあります。懸命に培養して芽出の有無をさらに報告しますが、取敢《とりあ》えず報告します。

桃　　五本　内四本枯。
桜桃《おうとう》　五本　内一本枯。
苹果《へいか》　五本　無残枯（残らず枯れている）。
梨　　十本　無残枯。
葡萄《ぶどう》　十本　内七本枯。
杏《あんず》　五本　無残枯。
スグリ　五本と目録にあるが三本しかなく全部枯れている。
フサスグリ　十本　内四本枯。

明治八年
四月二十七日

長谷川謙造
高久景光　印
江間伊織　印

勧業係　御中

西洋果樹・穀菜の種苗を受領したのは明治八年である（石川理紀之助「苹果品定」は明治七年とするが、江間伊織ら三人の報告が原史料であり、明治七年説は間違い）。

この苗木は遠路かなりの日数をかけて到着した（『秋田県史資料明治編上』によれば、県庁の日誌の三月三十日の部分に、三月二十四日付の送付状と苗木を受領した記事がある）。県が勧業寮から苗木を受領してから、三人に配賦された四月二十四日まで、またかなりの間があった。苗木はほとんど枯れた状態だったようだ。試験栽培を引き受けた三人はこのほとんど枯れた種苗を蘇《よみがえ》らせるため必死に取り組んだ。種苗受領のおよそ一ヶ月後に次のように報告している。

（伊織・景光の報告）

御預けの西洋菓樹を植付けた時、根がとても乾燥し大部分は枯れているようだと取敢《とりあ》えず報告しておきました。その後色々と渾身の努力で培養したところ、ようやく立直り、現在は左《さ》の通り芽が出ましたので報告します。都合のよい時に御見分願います。

桃　三本　内二本芽を出す。
杏　三本　内二本芽を出す。
梨　五本　内二本芽を出す。
苹果　三本　内二本芽を出す。
桜桃　三本　すべて芽を出す。
スグリ　五本　内一本根から芽を吹く。
フサスグリ　七本　内五本芽を出す。
葡萄　七本　まだ芽は出ませんが、そのうち根から芽を吹出すように思われます。

右は高久景光と江間伊織の二人が培養した分です。長谷川謙造が御預かりしたフサスグリ・スグリ・

桃の芽出は期待できないようですが、そのほかの大部分は芽が出るだろうと私共二人が見分致しました。

五月廿九日

高久景光　印

江間伊織　印

※数字が挙げられている部分は江間伊織と高久景光が預かった分である。長谷川謙蔵が預かった分は四月二十七日付の文書の本数から五月二十九日付の文書の本数を引けば出てくる。例えば、苹果は五本から三本を引いて、二本が長谷川謙蔵の預《あずかり》分となる。

・明治八年、西洋果樹穀菜試埴（中間）報告を県庁と勧業寮へ提出（八月二日、報告文は省略）

・明治九年、江間伊織が西洋果樹穀菜試埴報告を県庁と勧業寮へ提出

西洋果樹穀菜合せて一六種を昨年三月中に通運会社便で送達いただき、試験の件も云々《うんぬん》ご依頼の趣を承知し、直ぐに有志の者に下渡《さげ》して試植させました。別冊の通り申し出があったことを御了承いただきたく、書面二冊を添えて報告いたします。

明治九年二月五日

秋田県権令　石田英吉

勧業権頭《ごんのかみ》　河瀬秀治殿

○西洋果樹培養試験

一、耕耘《こううん》の数　四月二十五日に渡され、赤黒真土三品調和（三種類の土を調合?）、果樹を植付けて、その後毎月一度根回《まわり》に支障がないよう土を穿柔《せんじゅう》して土の中に陽気を通し、除草を数回行った。

一、肥糞《ふん》の品種と分量　寒中に人糞一升に水一升の割合で藁《わら》灰を交《ま》ぜて一日置き、春は三月上旬・夏は五月下旬・秋は八月下旬の三度に用いる。一樹に約五合位だが木の大小や勢の盛衰に応じて分量を加減した。九月節に根回の培糞を止めた。これは寒国で根本に冷気が入ることを恐れてのことです。

一、季候の順逆（良し悪し）

春は陽気が順調で四月二十五日に果樹を御下付。

四月二十六日は寒暖計で正午に約二一℃。（原文の華氏の数字を摂氏の数字に直した）

五月一日は約八℃。　五月二十六日は約二三℃。　六月一日は約一七℃。

六月二十二日は約二八℃。七月一日は約二三℃。　七月二十七日は約二八℃。

八月四日は約二四℃。　八月九日、十日は約三二℃。

八月二十四日は約三三℃（秋田県には稀《まれ》な酷暑です）。　九月一日は約二六℃。

九月　二日は約二四℃。　九月二十日は約二七℃。

このように六月七月は陽気が不順で、木々の枝葉はあまり繁らず、八月の陽気で木々は後芽《あとめ》を出し全部葉が繁った。果樹にはとても不順で来年の果実が減耗《げんもう》の兆《きざ》しだ。御下付の桃は後芽を出したので莟《つぼみ》も僅かだ。

一、旱雨《かんう》の適否

春は快晴が多く、五月下旬から雨湿の気がひどく六月七月になるまで少しも快晴がなく、ついに霖雨《りんう》洪水の被害があった。八月になると快晴で炎焦が九月まで続いた。度々《たびたび》の雨で諸木が一時は花実多く咲結《さゆ》した。しかし六・七月の霖雨と洪水のため十分の九は腐敗した。それでも御下付の果樹園は平地から三〇cm余り高いので幸いにも水害を免《まぬが》れた。

一、成長の様子

一、桃は一・八m余伸びて枝葉が繁り莟《つぼみ》もまばらに見られた。

一、梨・桜の二樹は九〇cm余り伸長した。

一、杏《あんず》は三〇cm余伸長した。

一、苹果（りんご）は六〇cm余伸長した。

一、フサスグリは三〇cmほど伸長した。

一、葡萄《ぶどう》は一・五m余伸長して枝葉が繁茂した。

一、損傷の有無

一、すぐり　二本　　一、林檎（りんご）　一本　　一、梨　二本

右は到着が遅れたためか、根は全て干燥《かんそう》して発芽《が》せずに枯れた。

一、果実の多寡《か》とその分量

フサスグリは五月上旬に花が咲き、中旬に結実して七月下旬に熟した。実は一房に十粒か九粒、目形《めかた》は〇・六g、色は清紅色で味は甘酸っぱい。

右は培養一年目の着手から落葉までの様子です。以上。

このことを報告します。以上。

明治九年一月二十八日　　　楢山長野下御堀端町（現秋田市中通六丁目）

士族　江間伊織　（朱印）

秋田縣権令石田英吉殿

○西洋穀菜《こくさい》培養試験（西洋穀物と野菜の栽培試験）（報告全文は省略）

江間伊織と秋田県へのりんごの導入を調べて、いくつか気になった。

第一は、秋田県で初めてりんご（苹果《へいか》）が栽培されたのは、明治七年か、明治八年か複数の説がある。これまで紹介した史料から考えて、明治七年十一月にりんごの試植の話を引き受けたが、間もなく降雪期ということで、翌八年四月に苗木を受け取って試植し、明治九年一月に試植状況を秋田県を通して勧業寮に報告したことになる。

第二は、秋田県で最初のりんごの試植者は誰か。これも秋田県庁で作成・保存されていた史料と、一般に紹介されている記述とは異なる。江間伊織・長谷川謙蔵の二名は共通しているが、もう一人が県庁史料では高久景光、その他の記述は全て吉場唯八となっている。一次史料は県庁作成のものだから、どちらが正しいかは明白だと思う。

第三は、りんごは受粉の相性が良い二種類以上の品種を混ぜて植えないと結実しないという。明治初期と言っても勧業寮などの関係者は知っていたのではないだろうか。また、今は人工授粉《じゅふん》などもできるが当時はどうだったか。秋田県へのりんご導入に関する説明でこの点に触れているものは見つけていない。それは次の事柄とも関係する。

著書によって、試作されたりんごの苗木の本数が「三本」説と「五本」説があるようだが、明治八年四月二十七日付の報告によれば、「五本」説が正しい。もし、りんごの受粉には相性の良い二本以上の木が必要だということが知られていたとすれば、伊織と景光が二人一組で三本引受け、長谷川謙蔵は一人で二本引き受けたのかもしれない。明治二十年頃と思われる「旧土地台帳」の附属地図を見ると、伊織と景光は互いに徒歩数分の近所に住み、試植地は二人の住所の中間にあった。

伊織が栽培に取り組んだりんごは、品評会で上位を占め、最初に試埴したりんごの品種は『江間中手』と名付けられ県内に広がったという（但し、品評会が行われた時には、伊織は死去しており、また嫡男宇平治も死去した年に当たる。「時庸園」の経営は孫の終吉に委《ゆだ》ねられたようで、会費も終吉が払っている。また、鈴木宏『秋田りんごの百年』では、江間終吉が「秋田果実組合」の中心メンバーの一人としているが、『苹果品定』では省略されており、他に資料も見つからない）。

石川理紀之助『苹果品定』で江間伊織と「江間中手」に言及した部分を示す。

苹果《へいか》（りんご）を我が秋田県に栽植したのは、明治七年に勧業寮から本県に苗木三本を下げ渡し、秋田町江間伊織・吉場唯八（実名昌光）・河辺郡桜村長谷川謙蔵の三人へ各一本宛を預けて栽植せるを始として……。

（「江間中手」について）この木は明治七年勧業寮から苹果（りんご）三本を秋田県に配賦《ふ》されたのを、同四月秋田町江間伊織氏に預けられ同氏これを栽培して今猶《なお》存在している……。

秋田りんごのパイオニアとしての江間伊織を紹介してくれて子孫としては有難いのだが、先に県庁文書で見た通り、三人の一人は高久《たかく》景光であり（吉場唯八ではない）、勧業寮から配布されたりんごの苗木の数は五本であった（三本ではない）。また後述するが、「八橋《やばせ》植物園」の建設に当たって高久景光が江間伊織とともにその計画に参画している。

山本薫静「秋田縣に於ける苹果《へいか》の栽培」（『中央園芸』通巻378号、昭和九年）から、

一、沿革

秋田県に苹果の入ったのは、明治七年四月、当時の内務省勧業寮より、秋田県庁に三本の苗木を配布せられたのが初まりである、この苗木は秋田市の篤《とく》農家江間伊織氏に託して、試作を行わしめ、又同八年十一月初旬、同寮より更に一千本の配布を受けたるを以《も》って、翌九年四月に至り、県下各郡の篤農家に下付し、栽培せしめたものである。抑々《そもそも》これが本県に於ける苹果栽培の濫《らん》觴《しょう》と云《い》ってよかろう。

而《しか》して当時配布を受けた苹果の品種は、四五十種の多数に上《のぼ》っていたものらしいが、本県に於

ては、初めて配布を受けた人の姓を品種名となし、例えば「祝《いわい》」種を江間伊織氏に因《ちな》んで之《これ》を「江間中手」と名づけ「小錦」を「佐藤晩手」と呼び習わしていたものである。後年品種名の錯綜《さくそう》を来《きた》したのもこれがためである。（…中略…）

本種は明治七年内務省勧業寮より配布せられし、最も古い品種にして、初て秋田市江間伊織氏植付け、明治四十年頃までは同氏宅地内に存していた。旧名「江間中手」の名は江間氏に因《ちな》んだものである。（後略）

この文章から推測するに、秋田県で最初のりんごの苗木が植えられた場所は現在の秋田市中通六丁目ということになる。

江間伊織は自宅の隣接地を買い足して、数百本の果樹や桑樹を植え、「衣食之用以贍」と生活費全般を十分に賄《まかな》えたという。さらに嫡子宇平治は、蚕室《さんしつ》を建設して川尻《かわしり》組の蚕種《さんしゅ》製造人としても活動した。「旧土地台帳」の附属地図には、開墾した石塚谷地の土地所有者として江間伊織の名前と捺《なつ》印が確認できる。屋敷と果樹園などがあった長野下堀端町と長野下新町の土地所有者として江間宇平治の名前と捺印も確認できた。宇平治の名前は旧土地台帳でも確認できたが、伊織の名前はなかった。後の再開発や鉄道用地になった土地は地図に白紙が貼られていたので、恐らく台帳からも抹消されたのだろう。

父親が五十年以上も前に、「鉄道開通の際に土地を提供した先祖が一番列車に招待され、羽織袴《はおりはかま》で乗車した」と話していた記憶が突然甦《よみがえ》ってきた。あの話はこのことだったのだ。

③ 八橋植物園創設への関わり

高久景光と共に八橋植物園の絵図を描き、建設計画と費用等の見積《みつもり》も出している。この高久景光が最初にりんごを試植した三人の一人なのだが、本人たちが提出した文書（「県庁文書」）以外は、全て「吉場唯八」となっているのはなぜだろうか（今の所石川理紀之助の名声と影響力の大きさによるのではないかと考えている）。因《ちな》みに高久景光は伊織の隣接地「楢山上本町」（現在の秋田市南通築地）に居住し、安藤半助「学校諸事記」にも孫のことで学校を訪れた景光のことが何回か記録されている（吉場唯八も、明治維新後の「藩庁日誌」によれば、岩崎〈湯沢市岩崎〉に帰る届を出しているが、明治三年に郡方吟味役になったので、その関係かもしれない）。

明治八年十一月廿日付で、秋田県庁の庶務課勧業係権《ごん》少属の笹本忠甫が、七等出仕白根専一宛に次の伺を出している。

「秋田郡八橋《やばせ》村勘業試験場地之儀に付内務省へ上申一件」

（前略）現在物産繁殖の趣旨に基づいて、秋田郡八橋村の旧寿量院《じゅりょういん》跡（第三種官有地）に当該《がい》の試験場を設置し、西洋の各種果樹蔬菜《そさい》を培植し、牧羊の事業を担当致したく、もっとも資本金の件は勧業費へ下げ渡される賦金で現在病院資本金へ繰替《くりか》えている分で培養の見込ですが、当分は有志で当県士族江間伊織外一名に自費で培植させ、右賦金を受取ったら償却《しょうきゃく》の予定に約束してよいでしょうか。内務省へ御願案共御伺いたします。（後略）

この伺を添削《てんさく》して、白根専一の名前で四日後の十一月二十四日付「勘業試験場地之儀に付願」を内務卿大久保利通《としみち》宛に提出している。

「勘業試験場地之儀に付願」

（前略）物産繁殖の件については、勧業寮から何度も懇切な御達しがあり、そのつど管内へ広告勧誘しましたが、北隅の僻陬《へきすう》の地で烈寒を口実とし、植物に従事する者は少なく、かえって事情に疎《うと》く土地に適さない等と思っている者もいると聞いています。このままでは到底勧誘の道も絶え果てるので、先《ま》ず官庁で実際に培養方法を試験し、西洋の各種の果樹・蔬菜《そさい》を栽植し、その生植諸種を一般に見せて、次第に管内へ普及するようにしたいと見込んでいたところ、幸い前書の地所は地質もふさわしく、ことに秋田町の近所でもあり、勘業試験場として官有地にしておきたく、もっとも培養方の件は、当分は有志の者がいるので任せ、追て方法を設けて尚又御伺しますので、前条のことを御聞届いただきたく、絵図面を添えて御願い致します。（後略）

「江間伊織」が「有志の者」に変っているが、この文面から八橋植物園の最初の建設構想では江間伊織たちに建設を委《ゆだ》ねる構想だったことが分かる。実際に、明治九年、江間伊織と高久景光が八橋植物園建設の見積書を提出している（見積書と絵図は省略）。

※「八橋植物園」の設置運営については、関係書類の多くが一冊にまとまって保管されているが、今回紹介した資料は、別に保管されていたもの（実際の建設と経営は別の人々が担当したことを反映しているか）。

④ 趣味の世界、『羽陰小誌』に俳句を投稿

江間伊織は、ここでは取り上げなかった別の日記から、「乱舞方《らんぶ》」の頭取も務めていたようだ。「乱舞」とは広辞苑では四つの意味を例示し、そのうちの「武士が酒宴の余興《よきょう》などで舞う事」や「能の舞」に該当するかと思われる。実際に舞ったり謡《うた》ったりしたかは分からない。

何時《いつ》から俳句を始めたのかは全く分からないが、明治十一年以降、聚珍社《しゅうちん》（遐邇《かじ》新聞の発行元）から出版された文芸誌『羽陰小誌』に江間伊織の俳句が何度か掲載されている。年代順に上げると、

- 「花にこの匂ひもなくて真桑瓜」（第一号、明治十一年七月三十日）
- 「平堆に寄せ来る様そ秋の聲」（第三号、明治十一年九月三十日）
- 「ゆったりと寝る夜もあるか嫁か君」（第七号、明治十二年一月三十日）
- 「物好きに柳も植えて朝寝かな」（第九号、明治十二年三月三十日）

苦労を掛けた妻に対する詫びの気持ちや、松尾芭蕉の「奥の細道」を彷彿《ほうふつ》とさせる句もある。

この頃秋田の俳壇（俳句の世界）で活躍していた会田素山（多仲）宛の手紙がある。

※会田素山（一八一九～一八九二）は、文政二年生まれ。大小姓筆頭・副役を経て、評定奉行・町奉行を歴任。明治初期には第七大区（雄勝郡）長を勤めている。江間伊織の先任の評定奉行。俳諧《はいかい》を秋山御風（宇吉）に師事。「虫二房」を継いだという（但し、「虫二房」の継承等は錯綜している）。名は常修。通称は多仲。

「素山尊師　　時庸」
先日は御手紙有難うございました。まだ全快できず、三度の食事も煮しめにしてもらっています。それで今日は御供を御免蒙《こうむ》ります。老体でなかなか回復できません。そのことをお知らせの御手紙を差し上げます。御免下さい。

二月十七日

なお、鳳聲（手紙で素山の俳句）を洩《も》らしていただき有難うございます。どれも素晴らしいのですが、中でも親の諸《もろもろ》、裏千家の御句は驚歎して惑吟いたしました。拝首。

江間伊織は、明治二十年十二月二十四日、七十六年の生涯を終えた。秋田市楢山の金照寺山に眠る。伊織の墓石には以下の碑文が刻まれている。

「君諱時庸江間氏称伊織佐竹公世臣也父諱時中母田所氏仕入小姓組自側小姓歴刀番歴評定奉行祇役二東都前後十后増賜禄二十石時服金銀之賜数次体制維新後致仕専用心興産授資開墾蕪地得良田君頃後園栽果樹数百株衣食之用以贍君以文化九年十一月四日生明治二十年十二月二十四日卒享年七十六葬于堅固山金照寺塋域妻富田氏生五男一女長時敏為嗣次孝胤次春元次順治次道之助皆為良家嗣女亦嫁于人」

（君の実名は時庸、江間氏で伊織と称した。代々佐竹氏の家臣。父の実名は時中、母は田所氏。小姓組に入って側小姓・刀番・評定奉行を歴任した。公用で江戸に十度。二十石の加増を受け、時服や金銀を何度も賜った。維新後は実業に専心し、荒地を開墾して良田を得、数百株の果樹を植えて衣食の用は足りた。君は文化九年十一月四日に生まれ、明治二十年十二月二十四日に死去。享年七十六。堅固山金照寺の墓域に葬る。妻は富田氏で五男一女が生まれた。長男は時敏で家を継いだ、次男は孝胤、三男は春元、四男は順治、五男は道之助で皆良家を嗣《つ》いだ、女子は他家に嫁入りした。）

秋田市楢山の金照寺山にあった江間伊織の墓碑（手前から２番目）。現在は撤去されている。

あとがき

今回は、江間伊織という一人の人物を中心に、秋田藩と戊辰戦争についてまとめた。最後に先祖について調べる中で考えたことを記したい。

①　基本史料を求めて

自分の家に古文書がなくても、公文書館や史料館に保存整理された史料を活用して、調査を進めることは可能になった。例えば、先祖が秋田藩（佐竹家）家臣の場合、藩で編纂《さん》した「諸士系図」や「元禄家伝文書」、「分限帳《ぶげん》」等を活用して家系のアウトラインを描くことはそう難しくないと思う。国立国会図書館や秋田県公文書館等では、先祖の調査を進める方法等を、かなり親切な手引きを作成して公開している。

しかし、今回取り上げた江間氏の場合、「諸士系図」や「元禄家伝文書」に系図や文書等は見付からない。加えて、明治六年の「士族卒明細短冊」も該当する部分が欠けていて、信頼できる「公的な」系図は見つからない。それでも、戸籍で江間伊織の名前まではさかのぼることができた。

調べていく中で分かったのは、大正十二年に江間寛治（自分の曽祖父終吉の長兄）が亡くなった前後に、江間氏所蔵の文書類が散逸《さんいつ》してしまったらしいこと。それでも不思議なめぐりあわせで、各方面で断片的な日記・書状・写本などを見つけることができた。

②「キーワード検索」の問題

「ネット社会」では、史料探しでもネットにアクセスするのが効果的だ。しかしそこには限界や落とし穴もある。

・元の史料からの転記が不正確、あるいは不十分で間違った結論に導かれることも十分にありうる。
・所蔵機関の台帳や検索リストに登録する際に誤記入や変換ミスがあるとその史料に到達できない。

例えば、「江間」とあるべきところを、「江閒」・「江馬」・「江問」・「江門」・「江戸」・「白間」・「自間」などの誤記入例がすべて存在した。また江間郡兵衛の「郡兵衛」が「軍兵衛」・「群兵衛」はかなり多かった。特に「軍兵衛」は原史料自体がそのように書いていることも多かった。

今回参照した史料の大半は、偶然見つかるか、「このように間違えた可能性がある」と想定して検索して出てきたものだ。恐らく、『宇都宮孟綱日記』の活字本に出会っていなければ、江間氏に関する調査はほとんど進まなかったと思う。

③ 終りに

先祖調べは、先祖との対話でもあった。小さな記録を一つ一つ確かめていくと、大きな物語を構成している一つ一つの出来事が案外不確実だったり不正確だったりするケースにたくさん出会った。初めに結論があって、それに合わせて話を作るようなこともあるようだ。また先祖を美化したい心の動きが、史料の選択に影響を与えてしまうこともあるだろう（自分のこと）。

もっとも難しかったのが、「史料批判」だ。「正史」に載らないか、載っていても断片的な記事だけの人物について、小さな史料を寄せ集めて、一つの物語を紡《つむ》いでいくのだから、確かな拠所《よりどころ》がない。行きつ戻りつしているうちに、迷路に紛《まぎ》れ込んでしまったようにも思う。それでも何とか一冊にまとまった。

今回の調査では実に多くの文献の御世話になった。色々と興味深い記述や史料紹介を見て、いざ原本で確認しようと思って探すのだが、結局見付からないことも何度かあった。この文章の柱とした、「秋田藩士江間時庸日記」にしても、写本は東大の史料編纂所にあったが、原本は未だ見付からない。他にも「飛耳記」・「河原田日記」など原本を確認できない史料がある。写本に依拠してものを書くのはとても危《あや》うい行為なのだが、現状ではやむを得ないと割り切った。また、文献で知ったことでも、できるだけ元の史料に遡《さかのぼ》り、分かる範囲で史料名と所蔵機関名を明記しようとは考えた。それが後の検証（追試）を可能にする方策の一つであり、他者の検証や批判が自分の研究をさらに豊かにしてくれるだろうから。

この原稿は完成のめどを十二月二十四日として書き進めた。これは江間郡兵衛と伊織の命日に当たる。また宇平治の命日も四月二十四日。三人とも二十四日に亡くなっている。この調査を進めるにあたって、この三人の強い働きかけを感じ続けた。古文書の翻刻《ほんこく》や解釈など、不十分な部分を多々残しながらの出版になるが、まずは世に問うことに意義があると考えた。

もう一つ出版を決心させた出来事がある。それは忘れもしない平成二十三年三月十一日の「東日本大震災」である。自分はマンションの十階で遭遇した。五分以上激しく揺れた。揺れ始めから二〜三分後には建物全体の揺れが尋常でなく倒壊も覚悟した。

テレビも壊れ、インターネットで情報集めをした。最初にチェックしたのがこの地震の規模と被害の状況だった。次に目に飛び込んできたのは、この地震と津波を予見していた人がいた記事だった。思い当たることがあったので、東北大学の広報誌の過去記事をチェックした。「三代実録」の貞観《じょうがん》地震と津波の記事を地層調査に基づいて検証し、来るべき災害に備えるように呼びかける記事だった。

この警告が関係者からは無視され、著者は何者かの脅迫で、仙台はおろか日本を脱出するまで追い込まれていたことはその後の検証番組で初めて知った。「不都合な真実」を消し去り、「公式記録」すら都合よく書き換えることは歴史上普通に行われてきたようだ。

歴史は常に「勝者」によって都合よく記述されてきた。しかし、幸運にも生き延びた「敗者」の史料が後世再発見されて、それまでの「定説」の見直しを迫ることもあるだろう。

戊辰戦争についても、「戸村家文書」が公開され、幕末維新史の書き直しを迫ったことはすでに周知のことと思う。

また崩《くず》し字で書かれた古文書は戦後の教育を受けた者にとって文字の読取りすら困難である。まして、その意味を正確に解釈するのは至難と言えるだろう。そこで、崩し字を今日の活字体に翻刻するわけだが、そこには大きな問題がある。同じ用語でも当時と今日では意味が異なる場合も多い（古文書の「当時」と言う用語も、「現在」の意味で使われることが多いようだ）。したがって今日の感覚で古文書を解釈すると間違った解釈になりかねない。さらに翻刻（翻訳）後は原本（原典）を顧みないことも多いようだ。原本を誤って翻刻し、その誤った翻刻を基に、さらに独自の解釈が加わり、結果的に原本とは全くかけ離れた内容になってしまうこともあるだろう。

　これらも踏まえて、「勤王秋田藩」を相対化《そうたいか》した研究は、『秋田県史維新編』における山崎真一郎の意欲的な検証を除くと、体系的な著作はあまりなかったのではないか。さまざまな方面への配慮が必要な現状があるのかもしれない。

　本書の記述にあたって、本文は読み易くすることを重視し、史料の引用は正確さを重視して翻訳することを心掛けた。しかし歴史学・郷土史研究の専門的トレーニングを受けたわけではないので、その世界の作法から外れている記述も多々あると思う。その点はご容赦願いたい。

　活字史料に飽き足らず、古文書の解読に挑み、自分の考えもずい分変化してきた。

　しかし、事実や記述の一部分を切り取って、自説に都合よく印象操作している可能性は拭《ぬぐ》えない（特に要約した史料で）。それを避けるために、複数の人々の記録を対比して「クロスチェック」する事を意識した。合わせて、原稿の見直しに当たっては、苅谷剛彦『知的複眼思考法』の指摘にも配慮しながら読み直すことを心がけた。

　私がこの文章を書いた意図を一言で言えば、江間伊織というこれまでほとんど取り上げられてこなかった人物の記録をサーチライトとして秋田藩の戊辰戦争を照らし出した時、そこに見える景色はこれまでと違ったものになるのではないかという事であり、今さら百五十年前の対立を論《あげつら》うのは本意ではない。

江間伊織に限らず、戊辰戦争に関わった多くの人々の記録が未だ《いま》（あるいは既に《すで》）埋《う》もれている物も多いと思う。それを掘り起こしてサーチライトとして照らす時、秋田藩の戊辰戦争像とそこから得られる教訓はいっそう豊かになるのではないだろうか。「過去を変えることはできないが、過去の意味を変えることはできる」と言ったのは誰だったか。

片岡氏の調査から始めた先祖調査は、江間氏や梅津氏に広がり、神沢氏などの調査が必要な事も分ってきた。江間氏については、伊織の父親郡兵衛と伊織の嫡男宇平治関係の史料が多く集まり、文化・文政期から天保期の秋田藩政や、明治維新期の公教育制度など興味深い事柄も多い。今後はそちらを中心に調べ、最終的には片岡氏について「山入《やま(の)いり》一揆」や秋田転封・大坂の陣・銀札騒動・明徳館の国学などに焦点を当てて研究を進めようと考えている。

先祖の調査に当たっては、多くの書籍を読むだけでなく、多くの場所に出かけて、実に多くの方々の教えをいただいた。特に秋田県公文書館・秋田県立図書館・秋田市立図書館明徳館・国立国会図書館・国文学研究資料館・国立歴史民俗博物館・国立公文書館・東京大学史料編纂所・茨城県立歴史館・茨城県立図書館・常陸太田市立図書館・上山市立図書館・東北大学附属図書館・宮城県図書館・仙台市民図書館では貴重な史料・蔵書の閲覧・複写をさせていただいた。多くの方に御教示いただいたが、個人名は割愛させていただく（とても一ページには収まらないくらい多くの人の御世話になった）。

古文書の翻刻は全くの初心者だったが、秋田県公文書館・仙台市博物館と東北大学の古文書講座のお陰で、多少は読めるようになったと思う。改めて感謝申し上げたい。

引用文献索引（江間伊織の日記以外は、一部抜粋）

※ (3)は国文学研究資料館蔵
※ (5)・(10)は東京大学史料編纂所蔵
※ (12)は刊本
※ その他はすべて秋田県公文書館蔵

参考資料・文献一覧

◎ 史料として参照した文献等

宇都宮帯刀（鶴山）『宇都宮孟綱日記』
江間伊織（時庸）「文久二年明春御上洛御供被仰付候ニ付急登　日記」他
小貫久之進（頼晟）「御上京御供詰中公私日記」
江間伊織（時庸）「江戸御留主詰見聞留書」
江間伊織（時庸）「秋田藩士江間時庸日記」
河原田數馬（次功）「河原田日記」
「御評定所日記」
岡百八（忠昌）「公私日記」
平元正（貞治、謹斎）「献芹録」
井口正兵衛（寛斎）「秋田藩士井口宗翰日記」
会田多仲（常修）「日記」他
渋川助太夫（常躬）『仙台藩維新史新記録日新録』
江間伊織関連書状等
① 戸村十太夫宛金大之進書状（五月三日付）
② 戸村十太夫宛金大之進書状（五月六日付）
③ 戸村十太夫宛江間伊織書状（五月六日付）
④ 金大之進宛戸村十太夫書状（五月八日付）
⑤ 戸村十太夫宛金大之進書状（五月九日付）
⑥ 金大之進宛戸村十太夫書状（五月十日付）
⑦ 江間伊織の仙台使者の報告（六月六日）
⑧ 戸村十太夫宛金大之進書状（六月六日）
⑨ 戸村十太夫宛金大之進書状（六月七日）
⑩ 戸村十太夫宛金大之進書状（六月七日付）
⑪ 戸村十太夫宛小野岡右衛門書状（六月七日）
⑫ 戸村十太夫宛石母田但馬書状（六月八日）
⑬ 会田多中宛江間伊織書状（六月十七日付）
⑭ 岡本又太郎宛戸村十太夫書状（六月廿一日付）
「秋田県庁文書」から
① 西洋果樹穀菜試埴について（明治七年十一月二十九日）
② 受領した苗木の状況報告（明治八年四月二十七日）
③ 苗木の生育状況報告（明治八年五月二十九日）
④ 西洋果樹穀菜試埴報告について伺と送付状（明治九年二月）
⑤ 八橋植物園について（庁内稟議書・内務卿宛願書（明治八・九年）
⑮ 会田素山宛江間時庸書状

◎ 主として参考にした文献

『秋田県史』第四巻（維新編）　１９７７年
『秋田県史』第十一巻（資料明治編上）　１９６０年
山崎真一郎『秋田県政史』第一巻　１９５５年
秋田市『戊辰戦争と秋田市』（秋田市歴史叢書８）　２０１４年
塩谷順耳他編纂『秋田県の歴史』山川出版社　２００１年
工藤威『奥羽列藩同盟の基礎的研究』岩田書院　２００２年
狩野徳蔵「戊辰秋田藩戦記」（『新秋田叢書』第五巻）　１９７１年

狩野徳蔵『戊辰出羽戦記』東洋書院　１８９０年
後藤寅之助『秋田戊辰勤王史談』秋田縣振興会　１９１５年
大久保鉄作『奥羽戊辰之形勢　秋田藩勤王始末』久保田活版所　１８９４年
「奥羽戦記」『復古記』第十二冊（『復古外記』）
維新史料編纂事務局（東京大学史料編纂所）『維新史料綱要』第九巻　東京大学出版会　昭和12年
『秋田藩事蹟集』　１８９２年

◎関連史料を参照した文献

秋田県知事官房『秋田藩戊辰勤王始末』秋田県　１９０８年
橋本宗彦『秋田沿革史大成』橋本宗一　１８９６年
末松謙澄『防長回天史』末松春彦　１９１９年
藤原相之助『仙台戊辰史』荒井活版製造所　１９１１年
大山柏『戊辰役戦史』時事通信社　１９６８年
則道著・三浦賢童編『秋田武鑑』無明舎出版　１９８３年
木村紀夫『仙台藩の戊辰戦争』南北社　２０１５年
神宮滋『戊辰戦争出羽戦線記』無明舎出版　２０１６年
『太政官日誌』東京堂出版　１９８０年
工藤威「幕末の津軽藩」（長谷川成一編『北奥地域史の研究』）名著出版　１９８８年
尾崎竹四郎『東北の明治維新』サイマル出版会　１９９５年
長岐喜代次『江戸時代の誇り：佐竹藩主の地方巡回』小猿部古文書解読研究会　１９９３年
茶谷十六・松岡精『門屋養安日記』（『近世庶民生活史料未刊日記集成』）三一書房　１９９７年
石井忠行「伊頭園茶話」（『新秋田叢書』１期７～11巻）１９７２年
『青森県りんご発達史』第二巻　青森県農業総合研究所　１９５８年
石川理紀之助『苹果品定』（前篇上中下と後篇の計４冊、明治26年～36年発行）
鈴木宏『秋田りんごの百年』秋田県果樹協会　１９７６年
富士田金輔『リンゴの歩んだ道』農山漁村文化協会　２０１２年
藤原優太郎『羽州街道をゆく』無明舎出版　２００２年
佐藤清一郎『雄物川往来誌』（上・下）秋田文化出版社　１９７８・１９７９年
戸田金一『秋田県学制史研究』みしま書房　１９８８年
高倉淳『仙台領の街道』無明舎出版　２００６年

（論文の参照）
秋田県公文書館『研究紀要』
秋田大学史学会『秋大史学』
秋田姓氏家系研究会『秋田歴史論考集　あきた史記』

※他にも多くの史料や文献を参照させていただいた。

■著者略歴
片岡　栄治郎（かたおか　えいじろう）
一九五五年　秋田県秋田市出身。
東北大学卒業。

ある奉行と秋田藩の戊辰戦争
（江間伊織の日記から）
二〇一七年四月二〇日　初版発行
定価（本体一五〇〇円＋税）
著　者　片岡栄治郎
発　行　秋田文化出版㈱
〒〇一〇―〇九四二
秋田市川尻大川町二―八
ＴＥＬ（〇一八）八六四―三三二二（代）
ＦＡＸ（〇一八）八六四―三三二三
＊

ISBN978-4-87022-576-3
地方・小出版流通センター扱